경봉 大禪師 진영

鏡峰 靖錫의 漢詩연구
- 생애를 중심으로 -

맑은소리
맑은나라

프롤로그

"알음알이와 견해를 초월하여 끈끈한 집착의 결박을 풀어버리고 향상向上의 종지宗旨를 일으키고 정법안장正法眼藏을 세우려면 시방이 일제히 호응하고 팔방이 영롱해야만 이러한 경지에 이를 수 있다…"

『벽암록碧巖錄』제 91칙 〈염관의 무소뿔 부채鹽官犀扇座〉의 수시垂示 첫 장면입니다. 경봉스님은 원오 극근선사의 말씀처럼 온 세상을 호응케 하고 영롱하게 만들며 평생을 사셨습니다. 저는 지금도 가끔 경봉스님의 육성 법문을 듣습니다. 도통 무슨 소리지 들리지 조차 않던 6-7년 전에 비해 꽤 많은 단어들이 귀에 들어오는 걸 보면 '아! 스님과 동행한 시간이 꽤 됐구나' 싶습니다. 즐거운 일입니다. 스님에 관한 논문을 준비하고 글을 써내려가면서도 결과에 대한 부담보다는 항상 즐거움이 더 컸었습니다. 공부하는 것이 아니라 매일 스님 앞에 앉아 시詩 공부 혹은 참선을 지도 받는 듯 했기 때문입니다. 스님의 문장이나 시 구절 하나하나에 감동받던 순간들을 생각하면 지금도 설렙니다.

지난 시간 많은 선지식들을 친견했지만 아무도 시원하게 가슴을 뚫어 주지 못했습니다. (제 그릇이 작았던 것이 정확한 표현이겠죠) 그러던 차에 경봉 스님은 운명처럼 다가왔습니다. 스님의『日誌일지』속에는 오랫동안 궁금해 했던 올바른 수행에 대한 해답들이 마치 참고서처럼 정리되어 있었습니다. 특히, '단경위사 서장위우 壇經爲師 書狀爲友'하라 했던 한암스님의 권유를 실천했던 스님의 삶을 마치 흉내내듯 「단경」과 「서장」이 저의 스승과 벗이 된지 오래입니다.

2012년 〈경봉스님 열반 30주기 특별전〉을 준비하면서 처음 접한 스님의 『日誌』 사본은 학위논문을 마친 후 이면지 쌓은 듯 제 책상 뒤에서 두문불출하고 있었습니다. 그 찰나에 원광불학연구소 소장스님을 만나 다시 먼지를 털어내게 되었습니다. 제 글을 꼼꼼히 읽고 이렇게 출판까지 해주신 스님께 먼저 감사하다는 말씀 드리고 싶습니다. 아울러 이 책이 나오기까지 많은 가르침을 주신 부산대학교 한문학과 교수님들과 여러 선생님들, 경제적으로나 정신적으로 지원을 아끼지 않으셨던 통도사 스님들과 박물관 식구들, 그리고 방황하던 시절 이 공간에서 이탈하지 않고 묵묵히 수행할 수 있게 해주신 은사스님과 경봉 스님 자료를 흔쾌히 내 주시며 조언과 응원을 아끼지 않으셨던 극락암 큰스님, 무엇보다 저를 다잡고 때론 타이르면서까지 이 글을 완성시켜주신 지도 교수님께 감사의 말씀 드리고 싶습니다.

그리고 마지막으로 묵묵히 저를 응원하며 버팀목이 되어주고 있는 아내, 평생(지금도) 식당 주방 한켠에서 설거지를 하며 우리 가족을 이끌어주신 어머니와 극락암 입구 솔숲 그 어디매서 항상 저를 내려다보고 계시는 아버지께 따뜻한 마음 전하고 싶습니다. 감사합니다.

2018년 7월 성보박물관 학예연구실에서
최두헌 합장

목차

프롤로그 ··· 4

제 1 장. 서론 ··· 9

제 2 장. 생애와 연보의 재구성 ················· 19

제 3 장. 경봉 생애의 시적 표현 ················· 41

  1. 오도 이전의 모색기 ··························· 43

    1) 『聖海禪師壽宴詩 성해선사수연시』를 통해 본 행적 ·········· 43

    2) 『小金剛內院寺詩選 소금강내원사시선』을 통해 본 행적 ········ 49

    3) 『日誌 일지』를 통해 본 행적 ······················· 56

  2. 화엄산림법회와 오도기 ······················ 63

    1) 화엄과의 인연과 실천 ························· 63

    2) 산림의 시작과 오도 ··························· 72

    3) 오도 이후 화엄산림 시 ······················· 87

  3. 수행을 통한 보림기 ··························· 96

    1) 주인공을 통한 반조 ··························· 96

    2) 청년기 도반 방공과의 교우 ················ 108

    3) 사형 구하를 통한 보림 ······················ 119

4. 가풍의 정립과 선양기 ············· 136
   1) 가풍 형성 과정에서의 한암의 영향 ············· 136
   2) 선풍의 정립과 형성 ············· 148
   3) 석정을 통해 본 후학 제접 ············· 165
5. 실천을 통한 선풍 확장기 ············· 179
   1) 자연과 일상 속에서의 도道 구현 ············· 179
   2) 수행의 격려와 경책 ············· 189
   3) 인정人情을 통한 감성표출 ············· 203

제4장. 경봉 시의 특성과 의의 ············· 217
1. 수행자로서의 면모 ············· 222
2. 시회詩會를 통한 한학지식인의 면모 ············· 233
3. 현실인식과 시대적 통찰 ············· 246
4. 일상성을 통한 주체인식 ············· 254
5. 대중과의 소통과 포교 ············· 262

제5장. 결론 ············· 275

제 1 장

서 론

제 1 장

서 론

경봉 정석鏡峰 靖錫(1892~1982)은 구한 말, 일제강점기와 한국전쟁을 거쳐 1980년대까지 살다간 통도사의 대표적 선승이자 근대 한국불교의 산증인으로 법명法名은 정석靖錫, 법호法號는 경봉鏡峰, 시호詩號는 원광圓光이다.

16세에 통도사로 출가하여 통도사 강원에서 공부를 하였다. 젊은 시절 '양로염불만일회養老念佛萬日會'를 결성하여 염불의 대중화에 앞장섰고 경남일대 포교당의 주지를 맡아 지역 포교에도 열정을 쏟았다. 특히 36세에 화엄산림 기간 중 오도한 이후 통도사 극락암에 선원을 개설하고 수많은 납자들을 제접하며 근대 선禪의 중흥을 이끌기도 하였다.

경봉은 대부분의 선승들이 문자를 세우지 않는 것과는 달리, 평생의 삶을 『日誌일지』로 남겼는데[1] 여기에는 개인의 사소한 일상이나 자연에서 느끼는 감성, 주변 인물들과의 교유, 사상을 짐작할 수 있는 많은 문학

---

01 제자 명정明正에 의하면 1910년(19세)부터 1976년(85세)까지 거의 매일 삶을 기록하였다고 하는데, 현재 전해지고 있는 『日誌』는 1924년(33세)부터의 기록이다.

작품들, 당시 통도사의 모습과 종단의 현안, 나라의 대소사大小事, 선승들과의 교류까지 세세하게 기록되어 있다. 특히, 많은 당대 선지식과 문인들이 등장하는데 이들의 연구에도 중요한 자료가 될 것으로 보인다. 또한, 『日誌일지』에는 경봉의 사상과 문학적 측면에서 역량을 짐작할 수 있는 많은 시詩들이 보이는데 이는 수행과 포교만큼이나 중요한 일상이 바로 시였으며 경봉에게 있어 시가 곧, 삶 그 자체였음을 알 수 있는 근거들이다.

수행자의 궁극적 목적은 '上求菩提 下化衆生상구보리 하화중생'이다. 경봉 또한 이 목표를 위해 치열한 삶을 살았다. 이러한 수행자의 원론적 틀 속에서, 시를 통해 삶을 재구하여 시기별로 그 면모들을 살피고 특징들을 도출하고자 한다. 먼저, 경봉과 관련된 선행 연구들을 살펴보면 선승으로서의 명성과 남겨진 자료들에 비해 성과는 매우 미흡한 상태이다. 그마저도 대부분이 사상적인 측면[2]에 치중되어 있다.

정도는 「鏡峰禪師 硏究」를 통해 경봉의 사상적 단편연구들을 정리하

---

[2] 지금까지 경봉에 관한 사상적 측면에서의 연구는, 정도의 「경봉스님의 선사상 일고」(『보조사상』 30집, 보조사상연구원, 2008년), 「경봉선사의 사상적 교류 고찰 - 보조국사, 한암선사와 용성선사를 중심으로」(『보조사상』 32집, 보조사상연구원, 2009년), 김광식의 「경봉의 수행·교화·불법수호의 원융상」(『大覺思想』 15집, 대각사상연구원, 2011년), 정도의 「鏡峰禪師의 禪思想」(『한국선학』 33집, 한국선학회, 2012년), 「한암과 경봉의 오후보림(悟後保任)에 대한 연구」(『한국선학』 39집, 한국선학회, 2014년), 「지눌과 경봉의 "간화(看話)"에 대한 이해」(『韓國思想과 文化』, 한국사상문화학회 83집, 2016년) 등이 있으며 정도의 연구들이 경봉 관련 첫 학위 논문인 「鏡峰禪師 硏究」(동국대학교 선학과 박사학위논문, 2010년)으로 정리되었다. 사상적 논의들에 있어 시들이 일부 언급되었다.

였다. 근대 선승들과 다른 경봉의 사상들에 주목하면서 시를 통해 선의 세계를 펼친 점이나 승·속을 막론하고 법거량을 통해 깨달음의 세계를 구현하고자 했던 점, 그리고 조사선의 선풍을 생활 속에서 구현하고자 했던 점에 주목하였다. 또한 사교입선捨敎入禪이 아닌 한국 불교의 회통적 성격을 형성하는 데 주춧돌을 놓았다는 평가와 함께 현재 한국불교가 부산·경남을 중심으로 크게 번성하고 있는 것에 대해 경봉의 역할이 컸던 만큼 삶을 논하지 않을 수 없다고 하였다.

문학적 측면[3]에서는 강석근에 의해 논의된 경봉선사 열반 30주기 기념 특별전 논고에서 처음으로 시를 통해 경봉의 삶과 사상을 조명하였다. 여기에서는 화엄산림관련 시들과 오도송, 그리고 사형 구하와 한암 등과의 관계를 살폈는데 경봉의 시작詩作 능력이 상구보리上求菩提와 하화중생下化衆生의 행적을 빛나게 해주는 방편이었다고 말하였다.

소현은 「鏡峰 禪師의 禪 修行에 관한 연구 - 禪詩 作品을 漢文學的 觀點으로 分析 -」을 통해서 경봉의 수행에 대한 과정을 밝히고 그것이

---

[03] 문학적 측면의 연구로는 통도사에서 열린 경봉선사 열반 30주기 특별전 도록에 실린 강석근의 「시로 읽는 경봉 정석의 생애와 수행」(통도사성보박물관, 경봉선사 열반 30주기 특별전 『三笑窟』, 2012년)과 임선숙(소현)의 「鏡峰 禪師의 禪 修行에 관한 연구 - 禪詩 作品을 漢文學的 觀點으로 分析 -」(동국대학교 한문학과 석사학위 논문, 2016년)이 있고, 단편 논문으로 최두헌의 「경봉(鏡峰) 정석(靖錫)의 화엄산림(華嚴山林)과 오도시(悟道詩)」(『동아시아불교문화』 25집, 동아시아불교문화학회, 2016년)과 「詩를 통한 鏡峰의 오후 보림과 점검」(『동아시아불교문화』 31집, 동아시아불교문화학회, 2017년), 강석근의 「경봉(鏡峰) 정석(靖錫) 선사의 오도송과 승려 교유시」(『韓國詩歌研究』 42집, 한국시가학회, 2017년) 등이 있다.

가지는 궁극적 가치를 네가지로 나누어 정리하였다. 첫째, 한문학이 선수행의 깊이를 다지는 기틀이 되었고 둘째, 역대 선승의 선풍을 이어 근·현대 불교의 초석을 다졌으며 셋째, 선 수행의 결과들이나 많은 선승들과의 교류는 대부분 시가 주를 이루었고 이 시들은 모두 한문학을 기반으로 한 것이며 마지막으로, 근·현대에 사라진 창작한문학의 명맥을 유지했다는 점을 강조하였다.

이상 경봉에 대한 선행 연구를 간단히 살폈는데 자료에 비해 그 성과가 매우 부족함을 확인할 수 있다. 정작 경봉 본인은 다양한 관점에서 세상을 바라보고 그 결과물들을 『日誌일지』에 남겼지만, 연구자의 입장에서는 선사로서의 모습과 선의 특수성을 고려하지 않을 수 없다. 철학적이고 비논리적인 사상적 응집체이면서도 단순 논리를 가진 선禪과 문학적 응집체인 시詩가 결합되어 언어의 모순과 함축이 한꺼번에 드러날 위험성이 크기 때문이다. 이러한 점이 선승의 문학 특히, 선승의 시문학 연구에 쉽게 다가서지 못하는 가장 큰 이유가 아닐까 생각된다. 또한, 선문학禪文學이라는 것은 문학적 지식만큼이나 선적 체험도 중요하며 설사 이것을 이해한다하더라도 체험의 깊이에 따라 해석과 시각이 분분해질 수 있기 때문에 이분법적으로 문학이나 사상적 논의를 한정한다면 시의 진정성을 놓칠 수 있는 큰 오류를 범할 수도 있다. 즉, 선승의 문학은 깨달음을 전제로 한 결과물이기 때문에 단순한 문학적 시각으로만 바라봐서는 안 된다는 말이다.

본고는 이러한 점을 감안하여 시 속에 보이는 선리·선취의 의미보다 환경과 상황, 시대적 배경을 먼저 살피고 수행자 경봉을 중심으로 삶을 재구하고 그 과정에서 드러나는 시를 통해 문학적 의미들을 찾고자 한다.

연구에 있어 주 자료는 현재 극락암에 소장되어 있는 경봉의 『日誌일지』[4]를 기본으로 하였고, 자료의 탈초와 번역에 있어서 부족한 부분은 명정이 번역한 『三笑窟堀 日誌삼소굴일지』를 비교하여 참고하였다. 물론 선행 연구들 중 시를 언급한 부분들을 기본적으로 참고하였다.

시의 분류와 감상에 있어서 경봉의 삶을 시간대별로 다섯 단계로 나누어 각 시기마다의 시적 특징과 감정의 형상을 어떻게 드러내었는지 살필 것이다. 시에 내재되어 있는 의미로서의 시와 선의 시각을 통한 분류가 아니라, 시가 만들어지는 상황과 환경을 우선으로 하여 분류하였고 삶이라는 큰 틀 안에서의 시간적 순서를 기본으로 삼았다. 주제의 분류에서 약간의 어색함이 있고 시간적 교차 부분이 다수 보이지만, 이는 삶의 큰 틀 안에서 진행되는 만큼 순간순간의 시간 속에서 들여다보는 정감들을 통해 충분히 보완될 것이라 본다. 이를 위해 앞으로 전개해 나갈 주된 서술진행은 다음과 같다.

〈Ⅱ〉장에서는 기존 경봉 관련 자료들과 선행 연구들을 토대로 경봉의 삶을 재구하고자 한다. 더불어 이력서 형식의 친필 자료인 『金靖錫歷史김정석역사』를 통해 기존 연구들에서 빠진 사실들을 추가로 확인하여 간단히 나열하여 정리할 것이다.

---

[04] 본 연구의 기본 자료는 경봉이 남긴 『日誌』(통도사 극락암 소장)로 하며, 이 자료는 스님의 제자 明正에 의해 발췌·탈초·번역되어 『三笑窟 日誌』(도서출판 해뜸, 1985년)란 이름으로 출판되기도 하였다. 기본 자료를 충실히 살피고 번역본 또한 참고하였다. 이하 『日誌』·『三笑窟 日誌』라 각각 이름한다.

〈Ⅲ〉장에서는 경봉의 삶을 크게 다섯 시기로 구분하여 시간대별 시적 표출의 양상을 살펴보고자 한다.

〈Ⅲ-1〉은 오도 이전의 모색기로, 기존 선행연구에서 다루지 않았던 1924년(33세)부터 오도 이전 1928년(37세) 말까지의 행적을 『日誌일지』를 통해 살피고자 한다. 또한, 『聖海禪師壽宴詩성해선사수연시』(1912년)와 『小金剛內院寺詩選소금강내원사시선』(1920년)을 통해 1912년과 1920년의 단상들도 추가하였다. 두 자료를 통해 기존에 드러나지 않았던 경봉의 청년기 행적을 조금이나마 더 살필 수 있을 것으로 보인다.

〈Ⅲ-2〉는 화엄산림과 오도기로, 청년기 경봉의 주도로 개최된 첫 대중 화엄산림 법회 기간 동안 읊은 시들을 주목할 것이다. 이 기간 오도의 기쁨을 맛보며 선사로서의 면모를 갖추어 나가기 시작하는데, 경봉의 삶에서 가장 중요한 이 시기의 시들을 통해 오도 이전과 오도 직후, 그리고 그 이후 시들의 양상을 살피고자 한다.

〈Ⅲ-3〉는 보림을 통한 오도 정립기로, 오도 이후 교유했던 도반들과의 시적 교유를 살필 것이다. 오도 이후 알게 된 진체眞體 즉, 자신의 주인공과 평생 허물없이 지냈던 경봉에게 유일하게 벗이라 할 수 있는 방공肪空, 그리고 경봉의 삶에서 스승이자 사형의 역할만큼이나 도반의 역할 또한 마다하지 않았던 사형 구하九河와의 시 교유를 통해 보림기간 동안 경봉이 고뇌했던 진아眞我에 대한 정체성과 오도기연에 대한 확신, 선풍禪風 확립에 대한 의지를 어떻게 전개해 나가는지 살펴보고자 한다.

〈Ⅲ-4〉는 가풍의 형성과 제접기로, 한암漢岩을 통해 확립되어진 경봉선의 모습과 후학들에게 끼친 영향들을 석정石鼎을 통해 살펴보고자 한다. 한암은 당대 선지식으로 경봉과는 서로 존중하면서 수행에 대한 많은 의문들을 서신을 통해 교류하게 된다. 이는 경봉의 보림 과정에서 매우 중요한 과정이다. 이들의 시 교류를 통한 사상적 영향과 선에 대한 논증들이 어떻게 해소되어 나가는지 살필 것이며 교류를 통해 형성된 경봉 가풍이 많은 후학들에게 영향을 끼치게 되는데 그 중에서 후학 석정을 통해 보여진 선풍 진작과 제접 방법을 살피고자 한다.

〈Ⅲ-5〉는 선의 확장과 실천기로, 50대 이후 선과 시가 무르익은 시점에서 자연과 일상 속에서 도(道)를 구현하고자 했던 자연합일의 모습과 수행자로서 대중들에게 보인 격려와 경책, 정(情)의 표출을 통한 경봉의 인간적 면모를 보고자 한다. 즉, 시를 통해 진정한 선승의 모습을 살피고자 하는 것이다.

〈Ⅳ〉장에서는 경봉의 삶 속에 드러나는 시의 면모들을 수행자, 한학지식인, 현실성, 일상성, 대중성의 관점에서 살펴보고 불교 한시사(漢詩史)에서 경봉의 시가 가지는 특성과 의의를 도출하여 〈Ⅴ〉장을 통해 결론짓고자 한다.

이 연구 성과를 통해 경봉의 삶이 시를 통해 어떠한 의상(意想)으로 표출되어졌고, 자신·도반·승속을 망라한 대중들 속에서 어떻게 활용되었는지 알 수 있을 것이다. 아울러 수행자와 지식인으로서 경봉의 시가 차지하는 위상도 함께 드러나리라 본다.

제 2 장

생애와 연보의 재구성

제 2 장

생애와 연보적 재구성

역사적 인물의 삶을 재구한다는 것은 새로운 자료나 증언이 나오지 않는 이상 기존 자료의 서술에 의존할 수밖에 없다. 경봉 연구에 있어서도 이영무가 찬한 「傳佛心印扶宗樹教鏡峰禪師塔碑銘전불심인부종수교경봉선사탑비명」과 명정의 『三笑窟 日誌삼소굴 일지』를 기본 자료로 삼아 삶이 재구되어졌고, 최초 선행 연구자인 정도 또한 경봉의 삶을 위 두 자료를 근거로 하여 크게 재속기·출가구도기·전법도생기·회향기로 나누어 서술하였다.[5] 후발 연구자들도 또한 이 틀 안에서 크게 벗어나지 않았다.

---

05 간략히 살펴보면, 在俗期(1892~1907, 1~16세)에서는 출생과 한문사숙에서의 유학공부, 출가를 결심하기까지의 내용을 이영무가 비명을 그대로 수용하여 간단히 서술하였고, 出家求道期(1907~1927, 16~36세)에서는 출가에서 오도까지를 다루면서 경봉의 법통, 은사인 성해 남거에 대한 언급, 그리고 『화엄경』「菩薩問明品」에 나오는 "마치 사람들이 다른 이의 보물을 세지만, 자신에게는 반푼어치의 이익도 없다(如人數他寶 自無半錢分)"라는 말을 계기로 발심하여 용맹정진 끝에 오도를 이루기까지의 일을 다루었다. 傳法度生期(1927~1953, 36~62세)에서는 오도 이후 보임사에 대한 일들과 불교계의 발전을 위해 종단의 여러 직책을 수행했던 일, 혼란

『三笑窟 日誌^{삼소굴 일지}』에 드러나는 경봉의 삶은 1927년(36세) 12월 7일부터 확인이 가능하며 그 이전의 삶은 이영무가 쓴 비문 몇 줄이 전부이기 때문에 출생에서부터 화엄산림 이전까지인 36년간의 행적은 경봉의 유품 중에 주지 품의서나 안거증, 사진 등을 통해 추론하거나 혹은 후학들의 증언에 의존할 수밖에 없었다. 그러나 다행히『三笑窟 日誌』에서 빠져있는 1927년 이전 3년여의 행적을 원본『日誌^{일지}』를 통해 더 살필 수 있었고,『聖海禪師壽宴詩^{성해선사수연시}』(1912년 제작)⁶⁾와 새로 발견된『小金剛內院寺詩選^{소금강내원사시선}』(1920년 제작)⁷⁾을 통해 각각 21세 · 29세의 단상들을 조금이나마 추가할 수 있었다. 그리고 기존 출생에서부터 20대 중반까지에 대한 흔적들이 명확하지 못한 점이 있었는데 극락암에 소장된 경봉의 자필 이력서격인「金靖錫歷史^{김정석역사}」⁸⁾와「修行履歷書^{수행이력서}」를 통해 확인할 수 있었다.

본장에서는 기존의 자료와 새로 입수한 자료들을 바탕으로 경봉의 삶을 정리하고자 한다.⁹⁾

한 시기를 살면서 대중교화를 위해 헌신한 일들을 정리하였다.
廻向期(1953~1982, 62~91세)에서는 1953년(62세) 통도사 극락암 조실로 추대된 이후 수많은 대중들을 제접하여 교화하였고 90세 이후까지도 대중강연에 열정을 보였던 일과 열반에 이를 때까지 선사로서의 면모를 잃지 않았던 점들을 말하고 있다.

06　통도사 극락암 소장
07　통도사성보박물관 소장
08　간단한 서문과 함께 출생부터 1915년까지의 행적을 자필로 기록한 이력서 형식의 자료이다 - 통도사 극락암 소장(이하 출처 생략)
09　본장에서는 기존 선행연구에서 미진했던 출가에서 오도 이전까지의 기록을 집중적으로 조명하고 그 후 행적들은 선행연구에서 많이 조명되었기 때문에 간단하게 정리하였다.

수행자의 궁극적 목표는 오도기연을 맞는 것이다. 그렇기 때문에 비록 출가득도를 하였더라도 출가 후, 오도 이전까지를 세속기로 보았다. 이 기간의 행적은 기존의 연구를 참고하고 더불어 본인이 직접 기록한 「金靖錫歷史」를 정리하여 서술하고자 한다. 이 자료에는 출생에서부터 1915년(24세)까지의 행적이 기록되어 있는데, 먼저 서문을 보자.

> 대저 세계와 국가에서 역사는 진실로 인간의 귀감이며 문헌의 보물이다. 그러나 개인의 지금까지의 역사는 각각 자기의 출세를 위한 결과이며 뒷날 참고하기 위한 보배로운 거울이 되기 때문에 자기의 지나온 일들을 외워 기록하니 보는 이는 웃지 말라.[10]

경봉은 자신의 지나온 흔적들을 보경寶鏡이라 여기며 항상 외우고 다녔음을 알 수 있다. 단순 출세를 위한 것이 아니라 스스로 더 좋은 내일을 살아가기 위한 귀감으로 삼은 것이다. 이러한 습관은 평생을 흐트러짐 없는 수행자로 살면서 하루하루 자신을 돌아보고 반성하며 더 좋은 날을 영위하고자 노력하였던 경봉 삶의 근간이 되었다.

10　"大抵世界及國家上歷史난眞是人間之龜鑑이며文獻之鴻寶也나然이나個人의從來歷史난個個히自己의立世成績이며後日參考上寶鏡인故로自己의來歷를暗記하니覽者勿笑焉" -「金靖錫歷史」序.

서문에 이어 집안의 세보世譜[11]를 밝힌 후, 본격적으로 자신의 이력을 '제일 생신第一 生辰'에서부터 '제이십 수법참회第二十 受法懺悔'까지 20단계로 나누어 정리하였는데 이에 따르면 경봉은 1892년(청광서십륙년 임진淸光緖十六年 壬辰) 4월(을사乙巳) 9일(정유丁酉) 유시酉時에 경상남도 밀양군 부내면 계수동에서 태어났다. 관貫은 광주廣州, 김영규金榮奎의 장남長男으로 태어났으며 어머니는 을묘생乙卯生 안동권씨安東權氏이다.[12]

　9세 때 밀양군 서부리 죽하재竹下齋 강달수姜達壽선생에게 한문漢文을 전수받았는데 그 기간을 경자년庚子年(1900년)부터 을사년乙巳年(1905년)까지라 하여 기존 연구에서 찾아볼 수 없는 수학 기간까지 정확히 확인할 수 있다.[13]

　1906년(15세) 5월부터 모친이 병상에 눕게 된다. 잠깐 아프고 말 것이라 여겼는데 8월 4일에 갑자기 죽음을 맞이한다.[14] 이때의 심정을 경봉은 "…攀號擗踊반호벽용하며 叩地叫天고지규천하야 晝夜주야을 痛哭통곡하

11　서문 다음에 집안의 세보에서는 '新羅五十六代敬順王使金祿光封廣州子孫仍籍屢傳於此也 一代 金祿光, 二代 金次武(本朝 左承旨), 三代 金 礪(戶曹參判), 四代 金 晅(贊成事), 五代 金守認(字 君愼 九峰先生 嘉靖四十二年 癸亥 密陽府 南九明洞生), 六代 金重壁, 七代 金宗崙, 八代 金俊權, 九代 金志湖, 十代 金榮奎, 十一代 金靖錫'이라 기록하였고 備考를 통해 '九峰先生文集를閱覽하니金祿光次幾代와金君愼次下幾代은未詳也'라 하였다. 이는 자신의 뿌리를 명확히 밝히고 잊지 않으려는 유교적 전통을 따른 것으로 보이며 비고를 통해 직접 고증했음을 밝히기도 하였다.
12　"權景龍女 權章進孫女 權有度曾孫 朴鑛宅外孫也" -「金靖錫歷史」
13　이영무의 비명에는 7세에 한문서숙에 입학했다고 하였고, 명정의『三笑窟 日誌』에는 1905년(13세)에 한자를 전수하였다고 기록하여 약간의 차이가 보인다.
14　"光武十年(丙午)五月日부터慈親케옵서病床에委臥하오나一時微恙에不過하사옵더니…(중략)…同年八月四日亥 時入寂하시난지라…" -「金靖錫歷史」

고…"15)라 하면서 매우 비통해 한다. 삼일三日만인 9월 9일에 선산先山 기슭에 안장하였다고 기록되어 있다.

모친의 죽음을 맞은 뒤, 1907년(16세) 6월 9일 경봉은 통도사로 출가를 하게 된다. 출가의 계기가 모친의 죽음으로 무상함을 느껴 결심했다는 것이 기존의 서술인데 근 10개월간 힘든 나날을 보낸 것도 사실이며 비통한 심정을 드러내기도 하였지만 정작 경봉은 다음과 같이 당시 상황을 기록하였다.

> 제 8 득도
> 16세 (정미)년 5월 7일에 양산군 신평리에 사는 오촌 숙모 김씨 대원화가 와서 한 마음으로 권유하기를 한번에 발심하야 아버지와 가족에게 인사하고 헤어져 같은 해 6월 9일에 양산군 하북면 영축산 통도사 황화각 김성해에게 나아가 득도를 함16)

오촌 숙모의 일심권유를 결정적 계기로 삼아 단번에 발심하였다고 밝히고, 통도사 황화각에서 성해를 은사로 득도하고 청호를 계사로 오계와 십계를 수지하게 된다.17) 득도와 사미계 수지 이후 17세 때인 1908년

---

15 「金靖錫歷史」

16 "第八 得度 十六歲(丁未)年五月七日에梁山郡新坪里居하난五寸叔母金氏大願華가來到하기를一心勸喩 논 一時에發心하야嚴父及一般家族에頓首謝別하고仝六月九日에梁山郡下北面靈鷲山通度寺皇華閣金聖海에就하야得度홈" -「金靖錫歷史」

17 "第九 受五戒 六歲(丁未)年十月晦日巳時現在寺張清湖에就하야金剛戒壇에서五戒及十戒를受持홈" -「金靖錫歷史」

부터 통도사 사립인 명신학교^{明新學校}에 입학하여 1910년(19세) 3월 11일에 졸업을 한다. 「金靖錫歷史^{김정석역사}」에는 졸업 당시 학교 직원의 이름과 직책, 졸업생의 이름까지 꼼꼼하게 기록되어 있다.

19세(1910년, 경술^{庚戌})에 명신학교를 졸업하고 20일 뒤에 바로 현재 강원 격인 통도사 황화각의 불교전수부^{佛敎專修部}에 입학하여 1년간 정혼원^{鄭混元}에게 능엄경 전^前 5권을, 채서응^{蔡瑞應}에게 능엄경 후^後 5권을 수학하고, 20세(1911년, 신해^{辛亥}) 전반기에는 채서응^{蔡瑞應}에게 기신론^{起信論}을, 후반기에는 윤고경^{尹古鏡}에게 반야경^{般若經}과 원각경^{圓覺經} 현담^{玄談}을 수학한다. 이 해에는 수학^{修學} 이외에 4월에 서해담^{徐海曇}에게 보살계와 비구계를 수지하고, 자신에게 오계와 십계를 주었던 청호 화상의 입적을 지켜보기도 한다.

21세(1912년, 임자^{壬子})에는 김만응^{金萬應}과 김유성^{金有聲}에게 『圓覺經^{원각경}』전경^{轉經}을 이어 수학하고 22세(1913년, 계축-음^陰 임자)부터 본격적으로 화엄을 익히게 되는데 1월 15일부터 5월 15일 까지 김유성^{金有聲}에게 『華嚴經^{화엄경}』삼현^{三賢}을, 5월 9일부터 10월 19일까지 한용운에게서 「華嚴三賢^{화엄삼현}」을 수학한다. 이어 10월 19일부터 『華嚴經^{화엄경}』십지^{十地}를 시작으로 다음해 1월 하순까지 역시 한용운을 스승으로 모시고 『華嚴經^{화엄경}』곤자권^{崑字卷}까지 익히게 된다. 만해에서 근 8개월여 동안 화엄경을 수학했음을 확인할 수 있다.

22세(1913년, 계축^{癸丑})부터는 행방포교사^{行坊布敎師}에 임명되어 본격적으로 포교활동에 나서게 되는데 스스로 일년간 신도 천여명을 입교^{入敎}했다고 밝혔다.

23세(1914년, 갑인^{甲寅})에는 통도사의 서기^{書記}를 맡기도 한다. 이해 5

월에 부친의 죽음을 맞았으며 6월에는 은사 성해의 수연을 맞아 사형 구하와 함께 수연을 축하하는 시집 발간을 주도하기도 하였다.

24세(1915년, 을묘乙卯)부터는 본격적으로 구도행각을 나서게 된다. 「金靖錫歷史」에서는 이 시기를 '遍歷問法편력문법' 시기라 정의하였다. 그해 3월 31일 삶의 무상함을 깨닫고 오후 3시에 금강계단에 예를 올리고 일의일발一衣一鉢로 출발하여 천성산 내원사의 신혜월 선사申慧月 禪師를 친견하여 법을 물은 것을 시작으로, 4월 6일 합천 해인사 퇴설당선원에서 제산 화상霽山 和尚을 친견하였고, 6월 4일 김천 청암사에서 정혼원鄭混元 선사와 선교禪敎의 이치에 대해 논하였으며 6월 7일 김천 직지사 선원에서 김남천金南泉 선사를 친견하고 법을 물었다. 6월 11일에 경성으로 올라가 임해봉任海峰 선사를, 14일에는 백용성白龍城 선사를 친견한다.

혜월부터 용성까지 당대 선지식들을 두루 참방하고 법을 물은 경봉은 6월 25일 금강산을 돌아 7월 11일 강원도 낙산사 홍련암에 도착하여 진력으로 3일 기도를 올리고, 7월 19일 오대산 월정사 적멸보궁에서 3일 기도를 끝으로 4개월여의 구도 행각을 마무리 하고 7월 20일 통도사로 돌아온다.

당시 만행의 성과로는 24세의 나이에 당대 선지식이었던 백용성으로부터 수법受法하고 다음과 같은 게송偈頌을 받는다.

青松落落立　푸른 소나무 늘어진 채 서서
遙望天涯邊　저 멀리 하늘 끝 바라보고
白雲片片飛　흰구름은 조각조각 떠있어
夕陽返射紅　석양의 붉은 빛 비추네

古佛元不會	옛 부처 본디 모르는데
打破虛空骨	허공의 골수 타파하네
我亦無所得	나 또한 얻은 바 없으니
忽地霹靂起	홀연히 벼락이 생겨나는 구나[18]

백용성은 게송을 통해 후학 경봉의 수행에 대한 열정에 용기를 주고 올바른 수행의 방향을 제시해 주었다. 이때 용성의 가르침은 경봉에게 큰 감동으로 다가왔다. 훗날 경봉이 후학들에게 당부했던 말들은 위 게송과 상통하는 부분이 많다.

"날이 밝아지려면 더 캄캄했다가 밝아지듯이 수좌가 공부하는 것도 이와 같다. 언제 봄이 오는가 싶지만, 지금 뼈가 시릴 만큼 고통스럽다면 길은 이미 멀지 않은 것이다. 하늘도 비었지만 가득하고 가득해져서 푸르러지고, 바다 또한 작고 작은 물방울들이 모여 저리 된 것 아닌가. 뭐 석가모니가 별다른 분인가? 자기도 장부요, 나도 또한 그러하니 용기를 내야 한다. 용기를 내라." [19]

후학들을 위한 경봉의 일갈은 마치 백용성이 경봉에게 준 게송을 문장으로 풀어놓은 듯한 느낌을 준다. 결국 둘 다 보이지 않는 허공 속에 단

---

18 「金靖錫歷史」
19 〈특집〉 경봉대선사 열반 30주년 "제1부 극락에 길이 없는데 우왜 왔노?" 中에서 발췌 - BTN, 2012년 07월 16일 방송.

단하게 뿌리내린 골수를 제대로 살피고 타파해야만 땅에 홀로 설 수 있으며 대장부가 될 수 있다는 것이다.

이후로 경봉과 용성은 많은 서신교류를 통해 선의 진체를 논하면서 대부분 경봉이 묻고 용성이 자세히 설명하면서 각자의 의견을 개진한다. 훗날 용성은 경봉에게『화엄경』한글화 사업에 재정적 지원을 요청하기도 한다.

본사로 돌아온 경봉은 대중 포교에 힘쓰다가 성해의 명으로 산내 암자인 안양암에서 6개월간 머물면서 해담 치익에게 수학하고 다시 마산 포교당의 주지를 맡으며 경남 포교에 본격적으로 발을 내딛는다.[20]

1917년 1월 초대 주지로 마산 포교당 정법사에 부임한 경봉은 시민선방을 이끌고 탑신에 경을 새긴 경탑을 만드는 등 왕성한 포교활동을 전개한다. 특히 이 시기 이전 은사와의 인연으로 알고 지냈던 당시 마산에 살던 위암 장지연과 본격적으로 친분을 쌓게 된다.

1920년(29세)에는 내원사 주지로 재직하면서 당시 문인들과 함께 천성산을 찬양하는 시선집『小金剛內院寺詩選 소금강내원사시선』을 엮어 문인, 특히 시승으로서 면모를 본격적으로 드러낸다.

1924년(33세)부터는 현재 남아있는『日誌 일지』를 통해 살필 수 있는데 대부분 사무事務를 보는 것이 일상이었다. 대표적인 것이 송목사건松木事件으로 불리는 재판을 위해 계속 대구를 왕래하는 일인데 이 사건의 내용

---

[20] "구하노스님이 일제 때 31곳에 포교당을 세우셨는데 그 포교당 개척의 처음 부임은 경봉 노스님이, 젊은 시절에 가셔서 그 일선에서 실질적으로 활동하셨던 것은 우리 후학들이 배우고 익혀서 계승하고 발전해 가야되는 그런 통도사의 덕목이라고 생각합니다." - 구룡사 회주 정우스님의 인터뷰 발췌(앞의 방송, 2012년 07월 16일)

은 정확히 알 수가 없다. 또한 외부 손님들을 맞이하기도 하는데 이는 당시 사형 구하의 종단활동으로 인해 경봉이 대신하여 사찰 내부의 일들을 실질적으로 맡아 한 것으로 보인다.

개인적으로는 6월 19일, 사제 김달윤(金達允)의 모친상에 가서 위문을 했다던가,[21] 6월 26일 도반 강추봉(姜秋峰)의 선친(先親) 대상(大祥)에 위문한 일,[22] 혹은 같은 달 서울에서 사형 구하가 폭행을 당한 일이 생겨 자신이 직접 상경하여 해결하고 돌아온 기록[23]들도 보인다.

1925년(34세)에는 '養老念佛萬日會(양로염불만일회)'를 창설하여 노년층의 염불을 통한 수행의 대중화를 이끌었다. 통도사 염불만일회의 시작은 처음에 안양암에서 시작된 것으로 보인다.[24] 만일회는 도반인 방공이 1919년 7월 보광선원에서 함께 정진하던 날 자신이 나락 50섬을 낼 테니 힘을 합쳐 염불당을 만들어 보자고 제안을 한다. 승·속이 함께 정진하고 무의탁 노인들을 구제하겠다는 뜻으로 시작되는 만큼 경봉은 곧바로 산중회의를 거쳐 모임을 의결한다. 그러나 시작부터 경제적 지원을 약속했던 방공이 약속을 어기면서 출발이 어려워졌지만 끝내 경봉은 극락암에

---

21 "天氣淸和也… 金海郡都要里金達允父大祥에注하야慰問하고昌原敎堂에注宿하다" -『日誌』, 1924년(33세) 6월 19일.

22 "天氣淸和也 姜秋峰의先親大祥에慰問而還來也" -『日誌』, 1924년(33세) 6월 26일.

23 "…住持金九河兄이京城서相愛會員朴春琴一派金愼泰金柱用兩氏의게暴行을当하야入院한故로卽午前十一時汽車로上京하야…" -『日誌』, 1924년(33세) 6월 13일.

24 만일회에 관해서는 관련 자료를 통해 추후에 다시 논의 하고자 한다. 백련암만일회 관련 현판들에서 태동이 통도사 안양암임을 확인할 수 있으며 그 뒤로 백련암으로 옮겨졌고 근대에 와서 극락암과 백련암으로 옮겨져 활동하였음을 확인 할 수 있다.

염불당을 열고[25] 자신이 실질적 회주를 맡아 진행하면서 통도사 염불회의 기반을 닦게 된다.

1927년(36세)부터는 본격적인 오도기를 맞이하는데, 이해 12월 8일부터 1928년(37세) 1월 3일까지 27일간 극락암에서 개최된 화엄산림법회는 경봉과 방공·증곡 세 사람이 돌아가면서 법문을 하고 매일 시를 지어 그날의 감회를 드러내었다. 이 시기 경봉은 깨달음에 대한 믿음을 통해 직접 오도를 체험하게 되면서 훗날 수행에 대한 확신을 대중들에게 설하였고 이러한 것들이 경봉의 가풍으로 정립되어 진정한 선승의 면모를 갖추어 나가게 되는 것이다.[26]

1928년(37세)에는 『日誌일지』에서 처음으로 계회契會[27]와 시회詩會[28] 등에 참석하여 시우詩友들과 시를 논하였다는[29] 기록이 보인다. 또한, 선승들과의 서신을 통해 선의 진체를 논하기도 하였는데 그 첫 번째 법거량 상대가 백학명白鶴鳴선사였다. 3월 18일 『日誌』에 두 선사의 법거량이 기

---

25 "같이하기로 했는데, 한 스님이 그만 가버렸으니까. 그렇지만 같이 하기로 한 거는 공동책임이잖아요. 한 스님이 가더라도 자기도 그 일을 하기로 했으니까 책임을 지신 거지 혼자서. 그래서 결국은 그걸 다 추진해내셨죠. 그러니까 책임감이 아주 대단하시죠. 말씀을 했다 하면 그걸 꼭 이행을 하셔야지. 이행 안하시는 거는 별로 없죠. 뭐든지 한다고 하면 꼭 하시는거라…" - 통도사 백련암 감원 원산스님 인터뷰 발췌(앞의 방송, 2012년 07월 16일)

26 이 기간은 삶에서 매우 중요한 시기인 바, 뒤에 화엄산림을 다루면서 자세하게 살필 것이다.

27 "天氣淸朗也午前十時慈藏洞天書廳契往參而數友詩人이偶吟하다" - 『日誌』, 1928년(37세) 4월 22일.

28 "天氣淸朗也是日은下北面道俗이會集하야詩會를開於舞風橋故로往參하다…" - 『日誌』, 1928년(37세) 5월 9일.

29 『日誌』, 1928년(37세) 4월 22일 / 5월 9일.

록되어 있는데 경봉의 선승다운 면모를 볼 수 있는 첫 기록이다. 그 뒤로 방한암方漢岩·백용성白龍城·김대은金大隱·운봉雲峰·장설봉張雪峰 등과 문답하면서 자신의 이름을 제방에 알리게 된다.

1930년(39세) 2월 13일에는 보광선원普光禪院 해제解制를 맞아 경봉이 처음으로 상당설법을 하고 2월 21일부터 기도를 위해 통도사를 떠나 약 한달 간 낙산사에 머물었고, 연이어 울산 방어진과 장생포 등을 돌아보기도 하였다.

1932년(41세)부터는 본격적으로 사찰 행정에 참여하는데, 1월 28일 보광선원 화주化主를 시작으로 31일에 통도사 강원 원장으로 추천되었다. 통도사 주지는 선거를 통해 낙선하게 된다. 그러나 다음해인 1933년(42세) 3월 통도사 감무監務를 맡고, 1935년(44세)에 통도사 주지에 취임하게 된다. 이 시기는 보림을 통해 자신의 깨달음에 대한 끊임없는 반조와 수행을 병행하던 시기로 이판理判은 물론이고 사판事判까지 종횡무진 활약하였다.

1940년(49세) 4월 5일에는 백용성 선사의 입적 소식을 듣고 비통해 한다. 그리고 10월 27일 만일염불회가 조직된 지 15년 만에 활동 장소를 극락암에서 백련암으로 이전하게 된다.

1941년(50세)에는 일본 불교시찰을 하게 된다. 3월 30일 부산항에서 출발하여 하관下關을 통해 기차를 타고 경도京都로 이동, 당시 경도 만수사에서 유학중이던 백양사 이상순(전 종정 서옹스님을 말함)의 안내로 동복사·묘심사·동본원사·서본원사·고야산 총지원·법융사·동대사·은각사·금각사·용안사·인화사·법륜사·연역사 등을 참배한다. 4월 23일 이상순과 이별하고 동경으로 이동하여 유학생 정경조 등의 도움으로 정국신사靑國神社·원각사圓覺寺·건장사建長寺 등을 돌아본다. 특히 조동종 대본산인 총지사總持寺에서 운영하는 학교와 회관·소년보호소·탁아소·유치원 등의 사업에 관심을 가지고 유치원 주사主事를 직접 만나 이야기를 나누기도 하였다. 경봉의 신문물에 대한 관심은 이미 출가 직후 유학의 꿈을 통해 드러낸 바 있다. 그 외 공원이나 박물관, 학교, 도서관 등을 둘러보고 다시 하관을 통해 부산행 배를 타고 도착한 날이 5월 4일이다. 근 40여일 동안 경도京都, 동경東京 등을 둘러본 것이다.

이후 경봉은 제방의 납자들과 서신을 통해 많은 선문답을 나눈다. 50세 초반까지의 일상이 이러한 선에 대한 한담들이었고, 법문과 서신을 통해 선사로서의 기용을 거침없이 드러내었다. 대부분의 시간을 일상의 기록과 시작詩作, 그리고 구도에 대해 답을 제시하며 후학들과 교류하고 안부를 나누며 지내게 된다.

그런 와중에 종단의 직책들을 수행하면서 활동영역을 넓혀가기도 한다. 그 시작은 1941년(50세) 당시 선의 종장들만 자리할 수 있었던 선학원의 모태인 재단법인 조선불교 중앙선리참구원 이사장으로 취임한 것이다.

이어 1945년 광복을 맞은 그해 10월 13일 선학원 이사장에 당선된다. 이는 선승으로서 중앙무대에 본격적으로 진출하며 선풍이 세상에 알려지게 되는 첫 공식적인 공간이자 시간적 배경이 되어 주었고, 종단차원에서는 불교 개혁과 정화를 위해 경봉에게 기대하는 바가 컸음을 알 수 있다. 당시 경봉의 활약을 다음과 같이 증언하기도 하였다.

8.15 해방 후 6.25 사변 전후해서 종단이 안정이 될 때까지의 혼란기에 참으로 위대하신 뱃사공이시죠, 위대하신 뱃사공. 모든 사람 차별하지

않고 그렇게 건져주시고 당겨주시고 밀어주시고 가르쳐 주신 어른은⋯ 지금 우리가 사회 교육을 받고 공부하지만, 실천은 그 노스님 밑에 따라 가려고 하면 우리나라 농담에 맨발 벗고도 못 따라 간다는 그런 어른이지요[30]

1946년(55세)에 종단 개혁의 중심에 있었던 경봉은 조선불교朝鮮佛敎 종정宗正 박한영朴漢永의 명의로 2월 12일에 홍혜일洪慧日의 도첩度牒이 제 1호로 나온 것에 감격하며 이 순간을 3월 23일『日誌일지』[31]에 기록하여 불교혁신의 첫 결과물을 기억하고자 하였다. 1946년(55세) 12월 3일 불교혁신 총연맹본부를 조직하여 위원장을 맡게 되는 것도 불교정화와 혁신의 모체였던 선학원과 함께 일제치하에서 퇴색된 한국불교를 바로잡고 혁신하기 위한 노력들이었다.

불교 개혁을 위한 행동들은 1947년 5월 9일 전국불교도대회를 개최하여 최고조에 이른다. 그러나 이 대회를 끝으로 종단 내부의 문제 등으로 소임을 놓고 통도사로 내려오게 된다.

1948년(57세) 9월 26일에 경봉은 개인적으로 1935년(44세)에 이어 두 번째이자 통도사의 해방 후 2세 주지로 취임하게 된다.

날씨 개이다. 오전 9시에 해방 후 제 2세 주지후보자 선거하는 바 추대식으로 결정하고 비밀로 3명을 추천하는 식으로 투표하니 내가 98점,

---

30 울산 학성선원 조실 우룡스님 인터뷰 발췌(앞의 방송, 2012년 07월 16일)
31 "天氣雨也 朝鮮佛敎正朴漢永의名義로二月十二日에洪慧日度牒이第一號로成出也" -『日誌』, 1946년(55세) 3월 23일.

이일우 57점, 구송계 2점, 김보광 3점, 최대붕 1점, 기권이 4점. 선거 유권자가 모두 305명인데 비구니 10명이 함께 했다. 출석인은 2백명 가량인데 투표한 사람은 165명이다.[32]

동년 9월 30일에 주지 후보자 이력서를 제출하고, 당시 주지와 집행부의 반발들이 있었지만 1949년(58세) 5월 27일에 주지 진산식을 거행한다.

주지 취임 이후 경봉은 종단에서 이루지 못한 일들을 통도사에서 실행하고자 하였다. 취임 직후 6월 26일 교무회의를 열어 교육·포교·토지·산림·수도원과 관련된 회의를 한 것을 시작으로 본격적으로 통도사의 개혁을 이끈다. 그러나 이 또한 내부 난관으로 뜻을 이루지 못하고 다음 해인 1950년(60세) 3월 6일 주지직을 사면한다. 당시의 심정을 "세상사람 물욕 언제 다할까 / 돈에 구애받으니 좋은 일 늦어지네…(世人物慾盡何時 / 拘碍金錢好事遲…)"[33]라는 시 구절로 드러내기도 하였다.

경봉은 극락암에 조실로 추대되기 전까지 밀양 포교당인 무봉사에 머물면서 여러 일들을 살피고,[34] 기도정진을 하였다.[35] 가끔 본사나 언양

---

[32] "天氣晴也午後九時에解放後第二世住持候補者選擧하난바推戴式으로決定하고 形式秘三望으로投票하니私儀九十八点, 李一牛五十七点, 具松溪二点, 金包光三点, 崔大鵬一点, 白票四点 投票有權者合三百五人인되尼十人同入也 出席人二百名可量인되投票人一百六十五人" - 『日誌』, 1948년(57세) 9월 26일.

[33] 『日誌』, 1950년(59세) 4월 13일.

[34] "天氣晴密陽布敎堂에서獎忠事業을因하야逗留也" - 『日誌』, 1952년(61세) 1월 1일.

[35] "天氣晴密陽布敎堂三七日祈禱回向하다" - 『日誌』, 1952년(61세) 1월 2일.

에 일이 있으면 밀양역에서 기차를 타고 물금으로 가서 일을 보고 다시 무봉사로 돌아왔다. 또한 극락암을 왕래하며 기도수행을 한 것으로도 보인다.[36)]

1952년(61세) 12월 31부터 '양로염불만일회養老念佛萬日會' 회향을 위해 관음기도, 법화산림법회를 열어 설교하는 것을 시작으로 극락암에서의 행보가 본격적으로 보이기 시작한다.[37)] 경봉이 극락암 조실에 추대된 것은 『삼소굴 소식』에 의하면 11월 3일로 명시되었는데 『日誌일지』에는 관련기록을 찾아 볼 수 없다. 1955년(64세)까지도 경봉은 밀양포교당과 극락암을 왕래한 것으로 보인다. 밀양포교당에서 해제설법을 하고 화엄산림을 봉행하기도 하였으며 신도들과 방생이나 사리암 기도를 떠나기도 하였다. 극락암에서는 영사제와 전각 중수, 33조사 영상影像 봉안 등의 일들을 진행하였다. 그러나 1956년(65세) 5월 2일 밀양 포교당에서 화엄산림 회향 불공을 끝으로 무봉사에서의 공식적인 활동은 보이지 않는다.

본격적인 경봉의 극락암 생활은 1956년(65세) 말부터 이루어진 것으로 보인다. 경봉의 극락암 입성은 삶의 후반기 경봉의 선풍 진작은 물론이고 한국 선의 중흥과 대중화의 결정적 발판을 마련한다. 조실 추대 이

---

36 "天氣晴彦陽서發而勿禁布敎堂來宿也"-『日誌』, 1952년(61세) 1월 31일 / "天氣晴勿禁朝飯하고密陽布敎堂來着也"-『日誌』, 1952년(61세), 2월 1일 / "天氣晴密陽布敎信徒七日祈禱也"-『日誌』, 1952년(61세) 2월 2일 / "天氣細雨也極樂庵에서七日祈禱始作也"-『日誌』, 1952년(61세) 4월 25일.

37 "天氣晴也極樂庵에서養老念佛萬日會 回向하기爲하야觀音祈禱,法華山林法會를 開하야說敎하다"『日誌』, 1952년(61세) 12월 31일.

후 전국의 납자들과 재가 수행자들이 경봉을 친견하기 위해 통도사로 모여든다. 이 시기 경봉은 매주 법회를 열어 수행에 대한 경책과 법문들을 통해 선의 종지를 드날리게 된다.

1957년(66세)에는 수옥守玉·석정石鼎 등과 본격적으로 교류를 한다. 이들은 후학 중에 경봉과 가장 많은 교류를 한 인물들로 특히 시를 통해 일상들을 공유하였다.

1959년(68세)에는 법은회法恩會를 조직하여 신도들과의 친목과 번역 인쇄사업, 법회개최 등을 계획한다. 이는 낙후된 대중 포교방식과 신도 관리를 체계적으로 개선하기 위함이었다. 또한 경봉은 극락암에서 많은 대중들을 제접하고 당대 선지식들과 서신 교류를 통해 법을 설하였으며 여러 외부 강연을 통해 불법을 전파하는데 힘쓴다.

이후, 『日誌』상으로는 1976년(85세) 4월 2일 석가모니의 성탄을 축하하는 시를 마지막으로 끝을 맺지만, 82살 때부터는 매월 첫째 주 일요일에 정기법회를 열었는데 매번 천명 이상의 대중들이 몰려 대성황을 이루었고, 90세까지 시자의 부축을 받고 법상에 올라 대중설법을 하였다고 한다. 법문이 끝나면 신도들을 배웅하고 수행하는 이들이 찾아와 물으면 경책을 통해 수행자의 올바른 자세를 주문하였고 재가자들이 찾아오면 상대의 근기에 맞게 불도의 진정한 의미를 가르쳐 주기도 하였다.

1982년(91세) 7월 17일 미질을 보이던 중 시자侍者가 "스님 가시면 보고 싶습니다. 어떤 것이 스님의 참모습입니까."하고 물으니 웃으시면서 "야반삼경夜半三更에 대문 빗장을 만져 보거라." 하고 입적하니 세수 91세요, 법납 75세였다.

이상 경봉의 삶을 개괄해 보았다. 삶의 재구에서 정확한 일자나 당시 상황 등에 대한 정리들은 여러 선행연구에서 진행되었고 결과물들이 있지만, 본장에서는 『日誌일지』를 통해 정리하였고 서두에서도 밝혔듯이 초기 화엄산림 이전까지의 기록을 새로운 자료를 통해 보충한 정도이다.

앞으로 경봉에 대한 삶의 재조명은 이 자료에서 크게 벗어나지 않을 것으로 보이며 아쉬운 것은, 전해지는 원본『日誌』가 1910년(19세)부터라고 하는데 현재 초기의 모습을 확인할 수 있는 자료들이 소실된 상태이다. 후에 이러한 자료들이 추가 확인되면 경봉의 화엄산림 이전 흔적에 대한 기록들이 더욱 세세하게 드러나리라 본다.

제3장

경봉 생애의 시적 표현

제 3 장

경봉 생애의 시적 표현

1. 오도 이전의 모색기

1) 『聖海禪師壽宴詩성해선사수연시』를 통해 본 행적

경봉은 청년기 시절 많은 문인들과 시를 통해 교류하였다. 이는 시에 대한 높은 관심이 가장 큰 이유이겠지만 한편으로는 통도사 인근 양산·언양·울산 지역에서 활동하는 시인묵객들의 영향도 있었을 것으로 보인다. 당시는 유교 문화의 붕괴로 전통 한문학을 공부했던 지식인들이[38] 불교로 유입되거나[39] 혹은 재야에서 많은 활동을 하던 시기였다. 이러한

---

[38] 개화기 이후 1910년대 한문학의 계승을 위해 힘썼던 이들에 대한 노력은 金澤榮, 王性淳 등을 통해 접할 수 있다 - 김진균, 「한학(漢學)과 한국한문학의 사이, 근대한문학」, 『국제어문』 51집, 국제어문학회, 2011년, 140~163쪽 참고.

[39] 삼국시대 이후 근대까지 많은 승가의 문집을 통해 한문학의 문학적·사상적 발전은 끊임없이 계승되었다. 특히 시문학은 근대까지도 이어졌는데 경봉 代에 이르러 거의 그 맥이 다했다고 볼 수 있다.

개인적·시대적 기본 배경과 함께 젊은 시절 당시 통도사에 주석했던 스님들과 특히, 은사인 성해 남거聖海 南巨(1854~1927)의 영향은 절대적이었다.

근대 통도사의 중흥을 이끌었던 성해는 통도사 승가교육의 기틀을 마련한 학승이자 선승으로, 1854년 울주군에서 태어나 17세에 기장 장안사로 출가하였다. 1880년부터 은사를 따라 통도사에 주석하며 조선조 이후 끊어진 계맥을 이은 당대 율사인 만하萬下 승림勝林에게 대소승계大小乘戒와 눌암訥庵 문하에서 대교大敎를 마쳤다. 이후 화두를 들고 참선 정진하였고 1927년 음력 12월 29일 세수 74세, 법납 58세로 원적에 들었다.[40]

성해는 당시 선지식들은 물론이고 많은 문인·예술가들과 활발한 교류를 하였다. 이는 경봉의 나이 23세인 1914년 6월 7일 성해의 수연을 맞아 정리된 시집『聖海禪師壽宴詩성해선사수연시』[41]를 통해 추측해 볼 수 있다. 이 시집은 경봉이 시를 통해 세상에 이름을 드러낸 첫 자료이자 현재 선해지고 있는 경봉의 시 중에서 가장 오래된 시가 수록되어 있는 자료이다. 비록 젊은 나이의 시이지만 이를 통해 경봉의 청년기 시작詩作에 대한 단면을 살필 수 있는 귀중한 자료로 보인다. 표지에는 '聖海禪師壽宴詩성해선사수연시'라는 제목과 함께 '甲寅年 六月 七日(1914년)'이라 적혀있다.

첫 장에는 '聖海長老回甲宴詩律錄序성해장로회갑연시율록서'라는 창강滄岡 양뢰산梁雷山의 서문이 있으며 그 다음으로 성해 본인이 지은 원운시原韻詩와 그 운에 맞추어 첫 번째로 숭양산인嵩陽山人 장지연張志淵의 축시가 기록되어

---

40 「불교신문」, 2016년 02월 05일자 참고.
41 통도사 극락암 소장.

있다. 이어서 당대 고승들과 본사 주지들, 문인들과 언론인, 서화가 등 324개의 시, 19개의 축사(祝詞), 다수의 축서화(祝書畵) 등의 휘호와 그림들이 실려 있다. 경봉은 어린 나이에 사형인 구하와 함께 이 시집의 발간을 주도하면서 시에 대한 관심은 물론이고 시집에 이름을 올린 인사들과도 자연스레 교류하게 되었으리라 본다.

以仁爲主信爲隣	어짐을 주체로 삼고 믿음과 이웃하며[42]
縱世負吾不負人	세상이 나를 등져도 나는 다른 이를 등지지 않았네
邂逅三生眞的意	삼생을 다시 만난다는 참된 의미로[43]
於焉六十又今春	벌써 육십에 또 지금 봄이라.
謹心留住身離辱	조심스러운 마음으로 머무르니 몸은 욕됨을 떠나고[44]
誠足經行路絶塵	정성스런 발걸음으로 불도를 수행하니 길은 번뇌를 끊었도다
還憾筵前此一宴	아쉬워라 앉은 자리 앞, 이 한번의 잔치
强回瘦面正衣巾	애써 여윈 얼굴 돌리며 옷깃을 바로하네[45]
原韻 金聖海	

성해는 원운시를 통해 자신의 소회를 밝히고 삶을 되돌아보고자 하였다. 즐거운 자리지만 세월의 무상함에 대한 아쉬움들이 그대로 드러난

---

42 '作'을 '爲'로 바꿈.
43 '理'를 '意'로 바꿈.
44 '身'과 '心'을 '心'과 '身'으로 바꿈.
45 『聖海禪師壽宴詩』, 7쪽.

다. 성해는 어려운 시기 통도사로 와서 사찰의 중흥을 위해 헌신하였다. 당시는 먹고사는 것이 가장 큰 고민이었기 때문에 절 살림은 엄격해야만 했다.

> 일본 제국주의의 조선 강제합병을 전후해 먹고 사는 일은 심각한 고민이었다. '절집 살림' 또한 곤궁함을 피할 수 없었다. 스님은 정재(淨財)를 아끼는데 솔선수범했다. 공금(公金)과 사금(私金)을 엄격히 구별했으며, 공금을 개인적인 용도로 사용하지 않았다. 통도사 불사 때마다 경리주관(經理主管, 재정 담당 책임자)을 맡고, 불량도감(佛糧都監, 불공에 사용하는 곡식의 관리를 책임지는 소임)을 역임한 것도 우연이 아니다. 황화각 경리 소임을 보면서 토지 100여 두락(斗落)을 매입하기도 했다.[46]

성해의 살림살이를 일 수 있는 대목으로, 이판[47]과 사판에서 많은 이들에게 존경을 받았던 인물임에 틀림없다. 평생을 통도사를 위해 헌신한 덕분에 성해의 수연은 많은 이들에게 축하를 받는 자리가 될 수 있었다.

---

[46] 「불교신문」, 2008년, 4월 9일자 참고.

[47] "화두참구의 중요성을 강조하고, 수좌들의 수행처 마련에 힘썼다. 1892년 통도사 僧統 소임을 맡은 후 영축산을 찾는 스님들의 발길이 이어졌다. 성해스님 나이가 49세 되던 1900년. 쇠락한 조선불교를 다시 일으켜 세운 鏡虛스님이 통도사에 왔다. 이듬해인 1901년 7월 만공스님이 통도사 산내암자인 백운암에서 정진했다. 또한 통도사 내원암 선원이 문을 연 것이 1905년이며, 한암스님이 조실로 초청 받아 5년간 납자를 지도했다. 이 같은 정황으로 보아, 성해스님이 주요 소임을 보고 있을 무렵 영축산에 참선 수행가풍이 형성된 것으로 보인다." - 위의 신문.

첫 번째 축시로 위암^{韋庵} 장지연^{張志淵}의 시가 기록되어 있다. 당시 위암은 경남일보 주필을 그만두고 마산으로 이주한 때였다. 1914년 11월 불교진흥회^{佛教振興會} 발기인으로 참여하였으며, 그해 12월 열린 설립총회에서 간사로 선출되기도 하였다. 호은^{虎隱} 율사^{律師}의 제자로서 불심이 깊었으며, 율사가 입적하자 비문을 직접 찬하는 등 불교에 깊은 관심을 가지고 있었다.[48] 이러한 관심으로 성해와의 인연도 시작되었고 훗날 경봉과도 활발하게 교류하게 된다.

兜率天高極宿隣　도솔천 높아 북극성과 이웃하듯이
壽相長健海山人　장수하고 건강하여 바다와 산 같은 분
菩提樹老三千界　보리수는 삼천대천세계에서 늙어가고
薝蔔花回六十春　담복화는 육십 번째 봄으로 돌아왔구나
功德應因無量劫　공덕은 응당 무량겁으로 이어지고
慈悲願濟衆生塵　자비는 중생의 번뇌를 제도하리라
傳來衣鉢多奪足　의발을 전해줄 걸출한 제자 많아
獻拜紛紛白衣巾　잇달아 흰 의관으로 절을 올리네[49]

嵩陽山人 張志淵

〈茶賀聖海禪師回壽^{다하성해선사회수}〉라는 제목으로 성해의 수연을 축하하고 있다. 축시에서 눈여겨 볼 것은 걸출한 제자들에 대한 칭찬인데 아

48　『한국민족문화대백과』 참조(http://encykorea.aks.ac.kr/)
49　『聖海禪師壽宴詩』, 9쪽.

마도 당시 위암의 눈에 비친 구하나 경봉을 지칭하는 말일 것이다. 시집에는 구하의 법명 아래 '佛刹大本山通度寺불찰대본산통도사 一世住持일세주지'라고 적혀있어 구하가 당시 주지직을 수행하고 있었음을 알 수 있다.

경봉의 시는 이 가운데 가장 뒤쪽에 선암사 주지 경운擎雲과 함께 끝을 장식하고 있어 여기에 참가한 이들 중에 나이가 가장 어렸음을 짐작할 수 있다.[50]

靈鷲山堂古佛隣　영축산 법당의 옛 부처와 이웃하여
隨緣堪作法中人　인연따라 진리 속의 사람 되었구나
報實方在三千界　사방 삼천세계에 있으면서
歲月今迎六十春　세월이 지금 육십을 맞았네
身移祇樹多淸趣　몸을 절로 옮겨 맑은 기운 넘치고
吐有蓮花豈染塵　연꽃을 토해내니 어찌 티끌에 물들리오!
一杯香茗酬恩極　한 잔 향기로운 차로 극진한 은혜를 갚고
養德吾師下尺巾　우리 스승이 내린 법의 깃으로 덕을 기르리니[51]

小子 金靖錫

시 제목은 〈祝禪師還曆축선사환력〉이다. 당시 경봉은 강원에서 공부를 마무리 지을 때였다. 마침 은사의 수연을 맞아 사형 구하와 선지식들은 물론이고 당대 지식인들과 함께 수연시집 제작에 참여하게 된 것으로 보

50　詩에서 마지막이 擎雲이고 그 앞이 바로 경봉의 시이다. 그 다음부터 祝詞로 넘어간다.
51　『聖海禪師壽宴詩』, 113쪽.

인다.

시는 은사에 대한 제자로서 할 수 있는 극찬의 언어들로 지어졌다. 첫 구ⁱ부터 옛 부처와 이웃한다고 하며 스승의 수행력과 덕을 칭송하였다. 앞서 언급한 것처럼 이 시는 현재 전하는 경봉의 시 중에서 가장 오래된 시이며, 23세의 젊은 나이에 당대의 쟁쟁한 인물들과 함께 했다는 것은 그만큼 경봉의 출가 전 한문에 대한 지식과 강원에서의 공부 등 내전과 외전에서 두루 기초를 잘 다졌음을 알 수 있다. 그리고 그 능력을 은사나 사중의 어른들 혹은 문인들에게 인정받았다는 방증이다. 젊은 시절 경봉의 이러한 행적은 삶에 매우 큰 자양분이 되어주었고 작업을 통해 본격적으로 대중에게 시를 드러내 보이는 시작점이었다.

2) 『小金剛內院寺詩選소금강내원사시선』을 통해 본 행적

은사의 수연시집에 참여한 뒤 경봉의 시에 대한 관심은 자연스레 지역 문인들과의 시회詩會 참여로 이어지게 된다. 그리고 자신의 주도로 시선집을 발간하게 되는데 이것이 1920년(29세) 내원사 주지[52] 재직시 기록한 『小金剛內院寺詩選』[53]이다. 시선집에는 당시 경봉과 인연을 맺고 있던

---

[52] 경봉은 마산포교당에서 포교를 하는 중에 1919년 가을에 내원사 주지로 임명된다.
[53] 29세 때인 1920년 내원사 주지로 있으면서 당시 교유하던 이들이 함께 운자를 맞추어 소금강산 즉, 현재의 千聖山을 노래한 시문집『小金剛內院寺詩選』(통도사성보박물관 소장)을 펴냈다. 표지에는 '佛紀二九四七年庚申鏡峯禪師住持時選集'이라는 부제가 붙어 있다. - 통도사성보박물관 소장

스님 및 문인 170여명의 시가 실려 있다.[54] 그 중 서문의 시를 포함해 104수 정도는 경봉이 직접 받아 적었거나 편지로 보내온 시를 옮겨 적은 시이고, 그 외 66수 정도는 경봉의 필체가 아닌 각각 다른 필체인 것으로 봐서 작자가 직접 적었거나 다른 이가 대필한 것으로 보인다. 내용은 제목에서 알 수 있듯이 모두 소금강산 즉, 지금의 양산 천성산을 노래한 시들이다.

> 이날 내원산 주지 김경봉 스님이 나에게 신금강 천성산 시와 서문을 지어달라고 요청하므로 내가 마침 나그네와 도에 대한 담론을 하던 중이었는데 범연히 옷자락을 거두고 좌석을 바로잡고 말하였다. 옛 사람(예전의 성현)들이 말하기를 '이름 지어 명명할 수 있는 것은 떳떳한 이름이 아니다'라고 하였는데 이 산의 이름은 세 가지가 있다…[55]

> … 경봉 화상이 이 산에 주석하면서 참선의 바다로 마음을 놀리는 여가에 예전의 명석한 철인들이 수행하던 장소가 오래되어 그 이름이 없어질까 걱정하여 그 산의 이름을 신금강산이라고 고치고, 현대문학과 여러 분야의 글을 읊은 시들을 소개하고, 한결같이 옛 조사들의 고결한 풍모와 위대한 자취를 후인들에게 드러내고자 노력하였고, 이로써 지세가

---

54 경봉은 이 시선집의 운자를 '容'·'節'·'峰'·'松'·'鍾'으로 하였다. '容'을 통한 천성산의 현재 모습, '節'을 통한 원효의 일화, '峰'을 통한 산세, '松'을 통한 숲, '鍾'을 통한 시각적 아늑함을 꾀하고자 하였다.

55 "是日內山住持金鏡峰請余作新金剛千聖山詩與序故余方與客談道凡然收襟整坐日古人云名可名非常名矣此山之名有三焉…" - 〈新金剛詩選序〉,『小金剛內院寺詩選』

뛰어난 이름난 명성의 맑은 명예를 퍼뜨렸다… [56]

위의 서문은 경봉과 오랜 인연을 맺어왔던 당시 통도사 강주 증곡(曾谷(海曇 致益))의 것이고, 아래의 서문은 통도사 승려였던 강성찬(姜性燦)이 쓴 것이다. 시선집에는 이처럼 두 사람의 서문이 기록되어 있다. 특히, 해담은 경봉이 서문을 부탁한 상황과 금강산에 대한 일화를 늘어놓으면서 천성산이 왜 소금강산이 되었는지를 설명하고 운(韻)에 맞추어 시 한수를 짓고 마무리 하였다. 이 시가 시집의 원운이 되어 전개된다.

卽看金剛彷彿容	마치 금강산을 본 듯한 모습이요
藤門不絶著邆節	등나무는 끊기지 않고 지팡이로 드러나네
鍊心道骨人千聖	마음을 단련한 도인은 천명의 성인이 되었고
削玉精神石萬峰	옥을 깎은 정신은 만 봉우리를 이루네
澗送寒靜風在樹	시냇물은 차디찬 고요를 흘려 보내는데 바람은 나무에 머물고
洞藏春色雨餘松	골짜기는 봄빛 머금는데 비는 소나무에 남았네
向他欽道神奇蹟	다른 이에게 신기한 자취 말한다면
天女華坪與藁鍾	천녀 화평과 고종이로다

많은 지식인들 중에서도 특히 해담의 시를 원운으로 삼은 것은 두 스

---

[56] "…鏡峰和尙住錫斯山遊心禪海之暇恐往哲藏修之所之久泯其名乃更號新金剛而彈力紹介於現代文學諸家之記序唱詠等一以彰古祖之高風偉跡於後來一以播勝地之令名淸譽于當時…" - 〈序〉,『小金剛內院寺詩選』

님간의 깊은 애정 때문이다. 해담은 경봉에게는 계사이기도 하였지만 시집 발간 3년 전인 1917년(26세) 안양암에서 힘든 시기를 보낼 때 많은 위로와 도움을 주었던 스승이자 도반이었다.

시는 내원사의 창건과 원효 설화에 초점이 맞춰졌다. 1·2구에서는 천성산의 지금 모습이 금강산과 다를 바 없다고 하였다. '藤門不絶著跫筇등문불절저공공'이라 한 것은 원효가 제자들이 다니면서 덩굴에 걸려 넘어지지 않게 하려고 산신령을 통해 칡덩굴이 위로 자라게 했다는 설화를 말하는 것이고 그 생김이 지팡이처럼 솟은 것을 표현하였다.

3·4구에서는 원효에게 귀의한 당나라 스님 천명이 도를 이룬 것을 말하였고, 5·6구에서는 천성산의 초봄 정취를 노래하였다. 그리고 마지막 구를 통해 천성산의 정신은 원효에서 시작되며 원효 정신의 성지임을 은유하였다.[57]

강성찬이 쓴 두 번째 서문에서는, 천성산은 원효가 천명의 승려들과 함께 와서 머물면서 부처님 도리를 깨친 도량이기에 금강산 호칭이 부끄럽지 않다고 하면서 지금은 황망해진 이 산에 경봉의 노력으로 다시 금강산과 나란히 그 이름이 영원히 전해질 것이 분명하다고 하였다.

시선집에 이름을 올린 주요 인물들을 살펴보면 첫 장에 당시 양산군수인 금운錦雲 한영열韓榮烈을 시작으로, 위암韋菴 장지연張志淵, 윤고경尹古鏡,

---

[57] 『宋高僧傳』에 실려있는 내원사에 관한 설화를 상징적으로 표현한 듯 하다. '天女'는 원효를 천공하는 상징적 인물을 말하며 '華坪'은 당시 원효에게 귀의하러 온 천명의 당나라 스님들에게 화엄경을 강설하던 천성산 정상의 평지를 말한다. (일명 화엄벌이라 함) 그리고 '藁鍾'은 이들 대중들을 모을 때 사용하기 위해 달아놓은 큰 북을 말한다. - 김영태, 「전기와 설화를 통한 원효연구」, 『불교학보』17, 불교문화연구원, 1980년과 『宋高僧傳』, 「唐新羅國黃龍寺元曉傳(大安)」 참조.

허몽초^{許夢艸}, 김구하^{金九河}58), 김성해^{金聖海}, 김달윤^{金達允}, 윤월하^{尹月下}, 이가원^{李家源} 등이 이름을 올렸다. 59) 여기서 먼저 22번째에 이름을 올리고 시선집을 주도한 경봉의 시를 먼저 살펴보자.

   山川化作萬奇容 산천은 변하여 만가지 기이한 모습 되고
   千古英雄住法筇 천고의 영웅들은 법의 지팡이 세웠네
   瀑落巖頭飛白玉 폭포수 떨어지니 바위머리엔 백옥이 드날리고
   雲捲天末現群峰 구름 걷히니 하늘 끝엔 무수한 봉우리 드러나네
   寺舍淑氣心歸定 절 집안의 고요한 기운에 마음은 선정에 들고
   春濕梅香鶴睡松 봄의 촉촉한 매화 향에 학은 소나무에서 잠을 자네
   試問金剛何處是 묻노니 금강은 어디에 있는가?
   黃花流水月邊鍾 누런 꽃 흐르는 물, 달 가에 종소리라네
    千聖山 頭陀 金鏡峰

시선집은 천성산과 내원사를 위한 감상이기 때문에 대부분의 시 전개가 천성산의 설화나 현재의 모습, 찬양 등이 반복된다. 경봉의 시 전개도 해담의 시와 크게 다를 바가 없다. 단지, 현재 자신의 눈에 비치는 천성산과 내원사를 어떠한 시어로 표현해 내느냐에 따라 감정 전달이 달라지는 것이다. 그러나 마지막 구에서 차이를 보이는데, 당장 해담과 경봉의 시만 두고 보더라도 해담은 천성산의 실체를 설화를 통해 시화^{詩化}한

---

58 구하는 자신을 '佛刹大本山通度寺住持 石蓮 金九河'라고 밝혔는데 관련문헌이나 자료에서 구하의 호가 '石蓮'으로 쓰인 것은 이 시선집이 유일하다.
59 인근의 많은 유자들이 이름을 올렸지만 인물파악이 어려운 한계점이 있다.

반면 경봉은 시각적이고 청각적인 일상의 실체로 시화하였다.

그렇다면 승려의 신분이 아닌 재가자의 시각은 어떠했는지 시선집에서 두 번째로 이름을 올린, 젊은 시절 경봉과 각별한 정을 쌓았던 위암 장지연의 시를 감상해보자.

次金剛山韻　　금강산 운에 차운하다
一片金剛畵莫容　한 편의 금강, 그림으론 담을 수 없어
故今來客駐游笻　예나 지금이나 손님 노닐 뿐이네
萬緣淸淨超塵界　온갖 인연 청정하여 속세를 뛰어넘고
千聖精靈現寂峰　성인들의 영혼은 고요한 봉우리로 나타나네
狖每窺齊攀老石　원숭이는 엿보며 줄지어 묵은 바위 붙들고 있고
鶴能聽法下深松　학은 법문을 들으며 깊은 소나무에 내려 앉네
曉師卓錫曾何日　원효스님 머문지가 일찍이 언제였던가!
尙記羅朝舊鼓鍾　아직도 기억하네 신라의 옛 북소리.
嵩陽山人 韋庵 張志淵[60]

60　앞에서 언급한 성해선사 수연시에서 처음 조우하였고 1917년(26세) 경봉이 마산 포교사로 있을 때 자주 만나게 되면서 교류가 있었던 것으로 보인다. 위암 장지연은 한일합방 후 마산 등지에 은거하면서 慶南日報에 관여하기도 하고 詩會나 嗜酒를 주로 하다가 3·1운동이 일어나고 2년 뒤인 1921년 나이 58세로 세상을 떠나게 된다. 이 시는 1919년부터 한창 경남일대를 유람하던 때에 지은 것으로 보인다 - 임동석, 「韋菴 張志淵의 언론활동과 시세계에 관한 일고찰 : 한 유교 지식인의 근대 전환기 대응 양상」, 성균관대학교 한문학과 석사학위논문, 2002년, 9쪽 참조.

앞의 두 시가 현실과 설화를 통해 관찰자 시점에서 본 것이라면 위암의 시는 마치 자신이 천명의 스님 중 한사람이 되어 지난날을 회상하며 원효를 그리워하듯 읊었다. 한편으로는 원효의 법문을 숨죽여 기다리는 듯한 느낌을 주기도 한다. 승려가 아닌 세속인이 보는 천성산과 내원사는 모습 그대로가 원효의 법문이며 그것을 듣고자 하는 희망을 시를 통해 드러내었다.

위암 장지연은 내원사의 주지로 있던 경봉을 위해 기꺼이 시 한수를 지어 주었다. 당시 10년 지기였던 위암은 말년에 경남 일대를 유람하면서 많은 이들과 교유를 하게 되는데 특히 통도사 스님들과 많은 친분을 쌓는다. 앞서 성해의 수연시집에 첫 번째로 시가 실린 것을 보면 짐작이 되는 부분이다. 후에, 경봉이 경남 포교에 한창 열정을 쏟을 때에도 많은 도움을 받은 것으로 전해진다. 위의 시는 위암이 사망하기 1년 반 쯤 전에 지은 것인데 시선집에 두 번째로 이름을 올린 것으로만 봐도 경봉과의 인연도 성해나 구하만큼이나 깊었음을 알 수 있다.

이상, 경봉의 출가 후 시에 대한 관심을 20대 시절인 1914년(23세) 은사의 수연을 맞아 엮은 수연시집과 1920년(29세) 내원사 주지 재직시 엮은 천성산 내원사 관련 시선을 통해 살펴보았다. 위 두 시선은 『日誌일지』에 드러나지 않는 경봉의 20대 시절의 시학詩學적 환경과 양상을 살펴볼 수 있는 중요한 자료들이다. 그리고 오도 이전의 작품들이기 때문에 주제와 상황에 맞는 유자儒者의 시각을 느낄 수 있다. 즉, 두 자료를 통해 경봉은 오도 이후 각자覺者의 시각에서 드러내었던 어떠한 경계나 사상, 내면적 성찰과 달리 자연과 일상에서의 관상과 관조 혹은 상황에 충실했던 일반적인 시학적 감성을 조금이나마 살필 수가 있었다.

3) 『日誌일지』를 통해 본 행적

현재 극락암에 소장되어 있는 『日誌』는 경봉이 33세 때인 1924년부터 시작된다. 그 이전의 『日誌』는 유실되어 소재가 파악되지 않으며 유실되기 전 『日誌』에서 확인되었던 두 수의 시는 경봉의 일대기를 그린 김현준의 『바보가 되거라』에서 찾아 볼 수 있다. 이 시들은 각각 1917년(26세) 1월과 1919년(28세) 7월경에 지어진 시로 보이는데 비록 소설 형식으로 전개되고 있지만 시는 극락암의 도움으로 고증한 자료였기 때문에 경봉의 시를 살피는데 있어 중요한 자료이다.

苦樂同堪住此庵　고락을 함께한 이 암자에서
佛門妙旨與師談　불문의 오묘한 논지 스승과 더불어 이야기했네
隨緣歸路遙望看　인연 따라 돌아오는 길 멀리서 바라보니
雲白山靑月一潭　구름 희고 산 푸른데 달이 한 연못에 있네[61]

1917년(26세)에 안양암을 떠나면서 지은 시로, 당시 안양암에 머물면서 힘든 시기에 큰 위로를 주었던 안양암 조실 증곡[62]에게 전하는 이별

61　김현준, 『바보가 되거라』, 도서출판 효림, 1993년, 52쪽.
62　증곡은 근대 율사로 이름을 떨쳤던 海曇 致益(1862~1942)을 말한다. 속성은 徐, 법명은 致益, 호는 海曇이다. 1880년(고종17년) 19세에 통도사 春潭에게 출가했고, 龍門寺의 龍湖 海珠에게서 경전을 배웠다. 1894년(고종31) 孤雲寺에서 水月의 법을 이었고 그 뒤 통도사 강주가 되어 후학을 지도했다. 1929년 선교 양종 7敎正의 한 사람으로 추대되었다. 계율을 잘 지켰으며, 보살계법회의 수계사로 활동하기도 했다. 통도사에서 나이 81세, 법랍 62년으로 입적했다. 저술로는 『曾谷集』 1권이 있다. 이는 활자판으로 부산의 대원사(大願寺)에서 1934년에 간행되었다. 호를

의 시이다.

경봉은 젊은 날 구도행각을 마치고 통도사로 돌아온 뒤로 본인 의지와 달리 스승과 사형에 의해 안양암에 머물게 된다. 이때 중곡에게 많은 가르침을 받는다. 중곡은 그만큼 경봉이 힘든 시기에 큰 기둥이 되어주었다. 이들은 경봉이 안양암을 떠나 마산포교당의 주지로 임명되면서 이별을 맞게 되는데 시 속에는 애절함과 아쉬움이 그대로 드러나는 것이다.

중곡 또한 포교를 위해 떠나는 경봉을 위해 〈送別鏡峰行方布敎송별경봉행방포교〉라는 제목의 시로 화답한다.

> 雖有分居千里外 비록 천리 밖에 떨어져 살지만
> 趣同一室坐相談 취향 같으니 한 집에서 얘기하는 듯 하네
> 誰知醉舞春風末 누가 알겠는가 봄바람 끝에 취해 춤추는 곳에
> 山萬層峰水萬潭 산은 만층 봉우리요 물은 만길 연못이로다[63]

중곡은 아쉬움과 애절함을 드러내었지만, 한편으로는 경봉의 앞날이 희망적이고 성공할 것이라 확신하였다. 비록 몸은 멀리 떠나지만 마음은

중곡이라 한 것을 두고 스스로 밝히기를, "내가 일생을 살면서 승가에도 가까이 가지 않았고 당연히 속가에도 가까이 가지 않았기 때문에 僧俗에서 사람인(人)을 뺀 즉, 승도 아니요 속도 아니다. 이 뜻은 나에게 가까우니 당연히 이 호인 이유이다…"라 하여 스스로 승속에 구애됨이 없음을 밝히기도 하였다. 그리고 스스로 2인칭 客이 되어 '영축산에 머무르는 구름이 아니라 바다를 뒤덮는구나' 하고는 '海曇'이라 칭하기도 하였다.

63 『曾谷集』, 한국불교전서(http://buddha.dongguk.edu/)

항상 한 집에서 이야기하듯 아주 가까이 있을 것이며 가는 곳곳마다 즐거움이 가득할 것이라 용기를 준다. 경봉을 생각하는 중곡의 애틋함이 잘 드러나는 시이다.

報恩塔出人天讚　보은의 탑 세우니 사람들과 하늘이 찬양하고
漏盡香初不宿鐘　다 타버린 향은 처음과 같아 종소리 멈추지 않네
佛地同功終作別　부처님 도량 함께 불사한 공덕 마치고 헤어지게 되니
今宵悵月海中峰　오늘 밤 슬픈 달, 바다 속 봉우리로다.[64]

위의 시는 1919년(28세)에 지은 것으로 안양암을 떠나 경남 포교를 위해 마산포교당의 주지로 재직하다가 2년여 만에 내원사 주지로 임명되었을 때 소회를 밝힌 것이다. 주지 재직시 세운 보은탑에 대한 자부심과 포교를 위한 노력들이 멈추지 않길 바라고 있다.

현재 전해지는 『日誌(일지)』에서 오도 이전의 시 자료는 1924년(33세) 11월 4일 『日誌』에 기록되어 있는 것으로 다음과 같다.

南極精神照此時　남극의 정신 이때를 비추니
壽相仁德世人知　수상과 인덕은 세상 사람이 안다네
花遷趨賀三千客　꽃은 시들어도 삼천객 찾아와 축하하고
鐵樹光生六一期　철로 된 나무가 빛 발한지 61년
家置田園留産業　집에 전원을 두어 일 거리를 남기고
庭培蘭竹永昌輝　뜰에는 난죽을 길러 영원히 번창하여 빛나게 하네

64　김현준(1932), 55쪽.

壹觴彩舞開瓊宴　한 잔 술, 색동옷에 춤추며 아름다운 잔치 여니
回憶劬勞意事遲　돌이켜 생각하니 자식 기른 수고로움
　　　　　　　　오래토록 떠오르네[65]

지인의 수연을 축하하기 위해 지은 시이다. 현재 남아 있는 『日誌』에서 보이는 첫 시이자, 은사의 수연시집을 제외한 첫 수연시이다.

경봉은 평생 많은 수연시를 남긴다. 이처럼 많은 이들이 경봉에게 수연시를 부탁했던 이유는 경봉의 사회적 지위로 인해 상대의 위치가 자연스레 빛을 발할 수 있었고 경봉이 시를 통해 상대의 덕화를 칭송하는 것에 능숙했으며 시를 짓기에 앞서 상대의 지나온 과거와 약력을 정확히 파악하여 시를 통해 상대나 그 자손들에게 큰 위안과 용기, 자부심과 자긍심을 줄 수 있었기 때문이다. 이러한 형식은 경봉의 많은 수연시들에서 그대로 나타난다.

다음으로 등장하는 시는 1927년(36세) 2월 8일, 기도를 마치고 읊은 시이다.

年來年去又春迎　해가 가고 오고 또 봄을 맞으니
月照禪窓道白淸　달은 선창에 비치고 도는 희고 맑도다
萬念空空無一物　만가지 생각은 비고 비어 한 물건도 없으니
曉鍾鳴處覺疑情　새벽 종소리 울리는 곳에서 의심스런 마음 깨닫네[66]

65　"天氣雲天也崔不昊崖家晬宴를設行故로一首詩를送하니曰…" -『日誌』, 1924년(33세) 11월 4일.
66　"天氣淸朗也是日에祈禱佛供回向하고一首詩를作하니曰…" -『日誌』, 1927년(36세) 2월 8일.

시에서 작가는 봄을 맞는 시간과 그 시간을 받아들이고 있는 선창이라는 공간, 그러한 시간과 공간 속에서 진리를 찾으려는 작가 본인 즉, 시간과 공간, 자아 이 세 가지를 모두 비어내어 한 물건도 없는 공空의 상태로 만들어 버렸다. 기도를 올리면서 경봉이 체험한 공적 상태를 시로 표현한 것이다.

작가는 세상만물과 일체一體가 되어 버렸고 결국에는 그 하나一마저도 단절시켜 버렸다. 그렇게 텅 비어내어 제각각 사라진 것들이 새벽 종소리를 매개체로 모두 다시 제자리에 모이게 되는데 그 중심에 의정疑情이 있다고 하였다. 이는 전형적인 화엄의 '일즉다 다즉일一卽多 多卽一'의 논리이다. 경봉의 화엄에 대한 관심은 출가 초기부터 경전을 통해 드러나지만 이처럼 수행을 통해 체득된 경험들 또한 화엄의 실천적 방안을 위한 모색으로 이어지게 된다.

이러한 모색 과정에서 안양암의 증곡, 백운암의 방공과 함께 1928년 (37세) 겨울에 화엄의 대중화를 위해 첫 법회를 열게 되는데, 준비 과정에서 서로 많은 이야기를 논한 것으로 보인다. 첫 화엄산림이 열리기 전에 기록되어 있는 경봉과 방공의 문답시를 살펴보자.

萬會化主鄭普雨一首送日
大杵金剛碎鷲山　　큰 금강저로 영축산을 깨부수니
土飛石散永無山　　흙 날리고 돌 흩어져 영원히 산은 없어졌는데
一陣狂風一念起　　한바탕 광풍에 한 생각 일어나니
洪雨球成更合山　　큰 비, 방울 이뤄 다시 산과 합치네

余答曰
大杵全身亦鷲山　　큰 방망이 전체가 또한 영축산인데
以何能罷是靈山　　어떻게 이 영산을 부수겠는가
狂風放下都無念　　광풍 내려놓으면 모두 다 무념이니
月在靑天鶴在山　　달이 푸른 하늘에 있고 학은 산에 있네[67]
咄　　　　　　　　억!

방공 정보우鄭普雨를 '만회화주萬會化主'라 칭하였다. 만회萬會는 염불모임인 '양로만일염불회養老萬日念佛會'를 말한다. 앞의 생애 부분에서 잠시 언급되었는데, 방공은 이 모임의 설립을 먼저 제안하고 추진하는 과정에서 빠져버려서 경봉을 난처하게 만들기도 하였었다. 다행히 방공은 뒤에 어떤 이유에서인지 다시 합류하여 경봉에 이어 두 번째로 이 모임의 회주를 맡아 이끌게 된다.

방공은 수행에 대한 현재 자신의 경지를 시를 통해 경봉에게 보이고자 하였다. 금강역사가 들고 있는 무기이자 의식용 도구인 '금강저金剛杵'는 불교에서 나쁜 대상 혹은 악마를 쳐부술 때 사용하는 도구로, 금강저 같은 의지로 분별망상을 쳐부수며 처절하게 정진하고 있는 자신의 모습을 대변하였다. 화두 하나로 형상을 모두 날려버리고 잠시나마 진리의 산을 보게 된다면 얼마나 기쁘겠냐마는 그것도 잠시이다. 한바탕 광풍처럼 생각이 일어나서, 있는 그대로의 산이 아닌 큰 빗방울에 비치는 굴곡된 산이 나타나버린다. 방공은 시를 통해 경봉에게 수행에 대한 조언을

67　『日誌』, 1927년(36세) 9월 22일.

듣고자 한다. 일념이 지속되지 않는 자신의 수행방법에 대한 문제점을 도반과 나누고 싶은 것이다.

이에 경봉은 화답시를 통해 진리는 변하지 않으며 자신의 눈앞에 보이는 경계와 그 경계를 인식하고 있는 주체가 모두 사라져야만 진정한 본래모습을 볼 수 있다고 말한다. 수행은 관념론적 분별의 억제가 아니며 일념의 지속도 아니다. 이는 경봉이 오도 이후 자주 언급하는 여래선과 조사선의 개념과 비슷하다. 경봉은 직관적인 공적空寂상태가 지속되어야 함을 강조하고 그러기 위해서는 순간에 몰아치는 '광풍'이라는 한 생각까지도 떨쳐내야 가능하다고 하였다.

당시 이들의 수행방법이었던 '간화선'에서는 자연에서 일어나는 지극한 일상들과 언어유희가 빚어내는 비논리적 모순들이 난무한다. 또한, 이러한 모순의 난무에서 오는 알음알이들을 화두를 통해 벗어나고 일념의 상태를 유지하고자 한다. 결국엔 일념조차도 비워내는 무념의 상태가 궁극적 목표 중에 하나이다. 그러나 현상이나 사물의 존재를 인식하는 순간 모든 것이 허사가 되기 일쑤이다. 현재 방공에게는 시시때때로 광풍이 불어 무심삼매의 일념이 지속되지 않기에 경봉에게 자신의 공부 상태를 전하였고 경봉은 모든 것을 내려놓는 연습을 꾸준히 하라고 조언한 것이다. 금강저니 영축산이니 하는 모든 형상화된 존재를 내려놓아야만 달이 뜨고 학이 산에 있는 가장 일상적이고 너무도 평범한 진리의 면목을 느낄 수 있다고 하였다.

지금까지, 소실된 『日誌일지』에 있었던 시 2편과 『三笑窟 日誌삼소굴 일지』에 전하지 않는 『日誌』의 시 3편을 살펴보았다. 각각 1917년(26세), 1919년(28세), 1924년(33세), 1927년(36세), 1928년(37세)의 시로 앞두 편의 시를 통해 포교에 대한 남다른 열정과 마산 포교당을 떠나오면서 미련과 아쉬움을 느낄 수가 있었다.

뒤의 세편 시를 통해서는 인연의 첫 장면들과 수행에 대한 의지, 수행에 대한 고뇌와 방향 등을 느낄 수 있었다. 비록 20대 후반부터 30대 후반까지의 단편들이지만 기존 연구에서 살필 수 없었던 시들을 통해 경봉의 청년기 삶의 단상들을 살필 수 있는 계기가 되었다.

2. 화엄산림법회와 오도기

1) 화엄과의 인연과 실천

경봉은 젊은 날 유학의 꿈이 좌절되면서 『화엄경』을 통해 위안을 받게 된다. 그리고 강원 입학 후 본격적으로 화엄경을 공부하게 되는데, 이때 강원에서의 화엄경 강사가 만해 용운 萬海 龍雲(1879~1944)이었다. 둘의 인연은 화엄경을 통해 시작되었고, 비록 13년의 나이 차가 나지만 서로 존경하며 도반처럼 지내게 된다. 훗날, 경봉이 만해의 추도 비문을 직접 쓰고 비를 탑골공원에 세우는 일에 경제적으로나 행정적으로 주도를 한 이유도 이런 인연에서 시작된 것이다.

경봉은 말년에 제자들에게 만해에 대한 이야기를 자주 하였다고 한다.[68] 또한 둘은 자주 서신을 주고받으면서 서로에 대해 안부를 묻고 법담을 나누었다.

---

68 석명정, 『茶이야기 禪이야기』, 극락호국선원, 1994년, 195쪽 참조.

(······. 상략 ······.)

"심우장 목부화상이여, 어느 날 어느 때에 소를 잃었는가. 호를 목부라 하였으니 소를 얻어 기르는 것이 분명한데 '심우장'이라 하였으니 소를 잃은 것도 분명하구나. 만약 본래 잃지 않았다면 무엇 때문에 소를 찾는다 하며, 만약 소를 잃었다 하면 어떻게 소를 먹인다 할 수 있겠습니까. 심우장 목부화상이여, 바로 이러한 때에 당해서 지금 소를 찾고 있는가, 소를 먹이고 있는가, 소를 찾고 먹이는 것을 함께 잊었는가. 심우장 목부 화상이여, 삼각산이 높고 높아 첩첩하여 높은 봉우리는 높고, 낮은 봉우리는 낮아 바람은 소슬하고 물은 차디찬데 알겠습니까? 바라건대 일구를 보내십시오."[69]

만해의 수도처를 심우장尋牛莊이라 하고 별호가 목부牧夫라 한 것에 대해 질문한 것이다. 심우장이라 이름 했으니 '소를 찾는 집'을 문자화하였다면 당연히 소를 잃어버린 것이 맞는데 또한 소를 맡아 기르고 있는 목부라 했으니 말이 앞뒤가 맞지 않다. 소를 다 잃어버린 집에서 목부의 존재가 왜 필요하며, 필요도 없는 목부인데 할 일 또한 무엇인가 하는 것이다. 심우도의 7번째 그림인 '망우존인忘牛存人' 즉, 소는 잃고 사람만 있는 그런 상황이다. 이에 대해 만해가 시 한수를 지어 보낸다.

毛角曾未生　　털과 뿔 일찍이 난적도 없는데
何有得與喪　　어찌 얻고 잃음이 있겠는가

69　『日誌』, 1938년(47세) 1월 8일.

> 牧夫還多事　목부가 도리어 일을 번잡케 하여
> 漫築尋牛莊　헛되이 심우장을 지었네[70]

만해는 1933년부터 열반할 때까지 심우장에서 보냈다. 일제의 감시 하에 쓸쓸한 만년을 보내며 집필에 힘쓰고 있을 때 서울 상경 차 가끔 찾아오는 구하와 경봉이 그 누구보다 반가웠을 것이고 가끔 날아드는 경봉의 이러한 어리광 섞인 안부 편지를 읽는 순간이 만해에겐 잠시 머리를 식히며 웃음 지을 수 있는 시간이었을 것이다.

이 문답을 주고받던 시기는 만해가 심우장에서 머문 때였고 『日誌일지』의 기록으로 봐서 경봉은 47세 즈음이다. 경봉은 평생 존경하며 스승으로 모셨던 만해에게 당호와 별호를 주제로 안부 편지를 쓴 것이다. 선승들은 선문답을 통해 이처럼 보이는 것에 대한 파격적이고 역설적인 대화로 서로의 법을 점검하고, 답을 통해 인정하거나 혹은, 인정하지 않기도 하며 또 다른 역설을 가지고 다시 그 역설에 대한 답을 제시하기도 한다.

만해는 경봉의 편지에 대한 답장을 위의 시로 대신한다. 당호를 가지고 장난스럽게 던지는 경봉의 언어유희에 만해 또한 함께 즐기듯 그런 분별은 말라는 응답과 함께 경봉이 제시한 자신의 과오 또한 너스레 인정을 한다. 경봉의 '소를 잊고 사람만 있네[忘牛存人]'에 대한 화답으로 심우도의 8번째 '사람과 소 모두 잊네[人牛俱忘]'와 9번째 '본래로 돌아오다[返本還源]'를 주제 삼아 화답한 것이다. 이는 애초 털과 뿔은 존재 하지도 않은 것인데 '심우장'이니, '목부'니 하는 대상을 갖다붙여 사람을 혼

70　『日誌』, 1938년(47세) 1월 8일.

란케 한 자신의 잘못을 인정하면서도 털과 뿔조차 없는 판치생모板齒生毛의 근원과 무상무형無相無形이 바로 진리의 그 자체이며 이치인데 어찌 얻을 것이 있으며 또한 잃을 것이 있느냐고 반문한 것이다. 이에 대해 경봉이 다시 두 구句로 답을 한다.

牧夫多役事 목부가 할 일이 많으니
可賞一杯茶 차 한 잔 드리리다 [71]

당시 만해의 처지와 일상사들을 수긍한 것이다. 물론 선승들 간의 문답에서 나오는 멋쩍은 풍류의 곡조 같지만 그 안에 담긴 서로간의 진심은 충분히 이해하고 신뢰했을 것이다.

아무리 일이 많다 해도 분별의 시작은 모두 하나에서 시작하고 그것은 더 걷잡을 수 없는 혼란을 일으킨다. 그런 심우장과 목부라는 역설적 관계에서 이제 좀 생각을 쉬고 많은 일을 내려놓은 채 차나 한 잔 하라고 한다. 이는 당나라 때의 선승이었던 조주 종심趙州 從諗(778-897)선사가 제자들의 질문에 '喫茶去끽다거'로 대신하며 사량 분별을 쉬게 하고 일상심이 아닌 평상심을 권하였듯이 경봉 또한 그런 방편으로 스승 만해를 위로하였다. 그러나 절대 '끽다거' 속에 또다른 분별 망상이 있으면 안 된다는 전제조건 하에서다. 경봉은 일이 많다고 이것저것 머릿속에서 끄집어 내면 안 된다고 한다. 그 순간 목부가 또 일이 생기게 된다. 일이 많으면 즉, 일어날 생각들이 많으면 또 다른 혼란들이 생기기 때문이다.

---

71 『日誌』, 1938년(47세) 1월 8일.

여기서 차 한 잔을 마시는 것은 모든 것이 끊어진 오직 차에만 열중하는 무념의 행위이다. 무념이라는 것은 단순히 생각이 끊어진 상태가 아니라 마음이라는 놈에게 붙어 있는 티끌을 깨끗이 털어내어 진여의 본성을 알아차려가는 상태를 말한다.[72] 대부분의 사람들은 깨어있지 못하고 살아가므로 일상심에 매몰되어 평상심에 이르지 못한다. 조주의 "차나 마시라"는 말은 단순히 차를 마시라는 말이 아닌 일상심을 벗어나 평상심의 세계에 들라는 말이다.[73] 나라를 위한 스승의 행보에 대해 제자 겸 후학이 '一杯茶(일배다)'를 통해 걱정과 근심을 담아낸 것이다.

경봉에게 있어 만해의 사상적 영향은 화엄의 대중화에서 본격적으로 드러난다. 중국의 화엄사상가들은 한역본 『대방광불화엄경』의 이미지에서 그 이론을 완성하고 정착시킨 '위대하고[大] 바르며[方] 광대한[廣] 부처님[佛][의 세계]을 [다양한 보살 실천의]꽃[華]으로 꾸미는[嚴][것을 설한] 경전[經]'이라는 의미[74]로 보고 있다. 경봉은 화엄을 이러한 실천적 목적으로 대중화 하고자 하였다. 1926년(35세) 10월 21일과 12월 12일에도 각각 아래와 같이 화엄경 법문에 관해 기록하고 있다.

---

72 『壇經』 제3장(定慧一體)에서는 모든 티끌을 없애고 진여본성을 바라보는 것이라고 말하고 있다. 즉, '無란 무엇이 없다는 것이고, 念이란 무엇을 생각한다는 것인가! 無란, 二相이 없어서, 모든 塵勞의 마음이 없는 것이다. 念이란 眞如本性을 생각하는 것이다. 眞如는 생각의 體요, 생각은 眞如의 用이니라(無者 無何事 念者 念何物 無者 無二相 無諸塵勞之心 念者 念眞如本性 眞如卽是念之體 念卽是眞如之用)'고 하였다.

73 정순일, 「조주화상 '끽다거'의 의미」, 『한국차학회지』 20권 제3호, 한국차학회 2014년, 6쪽.

74 강기선, 「『화엄경』, 「여래출현품」에 담긴 문학성 연구」, 『동아시아불교문화』 22집, 동아시아불교문화학회 2015년, 112쪽, 재인용.

"10월 21일

날씨 맑음. 오전 10시에 본읍교당에 가서 화엄경 궐자권 법문을 하고 저녁에 돌아오다."[75]

"12월 12일

날씨 맑음. 오전 9시에 양산 교당에 가서 화엄경 호자권 법문을 하다."[76]

위 기록에서 알 수 있듯이 두 차례에 걸쳐 양산 포교당에서 화엄경 법문을 하였다. 특히, 화엄경 궐자권은 12인연을 설한 내용들인데 훗날 많은 법문에서 인연법에 대한 중요성을 강조하기도 한다.

경봉은 1916년(25세) 9월에 각 지방 순회 포교사로 취임을 하고, 8월에 마산 포교당 포교사로 임명되었으며 1922년에는 마산포교당에 '부모보은탑父母報恩塔'을 건립하여 그 공으로 당시 주지였던 사형 구하로부터 포상을 받기도 하였다.[77] 마산 포교당에서 포교사로서 첫 발을 내디딘 후, 근 10년 동안 젊음을 마산과 진주, 양산 등 경남 포교의 선구자를 자처하며 열정을 쏟았다. 이『日誌일지』속의 시기인 1926년(35세)은 경남 포교를 마무리하고 통도사로 돌아와서 승속의 구분 없는 대중의 건성성

75　"天氣晴朗也午前十時에本邑敎堂에往하여華嚴經闕字卷說法而夕陽에還來也" -『日誌』, 1926년(35세) 10월 21일.
76　"天氣晴朗也午前九時에梁山敎堂에往하여華嚴經說法號字卷說法하다" -『日誌』, 1926년(35세) 12월 12일.
77　통도사성보박물관(2012), 32쪽.

불을 목적으로 '養老念佛萬日會^{양로염불만일회}'를 창설하여 염불에 대한 중요성을 인식시킴과 동시에 화엄의 대중화를 위해 자신이 무엇을 할 수 있는가를 고뇌하던 시기였다. 그리고 이듬해인 1927년(36세)에 드디어 통도사 극락선원에서 27일간[78] 화엄산림법회를 개설하여 대중화에 첫발을 내디디게 된다. 그해 12월 7일과 8일의 『日誌』를 보자.

"12월 7일

날씨 흐리다. 오후 2시경에 화엄산림 불사를 하기 위하여 극락암에 와서 머무르다."[79]

"12월 8일

날씨 비오다. 절기는 대설이다. 오후 3시에는 신중 불공을 드리고 밤에는 세주묘엄품 법문을 듣다."[80]

---

78 경봉을 다루는 기존의 연구나 글들은 모두 3·7일 즉, 21일 동안 화엄산림이 열렸다고 하는데 원본 『日誌』에 보면 정확히 12월 7일(1927년)에 불사를 위해 극락암에 와서 하루 쉬고 8일부터 화엄경 세주묘엄품을 들었다고 기록되어 있다. 그리고 그때부터 시를 짓기 시작해서 다음해(1928) 1월 3일자에 회향했다하고 마지막 시를 짓는다. 다음날인 1월 4일 『日誌』에 "華嚴山林祈禱를 昨日에 終了하고…"라 기록되어 있어 경봉의 첫 화엄산림 기간은 21일간이 아니고 27일간 열렸음을 알 수 있다.

79 "天氣雲天也下午二時頃華嚴山林佛事하기爲하여極樂庵에來宿하다" - 『日誌』, 1927년(36세) 12월 07일.

80 "天氣雨來也節侯는大雪이다午後三時에神衆佛供設行하고夜에는世主妙嚴品法門을聽法하다."-『日誌』, 1927년(36세) 12월 8일.

이때의 법회를 통해 만해에게서 화엄경을 익히고 그 사상을 실행에 옮기는 데 15년 정도가 걸린 것이며, 자신이 직접 지은 화엄산림 동참문에서 밝혔던 '玄玄^{현현}하고 玄玄^{현현}한 이치와 妙妙^{묘묘}하고도 다함이 없는 法^법을 說^설할 수 있는 준비'[81]를 실행에 옮기기 위한 첫 걸음이었다. 당시 경봉과 함께 방공과 중곡이 법사로 나섰고, 많게는 하루에 세 번까지 법문을 하기도 하였다. 대중들은 함께 낮에는 불공을 드리고 밤에 법문을 들었다는 기록으로 봐서 당시 법문은 저녁 늦게 이루어졌고 법문이 끝나면 다 같이 용맹 정진을 한 것으로 보인다.

제자 명정은 12월 7일자 글 아래 주^과를 달아 화엄산림에 대한 뜻을 이렇게 적어 두었다.

"華嚴山林 - 화엄경 說法會. 山林이란 摧折人我山하고 長養功德林한다는 말이니 너와 나다 하는 山을 무너뜨리고 공덕의 숲을 기른다는 말이다."[82]

명정의 설명처럼 화엄산림법회는 화엄경 공부를 통해 '너'와 '나'라는 경계의 산을 허물고 공덕의 숲을 기르기 위한 취지로 시작되었다. 나도

81　경산스님(京山, 1917-1979) : 법명은 희진(喜璡) 속성은 손(孫). 북청 출생. 강원도 유점사 수암(秀庵)스님을 은사로 득도. 효봉 청담스님 등과 정화불사에 동참하다. 총무원장, 동국대학교 재단이사장 등을 역임. 1979년 서울 적조암에서 세수 63 법납 43세로 입적하다.
82　『三笑窟 日誌』, 8쪽.

없고 남도 없는 평등의 세계, 너와 내가 없는 즉, 집착이 끊어진 세계가 바로 화엄의 세계이다.[83] 경봉은 화엄의 이상적 세계관을 실현하기 위해 끊임없이 공부하고 설법하며 화엄 대중화에 대한 열의를 게을리하지 않았다.

경봉의 이러한 열의는 일기 곳곳에서 살필 수 있다. 예를 들어 화엄산림이 끝나고 나서도 매일 화엄경을 독송했다던가,[84] 각 지역 포교당을 돌며 글을 지어 동참자를 모집한 일이나,[85] 화엄산림 기간 중 두 명의 법사와 함께 하루에 세 번씩 번갈아 법문을 했다는 기록,[86] 산림이 끝난 후 금전과 쌀에 대한 회계를 직접 정리하여 『日誌일지』에 꼼꼼히 남긴 기록[87] 혹은 통영교당에서 화엄산림 중에 증곡과 편지를 주고받았다는 기록,[88] 1937년(46세) 12월에 관룡사에 갔다가 창녕읍에서 화엄법문을 했다는 기록들이 그러한 것이다.

---

83 경봉은 훗날 화엄경의 정의를 『華嚴山林與袈裟佛事法會記懸板』(1936년, 나무, 33.4×156.2, 통도사성보박물관)에서 이렇게 밝혔다. "화엄경은 부처님께서 증득한 법의 세계로 즉, 중생들이 본래 가지고 있는 불성을 그대로 드러내어 깨침으로써 모든 중생들이 함께 피안에 오르는 것이다(華嚴經者大覺世尊所證之法界則衆生本有之佛性和盤托出以警群機同登彼岸也)"

84 『日誌』, 1928년(37세) 1월 30일.

85 『日誌』, 1930년(39세) 1월 30일(동참문에서는 성현의 가르침을 잘 이어 見性成佛하고 나도 남도 함께 이로울 수 있는 道를 이루어 실천하자고 하였다. 또한, 마음을 잘 살피고 언어 문자에 집착하지 않아야 하는 것이 석가의 가르침이고, 대방광불화엄경법문은 오묘한 이치가 있으니 이 화엄경을 모르면 불교를 제대로 설명할 수 없음으로 이 준비된 공간에서 함께 원력을 세워 동참하자고 하였다.)

86 『日誌』, 1930년(39세) 12월 5일.

87 『日誌』, 1931년(40세) 1월 3일.

88 『日誌』, 1931년(40세) 2월 1일.

특히, 통영교당이나 창녕읍에서 화엄산림이나 화엄법문을 했다는 기록은 당시 경남 각 포교당을 돌면서 경봉의 주도로 화엄의 대중화를 위해 많은 법회가 열렸음을 알 수 있는 대목이다.[89] 이런 열정은 작게는 출가 초기 '출가하였더라도 실천하지 않고 수행하지 않으면서 많이 보고 듣기만 하는 것은 아무 이익이 없다'는 『화엄경』구절에서[90] 느낀 자기 자신과의 약속에 대한 실현이었으며, 크게는 통도사가 화엄종찰·화엄산림법회의 모범으로 지금까지 자리할 수 있었던 초석을 다졌던 셈이다.

2) 산림의 시작과 오도

1927년(36세) 12월 8일부터 1928년(37세) 1월 3일까지 통도사 극락암에서 열린 27일간의 화엄산림법회는 경봉에게 있어 화엄의 대중화를 위한 첫 걸음이자 의미있는 결과물이었다. 이 법회는 『日誌^{일지}』 속에 등장하는 첫 법회였으며, 경봉은 이 기간 동안 빠짐없이 하루하루의 감회를 시로 지어 시승다운 면모를 보여주었다. 또한, 『日誌』에는 경봉의 시 외에 중곡^{앞谷}과 방공^{昉空}이 지은 27편의 시가 경봉과 운자를 맞추어 함께 실려 있다. 즉, 당시 화엄산림은 세 스님이 주도적 역할을 하며 번갈아 법회를 주관한 것이다. 중곡은 앞에서 언급한 경봉에게 구족계를 내린 해담 치익을, 방공은 당시 통도사 백운암에 살던 정보우를 말한다.

---

89 1958년(67세) 3월 반야사에서 화엄산림 법문을 하다가 두 차례 코피가 터졌다는 기록은 경봉의 열정을 보여주는 한 단면이다.
90 정도, 『경봉 선사 연구』, 운주사, 2013년, 223쪽, 주석 재인용.

첫째 날인 12월 8일의 시를 보자.

樓閣莊嚴脫染塵　누각의 장엄함은 세속 먼지 벗어내고
水空山寂亦無人　물과 산 텅 비어 고요한데 인적마저 없네
一光獨照三千界　한 빛 홀로 삼천세계 비추니
物物頭頭總自新　만물이 모두 저절로 새롭네[91]

이날은 대설大雪이었고 비가 왔다. 법회 첫날이었으므로 설법 내용은 「世主妙嚴品세주묘엄품」이었을 것이다.

첫 구에서 이날 법회의 핵심인 '妙嚴묘엄'의 행위를 '莊嚴장엄'이라는 말로 극대화하였고, '부처의 세계'인 '장엄한 바다'를 작은 '누각'이라는 공간으로 한정지었다. 비록 작은 공간이지만 부처의 세계와 다를 바 없는 장엄하고 티끌 없는 곳이니 이 공간에서 법회를 듣는 순간만이라도 고요한 가운데 홀로 있음을 즐겨보라고 한다. 장엄하고 적막해져 고요함이 지속되면 휘영청한 달빛이 그대로 드러나게 되는데, 이 속에서 '一光獨照일광독조'를 통해 알 수 있듯이 경봉은 자신의 자성을 들여다보고자 하였다. 또한, 세속의 때를 벗은 고요함[靜]으로 세상을 바라볼 수 있다면 만물이 새롭게 느낄 수 있는, 항상 그대로의 깨어 있는 자성을 가질 수 있으며, 그렇게 되면 누구나 이 품品에서 말하는 진정한 세주世主가 될 수 있을 거라 하였다.

91　『日誌』, 1927년(36세) 12월 8일.

경봉은 화엄산림의 첫 시를 통해 이 기간 동안 해야 할 일들을 제시하였고 함께하는 이들이 본래면목을 잘 살펴 진정한 자유를 누리기를 바라고 있는 것이다.

  法界聖神到此今 법계의 성스러운 신 여기에 이르니
  香風瑞氣漸生衿 향긋한 바람 상서로운 기운 옷깃에 피어나네
  聞經萬念空無一 경을 들으니 만 가지 생각 텅 비어 하나도 없는데
  鍾打三更月上岺 종 치니 삼경이라 달이 봉우리에 떠오르는구나[92]

화엄산림 2일째인 12월 9일의 시이다. 처음 시작하는 화엄산림법회에 모든 상서로운 기운들이 모여 법회를 더욱 빛내고 있으며, 3·4구(句)에서는 화엄경을 통해 사량분별을 모두 끊어내고, 하나[一] 조차도 남지 않은 텅 빈 공간마저 사라진 상태를 만들어 내야 한다고 말한다. 향긋한 바람, 즐겁고 상쾌한 기운 속에서 편히 화엄경 독송에 몰두하다가 자정을 알리는 종소리에 문득 달이 높이 솟은 것을 알아차렸다는 것은 법회에 모인 본래 자성을 가진, 그러나 그것을 잃어버리고 사는 대중을 일깨우고자 하는 경봉의 뜻이 드러난 것이다.

 자신이 앉은 공간과 화엄경 속의 공간, 그리고 생각들을 담아내고 있는 마음속의 공간들이 종소리로 인해 모두 어지럽게 해체되어 버렸다가 '달'이라는 절대 진리를 통해 다시 평정을 되찾게 되었다. 이렇게 평정심을 바탕으로 정진을 하라는 것이다. 이 순간의 정진은 어떤 것에도 휘둘

---

92 『日誌』, 1927년(36세) 12월 9일.

리지 않는 절대의식의 순수한 본래처이다.

첫째 날과 둘째 날의 시에는 특별히 제목이 달려 있는데 각각 '山林感想詩산림감상시' 혹은 '感想詩감상시'라 하여 첫 화엄산림에 대한 감회를 읊은 것으로 보인다. 이 시기 경봉은 수행에 있어서도 절정기를 달리고 있었다고 제자 명정은 밝히고 있다.[93]

1)

無西南北亦無東	서남북도 없고 또한 동쪽도 없으니
諸佛天王與我空	모든 부처와 천왕이 나와 함께 비었네
百草頭頭生紫氣	온갖 풀에 상스러운 기운 일어나고
輪山香海理相同	輪山과 香海는 이치가 서로 같구나[94]

2)

天地口吞是上機	천지를 삼키는 것이 최고의 기틀이니
石兎乘鶴逐泥龜	돌 토끼 학을 타고 진흙거북 쫓아가네
花林鳥宿江山靜	꽃 숲엔 새가 자고 강산은 고요한데
蘿月松風弄阿誰	덩굴 사이 달과 솔바람은 누굴 희롱하는가[95]

---

93 "鏡峰스님께서는 이때가 36세 修禪行의 結實期였다. 華嚴說法을 無量壽閣에서 하시고 三笑窟에서 一大 勇猛精進을 하는데 21일 동안 잠도 오지 않고 話頭의 疑情이 一念으로 獨露되시더란다." -『三笑窟 日誌』, 9쪽.
94 『日誌』, 1927년(36세) 12월 10일.
95 『日誌』, 1927년(36세) 12월 11일.

앞서 수행의 절정기를 달리고 있었다는 경봉의 당시 모습을 위의 시들을 통해 뚜렷이 확인할 수 있다. 1)의 시는 화엄산림 3일째 날인 12월 10일에 지은 시로, 화두 의정이 일념이 되어 서서히 자신의 분별 망상을 잠식해가고 있던 때이다. 경봉은 당시 '무無'자를 통해 이미 사방·팔방의 경계를 무너뜨려가고 있었다. 텅 빈 상태에서 그대로 공적空寂 체험을 하고 있는 모습이다.

'輪山윤산'이나 '香海향해' 같은 시어는 화엄경 「華藏世界品화장세계품」에 나오는 단어들로 아마도 이날 법문의 주제가 「화장세계품」이었던 것으로 보인다. 이 품品에는 수미산에 대한 설명과 함께 향수해香水海와 금강륜산金剛輪山에 대한 역할[96]이 적혀 있다. 이러한 화엄세계의 '장엄'도 알고 보면 지금 눈앞에 펼쳐진 현실과 다를 바 없는 그대로 찬연히 빛임을 말하고 있다.

2)의 시는 산림 4일째 시로 천지를 삼킬 만큼의 큰 기틀 즉, 번뜩이는 지혜의 중요성을 말한다. 불교에서 지혜를 갖춘다는 것은 고苦를 최소화하고 해탈을 이루기 위한 것이다. 지혜를 갖추어야만 절대 진리 앞에서 당당할 수 있다. 언어의 난무함과 혼란 속에서도 이 기틀을 갖추게 되면 진정한 안식처와 태고太古의 공적空寂한 진리를 맛볼 수 있는 것이다. 경봉

---

[96] "……여러 불자들이여, 저 수미산 티끌 수 풍륜에서 맨 위에 있는 것은 이름이 훌륭한 위엄 광명(殊勝威光藏)이니, 보광마니 장엄향수해(普光摩尼莊嚴香水海)를 받쳤으며, 이 향수해에 큰 연꽃이 있으니, 이름이 가지가지 광명 꽃술 향기 당기(種種光明蘂香幢)이다. 화장 장엄 세계해가 그 복판에 있는데, 사방이 고루 평탄하며 청정하고 견고하여 금강륜산(金剛輪山)이 한 바퀴 둘리었으며, 땅과 바다와 모든 나무들이 각각 구별되어 있느니라." - 이운허 번역, 『대방광불화엄경』 제8권 〈화장세계품〉, 인터넷한글대장경 (http://www.tripitaka.or.kr)

은 화엄산림 4일째 되는 이때에 이미 '석토^{石兎}'나 '니구^{泥龜}' 등의 언어유희를 통해 언어의 한계를 벗어난 진리를 드러내고자 하였다.

일반적으로, 우리가 아는 선정은 결가부좌를 통한 바른 호흡에서 나오는 이른바 사물을 관^觀하는 법이다. 그러나 화엄경의 선정은 그런 자신의 선정을 통해 우주 자체의 대삼매에 접하고 그것에 동화되는 것이다.[97] 만물과 내가 하나가 되고, 이 둘을 이어주는 것이 바로 시에서 말하는 '상기^{上機}' 즉, 큰 지혜이다.

화엄산림 4일째 되는 날까지 경봉은 화엄을 주제로 시를 지었다. 이 시들에서 알 수 있는 것은 화엄을 통해 선을 수용하고 있다는 점이다. 법문을 듣고 또 수행을 하고, 또는 법문을 하고 수행을 하며 화엄과 선 사이에서 그 경계점을 명확히 찾지 못한 듯하다. 그러면서 兼敎修禪^{겸교수선}[98]의 틀 안에서 자신의 경계를 조금씩 드러내기 시작한다.

범부로써 수행을 해서 깨달아 새로운 혜안이 열리면 마치 새 생명을 얻는 것처럼 만물을 지금까지와는 또 다른 시각으로 바라보게 되는 것이 오도이다. 이는 선적^{禪的} 체험을 통해 얻어지는, 분별망상이 끊어져 일체의 형상을 있는 그대로 보게 되는 진리의 근본 자리이다. 또한 진정한 '나[吾]'라는 존재를 알아차리는 순간인데, 이러한 경지를 경봉은 화엄산

---

[97] 다마카 고시로, 『화엄경』, 현암사, 2011년, 29쪽.
[98] 정도는 "경봉의 悟道 과정을 보면, 한편으로는 화엄산림법회를 이끌면서 한편으로는 화두를 참구하여 깨달음에 이르고 있다. 이는 『화엄경』을 강설하면서 동시에 간화선 수행을 하고 있었던 사실을 말하며, 경전에 대한 이해를 전제로 捨敎入禪하는 것이 아니라 兼敎修禪하고 있는 모습을 보여주고 있음을 알 수 있다."라고 말하고 있다. - 정도(2010), 204쪽 참고.

림 5일째부터 맛보게 된다. 그리고 순간의 감동과 희열을 시를 통해 드러내게 된다. 이는 1907년 16살의 나이로 득도한 이후 화엄경을 통해 발심하여 일대사를 해결하기 위해 처절하게 수행한지 20년 만의 일이다.

여러 선승들에게서 보이는 바와 같이 열반시(涅槃詩)가 자신의 수행에 대한 마무리라면 오도시(悟道詩)는 진정한 수행의 시작이다. 오도시는 경계가 끊어진 처절한 수행의 결과물에서 나오는 직관의 응집체이기 때문에 형식의 틀 속에서 이해하려든다면 받아들이기 불가능한 언어들이다. 또한 언어를 가차(假借)하였기 때문에 언어에 의미를 부여하는 것은 매우 위험한 일이다. 이 언어들은 분별처가 확실히 끊어진 수행 체험의 결과물이자 표현법이다. 그러기에 더더욱 역설과 파격이 난무하는 모순 덩어리일 수 밖에 없다.

경봉은 이러한 경계들을 5일째, 6일째 날인 1927년 12월 12일과 13일에 연달아 체험하게 된다. 12일『日誌(일지)』에 스스로 '대도를 성취한 날이다'[99]라 하고 두 편의 시를 기록해 두고 있고, 13일『日誌』에 조사선(祖師禪)을 깨달았다고 적고 있다.[100] 그러나, 12일에 스스로 대도를 성취했다고 밝혔지만 만족하지 못한 상태인 여래선(如來禪)에 머물렀다. 조사어구(祖師語句)에 막힌 자신의 모습을 발견한 것이다. 이에 더욱 정진한 결과 다음날인 13일 새벽에 조사선을 깨달았다고 기록하였던 것이다.

여래선과 조사선에 대한 언급은『祖堂集(조당집)』19권에서 처음으로 보이는데, 앙산 혜적(仰山 慧寂(807~883))과 향엄 지한(香嚴 智閑(?~897))과의 대화에서 향

---

99 "天氣淸朗也是日은大道를成就한日也" -『日誌』, 1927년(36세) 12월 12일.
100 "天氣淸朗也午後二時半에祖師禪을覺悟也" -『日誌』, 1927년(36세) 12월 13일.

엄의 경지를 앙산이 점검하면서 "여래선은 깨달았다고 인정하나 조사선은 아직 꿈에도 보지 못하였다"라고 말하는 장면이다. 이는 비록 깨달았으나 그 법法의 상相이 남아 있는 것이고, 조사선은 그 법의 상相조차도 뛰어넘은 경지를 말한다.[101] 또한 여래선과 조사선의 차이는 바로 문자文字와 점수漸修를 빌리지 않는 자증자오自證自悟이다.[102] 즉, 진정한 공의 세계이며 한 치의 상相도 허용하지 않는 세계이다.[103]

경봉의 오도 관련 시들에 대해 정도正道는 12일에 여래선을 깨닫고 읊은 시를 두고 "삼독의 구름을 제거하고 산하와 범부와 성인의 차별이 없는 세계에 들어가 있는 경지를 노래한 것이다. 깨달음의 세계를 노래하고 있는 점에서 이 시가 오히려 오도송으로 보이기도 한다"[104]라고 했고, 강석근은 "경봉의 오도송은 12월 11일에서부터 12월 13일까지 3일 동안 읊은 시를 통칭하기도 한다"[105]라고 하였다. 그러나 경봉의 오도시는 13일에 읊은 시 하나로 봐야 한다. 당연히 스스로가 처절한 수행을 통

---

101 정성본,『중국선종의 성립사 연구』(민족사, 1993년, 818쪽) / 김태완,「中國 祖師禪의 연구-馬祖系를 중심으로」(부산대학교 철학과 박사학위논문, 2000년, 37쪽) 등을 참고하였다.

102 홍수평·손역평 공저,『如來禪』, 운주사, 2002년, 370쪽.

103 조사선과 여래선에 대한 논의는 仰山 慧寂처럼 대부분의 선승들이 두 경지를 명확히 인지하고 구분하였지만 반대로 圓悟 克勤(1063~1135)처럼 임제종 양기파의 선승은『心要』에서 "如來禪과 祖師禪이 어찌 두 종류이겠는가. 갈팡질팡함을 면치 못하여 각자 검고 흰 것을 나누었으니 크게 宗地에 어긋남이 크도다(如來禪 祖師禪 豈有兩種 未免婬含各分皁白 特地乖張)"라고 하여, 구분 짓는 것을 어리석다고 한 선승들도 있다. 이러한 대립적 논의에 따른 구체적인 내용은 앞으로의 연구를 통해 살펴 볼 것이다.

104 정도(2010), 54쪽.

105 통도사성보박물관(2012), 255쪽.

해 조사선의 ⁽祖師禪義⁾를 깨달았다고 기록하고 있기 때문이다. 그리고 깨달음에 이르는 과정을 연작시로 표현한 것일 뿐이지 오도시를 다작⁽多作⁾한 것이 아니다.106) 조사선을 깨닫지 못했다면 상⁽相⁾이 여전히 남아 있다는 말이 되니 오도가 아닌 것이다.

12월 12일 화엄산림 5일째 날 지은 시를 보자.

鐘鐸方鳴急出門　종소리 목탁 소리에 급히 문을 나서니
碧天如海徹無雲　푸른 하늘이 바다처럼 밝아 구름이 없네
一光圻照三千界　한 빛이 삼천 세계를 비추니
人我江山未別分　너와 나, 강과 산 구분이 없네

人人自有出頭門　사람마다 스스로 나갈 문이 있는데
三毒多生閉疊雲　三毒으로 많은 삶이 첩첩 구름에 갇혀있네
一刻心空歸古宅　한 순간 마음 비우고 옛 집으로 돌아가니
山河凡聖豈能分　산과 강, 범부와 성인 어찌 구분하겠는가107)

스스로 '이 날은 대도를 성취한 날이다'라고 기록하고 있다. 그리고 딱 1년 뒤의 『日誌⁽일지⁾』에 '지난해 오늘은 華嚴會上⁽화엄회상⁾에서 如來禪⁽여래선⁾

106　태고 보우 같은 경우가 이와 같은 경우인데 선승들은 깨달았다고 하고 오도시를 읊지만 보림 과정에서 또 다른 화두에 막히고 다시 정진을 하여 화두를 뚫어낸다. 그 과정에서 읊은 시들을 모두 오도시라 한다면 그것은 잘못된 것이다. 진정 조사선의를 알아차렸다면 보림 과정에서 막힘이 없어야 한다.
107　『日誌』, 1927년(36세) 12월 12일 - '多生'옆에 '年年'이라고 기록되어 있다.

을 깨달았으므로 금년에 華嚴山林^{화엄산림}을 開設^{개설}하다'[108]라고 밝히고 있다.

  이 시기는 경봉의 수행 정진과 구도의 열기가 최고조에 달한 시기였다. 종소리·목탁 소리에 정신이 번쩍 뜨인 듯 자신의 변화를 느끼고 문을 나섰다. 무분일심^{無分一心}의 경계가 오롯이 지속되어 하늘은 더더욱 티 없이 맑아 보이고 눈앞에 펼쳐진 강산은 분간하기조차 힘들 정도로 일체의 모습을 하고 있다. 경봉 또한 천지가 한 뿌리요, 만물이 하나임을 깨닫기 전까지 사량분별에 갇혀 스스로를 옥죄었던 일들을 회상한다. 그러나 깨닫고 나서 세상을 바라보니 산하대지가 따로 없다. 자신의 본래 모습도 지난날의 구별과 분별은 존재하지 않는다. 그런데 대도를 성취하고 구별이 없는 상^相을 맛보지만 경봉이 읊어낸 시 속에는 '일광^{一光}'이라든가, '인아^{人我}'와 '강산^{江山}', '산하^{山河}'와 '범성^{凡聖}'을 통해 '어찌 구별하겠는가'라고 한 외침이 무색할 정도로 그 상을 쉽게 버리지 못하고 있다. 부셔야 하는 분별 그 한 구석에 여전히 또 다른 분별이 자리하고 있어 보인다. 경봉은 그 잔가지를 떨쳐내기 위해 다시 정진에 나서 다음날인 화엄산림 6일째, 13일 새벽 2시 30분 촛불이 춤을 추는 것을 보고 홀연히 대오를 이룬다. 그리고 오도의 시를 내뱉는 순간, 경봉은 세상에 자신의 존재를 드러내는 첫 사자후^{獅子吼}를 하게 된다. 이날의 시를 감상하여 보자.

    我是訪吾物物頭　　내가 나를 온갖 것에서 찾았는데
    目前卽見主人樓　　눈앞에 바로 주인이 나타나네
    訶訶逢着無疑惑　　하하 웃으며 만나 의혹이 없으니

---

[108] 『日誌』, 1928년(37세) 12월 30일.

優曇花光法界流　우담발화 빛이 세상에 흐르는구나[109]

　　출가 후, 지금까지 갈망했던 '방오訪吾'를 위한 구도의 열정과 그 동안의 고뇌와 노력이 지금 이 순간 눈앞에 나타나고 있다. 경봉은 이날 드디어 자신의 참 모습을 발견하게 된다. 바로 '나[吾]'를 찾는 일대사가 순식간에 해결되는 순간 화두는 산산조각 나 버렸고 감동은 주저 없이 행동으로 보여주었으며 탕탕무애蕩蕩無碍하게 걸림이 없는 경지에 이르게 되었다.[110] 구도에 대한 치열한 노력의 결과는 어떤 희열보다 더 기뻤을 것이다. 그리고 그 감동을 시에 고스란히 담아냈다. 바로 경봉의 오도시悟道詩이다.

　　'나'의 진체眞體를 찾는 것은 끊임없는 반조가 있어야 한다. 이 시에서는 그렇게 찾아다니던 나[吾]의 본래면목이, 자세히 살피고 살피니 항상 붙어 다니는 목전의 이 한 놈이었다고 말하고 있다. 그것이 바로 나를 이끄는 주인공이며 그곳이 바로 그 주인공이 사는 공간이었다. 지금 경봉은 '왜 이걸 몰랐지'하는 지난 시간에 대한 허탈감과 행복·만족감·희열 그리고 감동이 공존하고 있다. 고행 끝에 만난 나의 주인공은 너무나 가깝고 쉬운 곳에 있었으니 이제 한 치의 의심도 필요치 않아 다행이라 한

---

109 『日誌』, 1927년(36세) 12월 13일 - '我是' 옆에다 줄을 긋고 '悟也'라고 적어 놓았고 '卽' 옆에다 '親'이라 적어 놓았다. 또한, '訶訶' 옆에 '呵呵'라 적어 놓았고 '蠱'을 줄로 긋고 옆에 '鉢'이라 적어 놓았다.

110 "이 화엄산림 도중 경봉스님께서는 悟道 하셔서 화엄설법을 하시는데 탕탕무애하게 걸림없이 고함도 지르고 또 달밤에 三笑窟 뒤뜰에서 막 뛰고 춤도 추더라는 말이 전해지는데 어째서 그러셨냐고 말씀드리니 그렇게 고생하고 애를 써서 공부를 성취하여서 너무 기뻐 자연 그렇게 되시더랍니다." -『三笑窟 日誌』, 20쪽.

다. 깨친 이가 나올 때 핀다는 우담발화가 세상 온 누리에 가득하다는 말로 세상에 보이는 모든 것들이 본래 불성^{佛性}으로 가득 차 있음을 말하였다. 자신은 이제 일대사를 해결하였으니 대중들도 이 기간 동안 발분하여 그것을 빨리 깨치라는 경책의 일갈^喝도 함께 보여주고 있다.

여기서 중요한 것은 '주인루^{主人樓}'이다. '루^樓'는 단순한 공간의 의미가 아니라 나를 이끌고 있는 주인공이 사는 공간이며 항상 존재해 왔지만 내가 모르고 살던 공간이다. 또한 주인공과 내가 항상 함께 공존했던 공간이기도 하다. 내 몸을 끌고 다니는, 이 껍데기가 아닌 진아^{眞我}가 묵고 있는 공간 그것을 '루^樓'라 하였다. 그 공간을 오늘에서야 발견한 것이다. 앞에서 읊었던 항상 눈앞에 있지만 눈에 보이지 않는 그 공간이기도 하다.

경봉이 오도시를 읊었던 이날의 기록에도 산림기간 동안 함께 법회를 주관했던 증곡과 반공의 시[111]가 기록되어 있다.

訪到靈源最上頭　신령스런 근원 최정상에서 찾아 이르니
清光月在碧虛樓　맑고 빛나는 달 벽허루에 있네
此去家山知迫遠　여기서 가도 고향 산 매우 멀다는 거 알았으니
虛舟古渡水空流　빈 배 있는 옛 나루터에는 물만 부질없이 흐르네.
曾谷

無始無終去來頭　시작도 끝도 없이 가고 오는 곳

---

[111] 『日誌』, 1927년(36세) 12월 13일 曾谷과 般空의 詩.

幾回大地天眞樓　몇 번이나 대지의 천진루로 돌아왔던가
三千世界雖云濶　삼천세계가 비록 넓다 하지만
曾在林中送歲流　숲 속에 있으면서 세월만 흘려보내는 구나
舫空

경봉은 진아^{眞我}가 있는 공간을 '주인루^{主人樓}'라 하였는데 중곡은 근원의 공간을 말하며 '벽허루^{碧虛樓}'라 하였다. 마음의 근본자리를 찾기 위해 수행했던 자신에게 드디어 '벽허루'라는 공간을 찾아냈고 이 공간을 통해 본래면목의 마음자리를 발견한 것이다. '此去家山知迫遠^{차거가산지박원}'이라고 한 것은 자신을 스스로 낮추며 겸손해 하는 선승의 역설적인 표현이다. 매우 멀다는 것이 아니라 사실 나의 본성 즉, 나의 안락처인 가산^{家山}은 매우 가까이에 있다는 말이다. 이는 경봉의 오도송 두 번째 구 '목전즉견^{目前卽見}'과도 상통하는 말이다. '허주^{虛舟}'와 '고도^{古渡}'를 통해 일상의 평온한 분별없는 마음을 드러내고 하염없이 흐르는 물도 있는 그대로 두려하고 있다.

방공은 '천진루^{天眞樓}'를 통해 자성 본체의 공간을 만들어 냈다. 앞뒤도 없고 좌우도 없는 삶에서, 처절한 수행을 통해 지금 천진루를 보게 된 것이다. 세상이 넓고 광활하여 곳곳에 도심^{道心}이 있지만 적어도 방공에게는 삼천세계가 특별한 것이 아니라 임중^{林中}에도 있음을 말하고 이 자리 또한 광활한 세계에 포함된 본성의 한 자리라고 하였다. 위 시에서처럼 각각 '벽허루', '천진루'를 통해 자기 주인공이 거처하는 공간을 표현하였고, 모두 수행의 경지가 높이 이르렀음을 알리는 특별한 공간이다.

경봉의 오도 후 경계는 열반 전까지 수많은 시를 통해 표현되어 진다.

그 잔향들 중에 오도의 기쁨이 가시지 않은 바로 그 해(1928년) 4월 12일 『日誌일지』 속의 시[112]를 감상해 보자.

太虛天地春風到　태허공 천지에 봄바람 불어
葉綠花紅是樹心　푸른 잎 붉은 꽃 나무의 마음일세[113]
萬像無非眞妙法　삼라만상 모두가 참된 묘법이거니
如何求佛更何尋　어찌 부처를 멀리 찾으려는가[114]

花枝蜂蝶

春樹花枝香滿出　봄이 오니 가지마다 꽃향기 짙어
遠方蜂蝶自飛來　먼 곳에서 벌 나비 날아든다.
箇中眞味難爲說　이 가운데 참맛을 어이 말하랴
紅日高明客笑開　붉은 해 높이 솟아 나그네 웃음 짓네

새벽 예불을 하고 입정入定에 들기 전에 지은 시로, 오도 이후 다섯 달 정도가 지난 때이다. 오도를 하고 자신의 경계를 확실히 살펴야하는 보림의 시기이기도 하다.

첫 번째 시에서 경봉은 세상에 보이는 모든 것이 허상이고 체體는 오직

112　"天氣淸朗也家內監役하다. 晨朝入定時作詩曰…" - 『日誌』, 1928년(37세) 4월 12일.
113　'柳綠花紅是樹心'로 했다가 '葉綠花紅是樹心'로 바꾸었다.
114　'如何求佛更後尋'으로 했다가 '如何求佛更何尋'로 수정하였다.

마음이 만들어 내는 표현일 뿐이라 하였다. 세상 전체가 바로 부처의 법 아닌 게 없으니 멀리서 도道를 구하지 말라는 것이다. 온전한 체험에서 나오는 후학들을 향한 경책인 동시에 자신의 현재 상태를 드러내 보이는 표현방법이기도 하다.

현재 경봉은 오도의 희열이 넘쳐나는 듯 환희심으로 가득 차 있다. 벌과 나비, 꽃과 가지를 통해 서로의 경계가 딱 맞아떨어져야 자연의 조화가 구현되는 것처럼 자신의 경계도 이제 조금씩 보림을 통해 세상과 삶의 진리에 가까워지고 있음을 알 수 있다.

오도를 이룬 지 1년 뒤인 1928년 12월 30일과 31일[115] 『日誌일지』에는 1년 전을 회상하면서 '작년 오늘에 화엄회상에서 여래선을 깨달았으므로 금년에 법화산림을 개설하다', '흰 눈이 펄펄 내려서 白花道場백화도량을 장엄莊嚴하더라. 이날 작년에 조사선을 깨달았으므로 法華山林精進법화산림정진에 진력하다'라고 적었다.[116] 경봉의 이러한 기록은 오도를 통해 다시 태어난 자신의 새로운 모습을 기억함과 동시에 초심을 잊지 않고 더 분발하기 위한 스스로의 경책이다. 이처럼 경봉은 오도 이후에도 계속해서 스스로를 점검해나가면서 자신의 경지를 더욱 확고히 다지기 위해 노력한다.

---

115 경봉은 음력으로 1927년(36세) 11월 19일, 20일에 여래선과 조사선을 깨달았다.
116 "天氣淸朗也去年今日華嚴會上에서如來禪覺悟함으로今年에法華山林을 開設하다" -『日誌』, 1928년(37세) 12월 30일 / "天氣白雪紛紛하야白花道場을莊嚴하더라는日去年에祖師禪을覺悟한此時也法華山林精進盡力하다" -『日誌』, 1928년(37세) 12월 31일.

3) 오도 이후 화엄산림 시

경봉은 36세인 1927년 12월 12일에 여래선如來禪을, 13일에는 조사선祖師禪을 깨닫고 선열禪悅을 맛보았다. 그리고 이어지는 화엄산림 기간 즉, 14일부터 시작되는 시들은 마음자리의 본체를 깨달은 이후의 시들이다. 오도 이전의 시들에게서 느껴지는 일상적 시어나 자연만물에 대한 관조적 시각과는 달리, 오도 이후부터는 그대로의 본래자성을 노래하며 선의 입장에서 화엄산림의 모습들을 이해하고 선의 논리로 세상을 받아들이려는 시도를 하게 된다.

1)

法界衆生過百年	세상의 중생들 백년이 지나도
此心無見夢中眠	이 마음 못 보면 꿈속에서 잠자는 것이라
阿彌陀佛何求遠	아미타 부처님 어찌 멀리서 구하는가
與我同名坐目邊	나와 같은 이름으로 눈 가에 앉아 있네[117]

2)

長天此月照三秋	높은 하늘에 이 달은 석달 가을 비추는데
蝸角功名豈得求	달팽이 뿔 같은 헛된 이름 어찌 구할 것인가
滄海不知山不語	넓은 바다도 모르고 산은 말이 없으니
花林芳草牧斯牛	꽃 숲 향기로운 풀에 이 소나 키우리라[118]

---

117 『日誌』, 1926년(35세) 12월 14일.
118 『日誌』, 1926년(35세) 12월 16일. 이 시는 원본『日誌』에는 '長天此月照三秋'라 적혀 있고 '三'옆에 '千'이라 적혀 있는데,『삼소굴 소식』이나『圓光閑話』에는 '長天此月照千秋'로 출판되었다.

위의 시들은 각각 화엄산림 7일째인 12월 14일과 9일째인 16일의 시[119]인데 특히 1)의 시는 경봉이 오도 후 느낀 자신의 감정을 전달하는 첫 번째 시이다. 경봉은 '夢中眠몽중면'을 통해 깨달은 이와 범부 사이의 경계를 확실히 구분하면서 아직도 꿈같은 삶 속에서 헤매고 있는 대중들을 안타깝게 여기고 있다.

경봉은 '본래면목'을 결코 먼 곳에서 찾았던 것이 아니다. 오직 반조를 통해 만났고 그렇게 만난, 진정한 내가 거처하는 자리를 '同名坐目邊동명좌목변'을 통해 드러내었다. 눈앞에 있지만 눈으로 보이지 않는 이 존재를 찾기 위해선 항상 목전目前을 주시해야 하며 간절하게 실체를 알고자 하는 마음 자세가 필요하다는 말이다. 너와 내가 둘이 아닌, 항상 나와 함께 있는 '이 놈'의 실체를 알아차린 오도 이후 경봉의 즐거움이 그대로 드러난다.

2)에서도 마찬가지이다. 하늘의 달은 한 치의 오차도 없이 수천 년을 묵묵히 자신의 길을 가며 세월과 세상을 비추고 있는데, 우리는 왜 달팽이 뿔 같이 어디에도 쓰일 곳 없는 출세의 명예와 부의 쾌락을 구하려 하는지 모르겠다는 것이다. 두두물물頭頭物物이 입을 닫고 있지만 알고 보면 우리에게 수없이 말을 하고 있다. 그 뜻을 알아듣지 못했다면 꽃다운 숲 언덕 위에서 소를 잘 먹여 보라고 권한다. 선가에서 소는 어리석은 범부요, 수행자이며, 깨달은 이를 상징한다. 소가 풀을 먹는 일은 범부의 행동이며 수행을 위한 정진의 방법이자, 깨달아 자유를 누리는 각자覺者의

---

119 15일의 시는 '無一事'를 말하며 아무 일 없는 한가로움을 읊었다.

행동이다. 경봉은 이 시를 통해, 깨달음에 이르고자 하는 수행자들이 묵묵히 자신을 관조하기를 바라고 있는 것이다.

시에 인용된 '蝸角功名와각공명'은 부귀영화를 이야기할 때 자주 쓰이는, 쓸데없는 욕심이 만들어낸 허상의 상징이다. 이 시어는 서산대사의 시에서도 보인다.

浮雲富貴非留意　뜬구름 같은 부귀에 별 뜻 없으니
蝸角功名豈染情　와각공명이 어찌 마음을 물들이리오
春日快晴春睡足　봄날 상쾌하여 낮잠 자기 좋으니
臥聽山鳥百般聲　누워서 산새들 가지가지 소리 듣는다네[120]

서산 또한 '蝸角功名'을 통해 뜬 구름 잡는 삶을 내려놓으라고 한다. 비록 시구의 뜻하는 바는 같지만 경봉은 수행을 독려하며 상대에게 이 문구를 던지고 있고, 서산대사는 자신에 대한 입신양명의 상징으로 사용하였다. 상대이든 자신이든 결국은 부와 명예가 모두 부질없다는 것은 같은 맥락이다.

경봉이 역대 조사들의 일갈一喝을 깨닫고 난 뒤부터 지은 시들 즉, 12월 13일 이후의 시들에 나타나는 특징들을 보면 하나같이 자연에 대한 회귀와 함께 '평상심시도平常心是道'의 마음가짐을 많이 언급한다. 이는 오도 이후의 시들에게서 더욱 뚜렷하게 드러난다.

---

120 〈朴上舍草堂〉,『淸虛集』, 한국불교전서(http://buddha.dongguk.edu/)

月照花林影不虛　달빛이 꽃 숲 비추니 빈 곳 없이
滿身紅綠盡收餘　온몸이 다 울긋불긋해졌네
名相萬聖非留意　이름과 형상은 성현들의 뜻이 아니니
喫飯吟歌又讀書　밥 먹고 노래하고 책이나 읽는다네[121]

위의 시는 화엄산림 13일째날인 12월 20일에 읊은 것으로 앞의 시와 마찬가지로 자연에 대한 환희와 경배를 드러내며 부와 명예처럼 명성[名]이나 모양[相]을 따르지 말라고 한다. 경봉은 오도 후 여러 법문에서도 '불佛이나 법法이나 도道, 이 모두가 일체 명名과 상相이 끊어졌다. 여러분의 몸을 끌고 다니는 것이 혹 마음이다, 혹 정신이다 하지만 어디에 마음이라고 쓰여져 있나? 그 자리는 일체 이름과 모양이 떨어진 자리다'[122]라고 하면서 명名과 상相에 대한 당부를 강조하기도 한다.

이처럼 13일 이후의 시들은 이전의 시들과는 확연히 다른 분위기를 연출하는데 즉, 삶이 하나의 허황된 꿈[一夢]이기 때문에 아무것도 구하지 말 것[無求]을 이야기하며, 구할 것이 없는 그 자체 그리고 '일상의 하나하나가 그대로 도[平常心是道]'라고 말한다.

경봉은 조사선을 깨닫고 난 뒤 본격적으로 '평상심시도平常心是道'를 깨달음의 근본으로 삼는다. 마지막 구를 통해 일상의 소중함을 일깨웠는데 평상심에서 도를 구하는 것은 혜능 이하 조계가풍의 핵심사상 중 하나이다. 경봉이 이 시를 통해 사상의 전환을 꾀한다는 점에서 경봉 연구에 있어 이 시가 주는 무게감은 매우 크다고 할 수 있다.

121　『日誌』, 1927년(36세) 12월 20일.
122　석명정, 『경봉스님 말씀』, 극락호국선원, 1975년, 25쪽.

조사선은 좌선 중심에서 행주좌와 어묵동정 즉, 일상 중에 마음공부를 하는 생활선을 표방했다.[123] 이러한 일상에서의 구도열정은 산림 16일째인 12월 23일에 지은 시에서도 마찬가지이다. "계수나무 향기는 나부끼고 달빛은 어리는데 / 흰 구름 흐르는 물가에 山僧은 어리석은 듯 앉아 있네 / 천봉만학 사람 없는 곳에 / 객을 맞아 차를 권하며 맑은 바다 가리키네"[124]라고 한 것도 그냥 앉아 좌선만 하는 수행자들의 어리석음을 지적하고 진정 달을 보려면 손가락 끝을 보지 말고 달을 볼 지혜를 갖추라 하였다. 그런 후에 계수나무 향과 나부끼는 달빛의 본체를 알아차린다면 산천 강물 자연 속, 사람 없는 고요한 곳[無人處]에서 진정한 본래면목을 볼 수 있다는 것이다. 손님을 맞아 차를 권하고 맑은 바다를 바라보는 너무나도 일상적인 시간 속에서 올바른 관觀을 하게 된다면 진정한 도의 면목을 볼 수 있을 것임을 시를 통해 드러내었다.

경봉은 '분별이 끊어진 그 자리가 바로 진정한 해탈의 길이고 대자유인이 되는 길인데 왜 이 경지를 맛보고자 노력하는 이가 드문가!' 하고 한탄하기도 한다.[125] 그러면서 지금까지 자신도 모르게 쌓아 왔던 악업惡業

---

123 오용석, 「명상과 사회의 관계성에 대한 禪蹟 고찰」, 『동아시아불교문화』 23집, 동아시아불교문화학회 2015년, 500쪽.

124 "桂熟香飄月色昇 / 白雲流水坐愚僧 / 千峰萬壑無人處 / 逢客勸茶指海澄"-『日誌』, 1927년(36세) 12월 23일.

125 경봉은 같은 해(1927년) 12월 25일의 『日誌』에서도 "마음속에 뒤끓는 번뇌 벗어버리니 / 본래대로 내 모습 의연하도다 / 돌 원숭이 춤추고 진흙 소는 웃으니 / 이 경지를 보고 아는 이 그 몇이겠나(脫却心中熱惱衣 / 天眞本禮我依依 / 石猿舞起泥牛笑 / 見者知音世小稀)"라고 읊으며 대자유인이 된 것에 대한 즐거움과 이 경지를 함께 나눌 이가 없음을 안타까워하고 있다.

의 호수와 높이 솟은 아만我慢의 산을 당당히 벗어버릴 수 있다면 용龍 조차도 자신 앞에서 절을 할 것이라고도 하였다.¹²⁶⁾

경봉은 이번 화엄산림 기간 동안 대도大道를 이루고 생사를 해결하면서 화엄에 대한 확신을 가지게 된다. 12월 27일 『日誌일지』에 기록된 시詩에서 '이 경의 진리는 크기가 넓은 땅과 같거니…' ¹²⁷⁾라고 하며 우리의 일상생활이 화엄법문이요, 우주 삼라만상이 모두 화엄경을 설법하고 있다고 한 것도 이런 이유에서다.

　　雪月蘆花共一佳　　눈 속의 달과 갈대꽃 모두 하나같이 아름다우니
　　去來三五本無街　　가고 옴이 모두 본래 길이 없다네
　　萬法性空能此得　　만법의 성품 텅 비어 능히 이러하니
　　乾坤混沌未分差　　하늘 땅이 혼돈하여 분별이 없네¹²⁸⁾

24일째인 12월 31일에 지은 시이다. 화엄산림이 막바지로 치닫는 시점에서 경봉은 현재 자신의 상태를 다시한번 살피고 있다. 그리고 함께 수행하는 이들에게도 만법의 성품을 바로 보라고 한다.

126　"길고도 깊은 惡業의 호수와 / 높이 솟은 아만의 산 / 수행인이 능히 이것을 벗는다면 / 龍이 문 앞에서 절하고 발우에 들어가리(萬里長深惡業湖 / 千尋高立慢心嶇 / 行人到此能爲脫 / 龍拜門前入鉢盂)" -『日誌』, 1927년(36세) 12월 26일.

127　"이 경의 진리는 크기가 大地 같거니 / 복사꽃도 마을도 묻지 말아라 / 비록 구름 산 천만가지 일을 말하나 / 바다에 밝은 달은 본래 말이 없다네(此經眞理大如坤 / 莫問桃花莫問村 / 雖說雲山千萬事 / 海天明月本無言)" -『日誌』, 1927년(36세) 12월 27일.

128　『日誌』, 1926년(35세) 12월 31일 시(처음에는 '諸佛性空能此得'으로 했다가 '諸佛'에 두 줄을 긋고 옆에다가 "萬法"이라 적었다).

세상 만물은 그대로 아름다우며 따로 오고 감이 없다. 만법이 텅 비어 있는 그대로의 모습에서 그 이상, 그 이하도 아닌 것을 안다면 굳이 하늘이 푸르고 땅이 누렇다 분별심을 일으킬 필요가 없다. 또한 어떤 것을 담아내든 사량분별의 유혹에 빠지지 말아야 한다. '하늘'과 '땅'이 상대적 언어로 대립되는 순간 올바른 자성을 보기는 어려운 것이다. 그리고 만법의 성품이 텅 비었다고 하는 것은 육조 혜능이 『壇經단경』에서 밝혔던 '세상 사람들의 성품은 본래 공하다[世人性空]'는 말과 상통한다.[129] 이러한 법의 성품 즉, 마음의 근본자리가 워낙 크기 때문에 언제 어디서든, 그 어떤 것도 담아낼 수 있는 '공空'을 언급한 것이다. '공空'은 본성의 자리를 바로 볼 수 있을 때라야 실천이 가능한 것이다.

難逢道友一時迎　만나기 어려운 도반 한꺼번에 맞아
握手相談意樂盈　손잡고 이야기하니 즐거움 가득하네
龕裡香煙今夜盡　감 속에 향연은 오늘 밤 다하는데
箇中鍾鐸太虛鳴　이중에 종과 목탁 허공에 울리네
君看桃李花林舞　그대는 복사꽃 보며 꽃 숲에서 춤추고
我得和風月閣行　나는 바람과 함께 달빛 비치는 누각을 거니리라
春日快晴春睡足　봄날 쾌청하여 낮잠이 족하니
浮雲流水送功名　뜬 구름 흐르는 물에 헛된 이름 보낸다네[130]

---

[129] "허공은 능히 일월성신과 대지산하와 모든 초목과 악한 사람과 착한 사람과 악한 법과 착한 법과 천당과 지옥을 그 안에 다 포함하고 있으니 세상 사람의 성품이 빈 것도 또한 이와 같으니라(虛空能含日月星辰大地山河一切草木惡人善人惡法善法天堂地獄盡在空中世人性空亦復如是)" - 淸華譯註, 『六祖壇經』, 광륜출판사, 2006년, 136쪽.

[130] 『日誌』, 1928년(37세) 1월 3일. 이 시의 앞에 "天氣淸朗也今朝에華嚴山林回向하다."라 기록되어 있다.

위의 시는 화엄산림 27일간의 법회를 마치고 회향하는 날인 1928년 1월 3일 마지막으로 지은 시이다. 이 기간 중 유일하게 율시(律詩)로 지어졌다. 또한 『日誌일지』에 등장하는 첫 공식적인 화엄산림법회 기간 동안 경봉이 느낀 개인적 감회이기도 하다.

1·2구에서는 깨달아 얻은 또다른 자신에 대한 기쁨도 있지만 산림기간을 함께한 증곡·방공 혹은 많은 동참자들을 모두 '도우(道友)'라는 말로 일원화하고 내적 상대든 외적 상대든 벗으로 통칭하여 함께 손을 잡고 즐거워하고자 한다. 그 기쁨 중에서도 지금까지 몰랐던 진정한 자신과 마주한 기쁨이 가장 컸음은 당연한 일이다.

시는 화엄산림 기간 동안의 분위기와 심경(心境)을 표현하는 것으로 시작된다. 27일 동안 꺼지지 않고 공간을 가득 메운 향연(香煙)의 은은함만큼이나 독경소리며 종·목탁소리가 세상을 울리고 있다고 당시의 분위기를 전한다. 또한 자신의 내면세계도 함께 드러내어 엄숙함과 희열감이 가득한 무량수각(無量壽閣) 안에서 지금의 나와, 잊고 있다가 찾아낸 진아(眞我)가 함께 어울려 각각 봄날을 즐기고 달빛을 거닐며 화엄법문을 통해 맑아진 자신의 경계를 드러내고 있는 것이다.

마지막 7·8구에서는 당부를 잊지 않았다. 법회가 끝나고 따뜻한 봄날이 오면 헛된 부와 명예의 꿈과 이 법회에서 얻은 모든 알음알이들을 함께 구름과 물에 떠나보내라고 한다. 그리고 분별망상으로 일상을 낭비할 바에야 차라리 일심(一心)으로 낮잠 자는 것이 오히려 더 큰 공부라고 말한다. 당나라 때의 선승 황벽이 좌선하면서 번뇌 망상을 피우는 수좌보다 분별없이 낮잠에만 충실한 임제에게 진정한 좌선의 의미를 부여한 것과 같은 것이다. 경봉 또한 쾌청한 봄날에 번뇌 망상 없는 낮잠을 권하고 있다. 그러기 위해서는 처절한 수행을 하여 망상을 영원히 쉴 줄 알아야 한다. 이는 경봉이 화엄산림 기간 중 줄곧 주창한 것이다. 그래야만 진정한 낮잠을 즐길 수 있기 때문이다.

이처럼, 산림의 마지막 날인 회향 날에도 수행의 중요성을 강조하며 대중들에게 조금의 흐트러짐 없이 꾸준한 수행을 권하고 있다. 화엄산림 기간 내내 강조했던 아집과 욕심을 버려서 분별없는 무사인無事人이 되는 것이야말로 진정한 행복의 길임을 마지막 시를 통해 다시한번 확인시킨 것이다.

지금까지 경봉의 삶에서 가장 주목할 만한 시기였던 1927년(36세) 12월 8일부터 1928년(37세) 1월 3일까지 27일 동안의 산림법회 기간에 지은 시들을 살펴보았다. 이 기간을 특정하여 살핀 이유는, 개인적으로는 청년 경봉이 법문을 통해 대중 앞에 나섰던 첫 무대였고 형식적 면에서는 장기간 화엄이라는 하나의 주제를 가지고 법회를 하면서 세 명의 법사가 돌아가며 화엄에 대한 지식을 대중들과 함께 공유한, 당시에는 보기 드문 방식의 대중법회였기 때문이다.

이후 경봉은 가는 곳마다 화엄산림법회를 열어 대중들에게 화엄의 진리를 설파하여 대중 포교에 힘쓰고자 노력한다. 이 시기가 화엄 대중화의 시발점이라는 점에서 매우 중요한 때이며 더욱이 오도견성을 이루어 자유자재한 삶을 시작하던 때이기도 하다. 또한 시의 측면에서 보면 시상時想들은 화엄華嚴의 테두리 안에서 세상을 바라보려 노력하였고 자기 반조를 통해 진정한 주인공을 찾으려 하였다. 그리고 대오大悟를 이루어 진아眞我의 본질을 알게 된, 새로운 경계를 체험하는 그 중심에 있는 과정의 결과물들이다.

화엄산림 시 중에서 오도 이전까지의 시들은 화엄사상을 기반으로 하는 화엄시華嚴詩에 불과한, 화엄의 큰 틀 안에서 선적 체험들이 어우러져 읊은 시들이다. 그리고 이 기간 중 오도를 하여 이틀에 걸쳐 여래선과 조사선을 타파하면서 걸림 없는 직관을 시를 통해 드러내기도 하였다. 이때를 시작으로 철저한 보림을 통해 선승으로서 이사理事에 무애無碍한 삶을 살기 위한 노력들이 시작된다.

오도 이후 읊은 시들은 이전까지의 시들과는 확연히 다른 언어분별을 초월한 시들이다. 또한 화엄의 입장에서 바라본 선적 체험이 아닌, 선의 입장에서 화엄을 드러낸 것이다. 그리고 '평상심시도平常心是道'를 통해 일상이 모두 도道, 그 자체임을 체득하기 시작하였다.

3. 수행을 통한 보림기

1) 주인공을 통한 반조

경봉은 첫 화엄산림을 통해 얻은 오도기연의 확실한 점검을 위해 철저한 보림에 들어간다. 그 과정에서 도반들은 물론이고 당대 선지식들을 통한 점검도 있었지만 무엇보다도 끊임없는 반조를 통해 경계를 다져나가게 된다. 젊은 날에도 마찬가지였지만 스스로에게 엄격했던 경봉이었던 만큼 오도 이후에는 더욱 철저하였다. 자문자답은 일상이었으며 약간의 흐트러짐도 용납되지 않았다. 이러한 자신감은 스스로에 대한 확신 때문이었다.

경봉은 여래선^{如來禪}과 조사선^{祖師禪}을 깨닫고 목전^{目前}에서, 지금까지 자신과 함께 해왔지만 실체를 알 수 없었던 주인공^{主人公}을 만나게 된다. 처절한 수행을 통한 오도의 결과로 벗의 존재를 알게 된 것이다. 밤마다 안고자고 행^{行}·주^{住}·좌^{坐}·와^{臥}에 항상 함께한 이 친구는 바로 경봉의 또 다른 나, 진정한 경봉의 진체^{眞體}이다. 이 주인공은 '본래면목^{本來面目}' 혹은 '진면목^{眞面目}'이라 불리기도 하고 '진아^{眞我}', '본성^{本性}' 등 다양하게 불리는데, 처음부터 존재했었고 열반 때까지 함께하였다. 항상 곁에 있었지만 모르고 지내오다가 36년 만에 그 주인공을 만나게 된 셈이다.

주인공은 실체가 없는, 범부로서는 이해하기 힘든 대상이지만 젊은 날 경봉의 진정한 도반이 되어 주었다. 오도 이후 매일 대화를 통해 공부를 점검하였고 서로에게 부끄러움 없는 삶을 살길 원했다. 이러한 노력은 다음의 글에서 느낄 수 있다.

問 咄咄無情我主公　쯧쯧 무정한 나의 주인공아
　　至今逢着豈多遲　지금에야 만났으니 어찌 이토록 늦었는가
答 呵呵我在君家裡　하하! 내가 그대의 집 속에 있었건만
　　汝眼未睛如此遲　그대 눈이 아직이라 이렇게 늦었네[131]

경봉은 이날 극락암에 들렸다가 차를 마시고 처소로 내려왔다. 그리고 문득 주인공에게 자신의 눈이 어두워 일찍 찾지 못했음에 대한 미안함

131　"天氣淸朗也極樂庵午茶而還來也我與主人公問答詩…" -『日誌』, 1928년(37세) 4월 13일.

과 감사의 마음을 표한다.

　대부분의 큰 선승들은 일생을 살면서 끊임없이 스스로를 반조하고 자신을 채찍하며 무사도인無事道人으로 혹은 올바른 수행자로 살고자 한다. 이는 부처님 이래부터 이어져 온 선禪의 근본자리이자 불교가 지향했던 가장 기본적 인식이었다. 이러한 인식들은 달마에 의해 중국에 선禪이 전해지면서 더욱 확실하게 자리를 잡는다. 특히 선승들의 어록이나 문집에는 자신의 진정한 도반 즉, 주인공을 찾고자 하는 노력들은 쉽게 찾아 볼 수 있다.

　　　서암 언(瑞巖 彦) 화상이 매일 자신에게 '주인공아!'라고 부르고는 다시 스스로 '예' 하고 대답하였다. 이내 말하기를, '깨어 있는가?' '예' '언제 어디서나 다른 사람에게 속임을 당하지 말라' '예. 예.'132)

　무문 혜개無門 慧開(1183~1260)의 『無門關무문관』 12칙의 글이다. 서암 언瑞巖 彦(850~910) 화상은 항상 자신을 끌고 다니는 이 주인공을 끊임없이 찾다가 확철대오에 이르렀다. '서암'이라 이름 붙여진 껍데기가 아닌 자신을 끌고 다니는 실상을 찾아 그놈을 부르고 답한 것이다. 스스로 인식하고 느끼며 자신의 주체를 바로보는 진체眞體가 그 주인공인 셈이다. 서암은 주인공에게 항상 깨어있으라 한다. 이는 본인에 대한 다짐이며 한 치의 분별도 허락하지 않는 선승의 면모이다. 경봉 또한 서암처럼 자신의 본래면목인 이 주인공이 언제 어디서든 깨어서 항상 곁에 있어 주기를 원했다.

132　"巖彦和尚 每日自喚主人公 復自應諾 乃云 惺惺著喏 他時異日 莫受人瞞 喏喏" - 『無門關』, CBETA 漢文大藏經(http://tripitaka.cbeta.org).

수행자들에게 있어 진정한 진아(眞我)와의 만남은 가장 궁극적인 목표이자 행복한 대면이다. 그리고 본래면목을 밝히는 것이야말로 열반에 드는 첫 관문인 동시에 끝이기도 하다.

껍데기에 이끌려 다니다 보면 영원히 도(道)에 가까워 질 수 없다. 조주가 18세에 깨닫고 "나는 당시에 시간에 의해 부림을 당했지만 지금은 시간을 부리며 산다"[133]라고 말한 것도 바로 진정한 자신의 실체를 깨달았기 때문이며, 그렇기 때문에 누구에게도 부림당하지 않는 진정한 자유인이 될 수 있었던 것이다.

경봉은 오도 이후 만난 이 도반과 평생을 영축산에서 노닐며 서로를 경계하고 잠시도 잊지 않으려 노력하였다.

乾坤不二可難名	하늘과 땅이 둘 아니니 이름 짓기 어려운데
一念纔生現淸濁	한 생각 일어나자마자 맑고 탁함이 나타나네
風吹禪榻醒人夢	바람이 선탑에 불어 꿈꾸던 사람을 깨우고
重重洞岳月光榮	첩첩한 골짜기 산엔 달빛이 영롱해라
濺濺石溪雲影渡	졸졸 흐르는 돌 시냇물 위로 구름 그림자 지나니
春入花林盡世情	봄이 스민 꽃 숲은 세속의 마음 사라지네
山寂水空無物處	산은 고요하고 물은 비어 아무것도 없는 곳에
紅頭靑鶴喜相迎	붉은 머리 푸른 학 서로 기쁘게 맞노라[134]

---

133 "我當時被十二時辰使, 如今使得十二時" - 백련선서간행회, 『參禪敬語』, 藏經閣, 1988년, 63쪽.

134 『日誌』, 1928년(37세) 3월 28일 - 『三笑窟 日誌』에는 세 번째와 다섯 번째 句가 바뀌어져 있다.

첫 화엄산림 다음해인 1928년(37세) 3월 28일 새벽 통도사 자장암에서 지은 시詩이다. 보림 과정에서 오는 수행의 어려움을 호소하면서도 대상을 통해 자아를 완전히 지우고자 한다. 현실 → 관조 혹은 몰입 → 현실로 진행되는 전형적인 선수행의 형식을 기본으로 삼아 지은 것이다. 물론 관조와 몰입에 대한 정확한 정의는 애매한 부분이 있지만 선승의 시에 있어 이러한 구분은 크게 의미가 없어 보인다. 적어도 이 시에서 관조나 몰입은 자아를 최소화하기 위한 실천적 방법의 하나로 그 목적이 같기 때문이다. 그것이 곧 수행의 목적이며 꿈에서 깨어나는 방법이다.

시는 현실에서 시작하여 다시 현실에서 끝을 맺는다. 두 현실이 관조와 몰입을 통한 시각적 결과로는 크게 다를 바 없지만 분명 정신적으로는 다르다. '꿈꾸던 사람'에서 시작하여 '학을 기쁘게 맞을 수 있는 사람' 즉, 어리석은 현실에서 지혜로운 현실로 바뀐 것이다. 이는 현재까지 경봉의 수행모습이며 그러한 모습이 '희상영喜相迎'으로 상징화되었다.

1·2구에서는 수행에 대한 어려움을 호소하였는데, 3·4구에서 등장하는 달[月]을 통해 이러한 어려움들을 모두 해소하였다. 자연의 진리 앞에서 느끼는 무한한 감사와 수행에 방해되는 덜 익은 근기들을 달을 통해서 치유하고자 한 것이다.

5구 부터는 새벽 영축산의 모습을 그린 전형적인 서정시 느낌을 준다. 그러나 망상으로 가득한 자신의 공간과 맑고 영롱하며 순수한 태고의 모습을 간직하고 있는 영축산의 모습을 대립시켜 자신의 나태함을 상대적으로 내보이고자 하였다. 그리고 마지막에서 정화된 자아를 가지고 다시 현실로 돌아온 것이다. 특히 산과 물은 변함없는 진체의 상징으로 숲 속에서 이루어지는 어떠한 변화에도 영향을 받지 않는 불변의 본성을 상징하였다. 숲은 묵묵히 경봉과 이 주인공을 맞아줄 뿐이다. 이것은 경봉과 껍데기 경봉과의 인연을 그려내어 화엄의 보편적 진리를 부각시킨 것이다. 그러면서 한편으로 보림의 어려움을 단편적으로 그려내어 일념念의 간절함을 독려하고자 함도 있다. 경봉은 이 시 이후로 주인공을 '그대'라는 2인칭으로 부르며 실체화하기 시작한다.

1928년(37세) 4월 8일, 경봉은 세 편의 시를 짓는다. 첫 시는 만년의 모습을 상상하며 지은 시인데 조사의 뜻을 세상에 펼치며 선사로서 부처와 조사를 죽이고 경봉의 가풍을 휘날리며 선풍을 드날릴 것이라는 내용이다.[135] 세 번째 수[136]는 꽃을 비유로 들어 오도 이후 1년이 지난 현재 자신의 희열을 드러낸 시이다. 여기서는 두 번째 시를 살펴보자.

君我上高堂　그대와 내가 높은 조사당에 오르니
古師一道長　옛 조사의 도가 영원하리라

---

[135] "만년에 조사당 활보하니 / 正法은 如如해 만고에 빛나네 / 한가로이 방초 길을 노닐면서 / 혀끝으로 자금광을 씹는다네 / 푸른 하늘에 달이 천강에 비치고 / 봄날 꽃은 온 도량에 붉네 / 차가운 서릿발 어리는 기이한 지혜의 칼을 잡아 / 중생을 위해 휘두르니 모두 청량해 지누나(晩年活步祖師堂 / 正法如如萬古長 / 閑裡懶遊芳艸路 / 舌頭細嚼紫金光 / 碧天月入千江水 / 春日花紅一道場 / 手把寒霜奇隻釰 / 爲人揮處盡淸凉)" -『日誌』, 1928년(37세) 4월 8일. 시는 5구의 '碧天月入千江水'구에서 처음엔 千을 三으로 지었다.

[136] "작년에 몇가지 꽃을 심었더니 / 올 봄에 가지와 잎 무성하게 자랐네 / 그대여 풍성한 동산의 묘함을 봐 보시오 / 울긋불긋 만 떨기 꽃 한 움큼 싹 텄네(我植去年數種花 / 今春枝葉盡參差 / 勸君饒見園中妙 / 萬朶紅生一掬芽)" -『日誌』, 1928년(37세) 4월 8일.

花開今夜雨　꽃이 피고 오늘 밤에 비 내리니

普地入春光　드넓은 땅에 봄빛이 스미리라[137]

『日誌^{일지}』 첫 머리에는 '天氣淸朗也天地知人小一呵一飮詩^{천기청랑야천지지인소일가일음시}를 作^작하다'라고 기록되어 있다. 즉, 자기를 알아주는 이가 많지 않으니 스스로 한번 크게 웃고 한번 차 한 잔 마시며 읊조릴 수 있는 그런 시를 짓겠노라 한 것이다. 여기서 '자기'는 경봉이 찾아낸 자신의 '본래면목^{本來面目}'이며, 깨친 자신의 모습을 알아볼 눈 밝은 선지식이 세상에 몇이나 될까 하는 하소연이다. 이는 경허가 깨친 후 세상에 자신을 알아줄 눈 밝은 이가 없음을 "사고무인^{四顧無人}"이란 말로 대신한 것과 상통한다. 세상 사람들은 오도기연을 맞은 이러한 벗을 알아차리지 못한다. 또한 찾으려 하지도 않는다.

인간의 삶은 항상 갈림길에서 결정을 해야 하고 그 결정에 따라 선악이 나누어지게 된다. 쳇바퀴 속에서 끊임없이 고뇌하고 갈등하는 것이 인간 존재의 연속이다. 그런 중에 경봉은 벗을 만났다. 그리고 이를 통해 자유자재하며 바른 안목을 갖출 수 있게 된 것에 감사하고 있다.

'高堂^{고당}'은 둘이 만난 공간이다. 이곳에 오르기 위해 젊은 날 끊임없이 정진하였다. 그리고 서로 만나 꽃을 피웠다. 이 소식은 비를 통해 곳곳에 전해지고 삭막하기 짝이 없는 겨울이 지나 봄을 맞았다. 현재 자신이 맞는 삶을 봄날에 비유한 것이다.

137　'普地滿香凉'으로 했다가 '普地入春光'으로 바꾸었다. -『日誌』, 1928년(37세) 4월 8일.

문 : 깨달음의 길은 어디서부터 실천해가야 합니까?

답 : 철저히 자기 근본으로부터 실천해가야 한다.

문 : 무엇이 근본으로부터 실천하는 것입니까?

답 : 스스로의 마음[自心]이 바로 자기 근본이다.[138]

문답에서처럼 깨달음은 철저히 근본을 알아차리는 것이다. 부모에게서 태어나기 전의 진정한 내 모습을 만나야 자유자재 할 수 있다. '자심自心'이라는 벗을 통해 경봉은 평생 선승다운 면모를 지닐 수 있었다. 이는 '스스로의 마음'에게 끝없이 질문하며 처절한 수행을 했기에 가능한 일이었다.

善友來耶消息好　좋은 벗이 왔는가! 좋은 소식이로다
故鄕風景近如何　고향 풍경 요즈음은 어떠한가
水寂山空飛鳥絶　물 고요하고 산은 텅 비어 나는 새는 끊겼는데
無根花發主人家　뿌리 없는 꽃이 주인의 집에 피었네[139]

이 시를 지었던 날은 통도사에서 대중들이 모내기를 한 날이다. 그런데 가뭄으로 강이 말라 모내기가 힘들었던 모양이다. 그런 안타까운 현실임에도 불구하고 경봉은 시를 통해 자신의 주인공을 만난 것에 더 기뻐하고 있다. 현실에서의 1년 농사보다 자신의 평생 마음농사에 더 큰 보람을 느끼는 것은 수행자로서는 당연한 것이다.

138　대주 혜해, 『돈오입도요문론』, 큰수레, 1993년, 73쪽.
139　"氣淸朗也是日本第畓苗江乾曝하다…" - 『日誌』, 1928년(37세) 5월 18일.

1·2구는 자신의 일여 ―如에 대한 경지를 자문하는 것이다. '故鄕고향'은 마음의 근원자리이다. 과연 '행주좌와行住坐臥·어묵동정語默動靜에 철저한가', '마음의 근원자리는 여전히 밝은가'라고 주인공에게 묻는다. 그리고 3·4구句를 통해 공적空寂의 상태에서 분별이 끊어진 자신의 경지를 점검하고 진아眞我의 꽃이 변함없이 활짝 펴 있음을 말하고 있다.

'無根花무근화'는 선가禪家에서 언어로 표현하기 힘든 진리의 본체를 설명할 때 언어역설의 표현법을 빌려 쓰는데 여기에서도 본래면목을 대신하는 용어로 쓰였다. 즉, 진아眞我를 표현한 선구禪句이다.

경봉은 항상 묵정默定을 통해 자신의 주인공과 교감하였다. 그렇기 때문에 하루 종일 선정에 들어 있는 일은 일상사였다.[140] 당연히 분별이 끊어진 공적空寂한 가운데라야 본래 모습을 발견할 수 있기 때문이다. 그리고 보이지 않는 벗을 형상화하여 게송을 짓기도 하였다. 이는 2점의 영찬影讚에서도 찾아 볼 수 있는데, 첫 번째 영찬은 경봉이 20대 시절에 지은 것이다.

    是謂何物　이것이 무슨 물건인가
    鏡耶峰耶　鏡인가 峰인가
    一光東照　한줄기 빛 동쪽에서 비추니
    天玄地黃　하늘은 그윽하고 땅은 누렇네
    咦　　　　하하하!
    誰知如此　누가 이와 같음을 알리오!
    更來明日　내일 다시 오라[141]

---

140   "終日默坐入定也"-『日誌』, 1943년(52세) 1월 1일.
141   통도사성보박물관(2012), 21쪽.

경봉은 허물뿐인 자신에게 무슨 물건이냐고 묻는다. 수행자가 자신의 본래 모습을 돌아볼 때 던지는 질문이다. 이 껍데기를 끌고 다니는 진정한 주체가 무엇이냐는 것이다. 그러나 주인공을 정확히 이름 지을 수 없다. '경봉鏡峰'은 그냥 허물에 붙여진 이름일 뿐이다. 그러니 '경鏡'도 아니고 '봉峰'도 아니다. 주인공은 경봉과 평생을 함께 해 온, 앞으로도 함께 해야 할 무명씨無名氏이다.

'一光일광'은 부처의 빛이다. 부처는 진리 그 자체이다. 부처의 광명이 동쪽의 팔천토八千土를 비추니 누구하나 부처가 아닌 게 없다. 이 부처를 벗으로 만났으니 마냥 웃음이 나올 수밖에 없다.

이 찬贊 외에 말년에 지은 자찬自讚이 있는데『日誌일지』142)와 진영의 기록이 조금 차이가 있다. 여기서는 진영의 자찬을 살펴보기로 하자.

一朶芙蓉　한 떨기 연꽃
影落鏡峰　그림자 경봉에 지네
芙鏡無碍　연꽃과 경봉, 서로 걸림이 없으니
祇是恁麼　그저 이러할 뿐
回光照處　나를 돌이켜 보는 그 곳에

---

142 『日誌』의 자찬과 진영 자찬이 몇몇 단어가 다른 부분이 있고 또한 진영자찬에 한 구절이 더 추가되어 있다. "한 떨기 연꽃 / 그림자가 경봉에 지네 / 연꽃과 경봉 걸림이 없으니 / 다만 이러할 뿐 형용하기 어렵네 / 나를 돌이켜 보는 그 곳에 / 活水가 차갑게 부딪히네 / 내일 다시 와서 / 밤에 촛불 춤추는 것을 보라 / 미소(一朶芙蓉 / 影落鏡峰 / 芙鏡無碍 / 祇是難容 / 回光照處 / 活水寒衝 / 更來明日 / 夜看燭燵 / 哂)" -『日誌』, 1966년(75세) 9월 14일.

天玄地黃　하늘은 그윽하고 땅은 누렇네
誰知如此　누가 이와 같음을 알리요
更來明日　내일 다시 와서
夜看燭舞　밤에 촛불 춤추는 것을 보네[143]
哂　　　　하하하

연꽃은 부처를 장엄한다. 부처가 앉는 좌대에 보이기도 하고 신이한 행적에 함께 나타나기도 한다. 부처의 법을 상징하며, 형상화된 부처와 항상 함께하는 부처의 본래 면목을 자처하기도 한다. 여기서는 경봉의 성품이며 자성이요, 영원히 함께하는 도반의 또 다른 이름이기도 하다.

주인공과의 만남으로 경봉은 어디에도 걸림이 없는 영원한 자유를 얻게 되었다. 나를 돌이켜 반조할수록 세상은 진리 그대로 드러난다. 그리고 더 밝은 진리가 오기 전에 미리 그 전조를 살필 줄 알아야 한다고 하였다. 이것을 보는 이가 껍데기인지 주인공인지 잘 살펴보라는 말이다.

선승들은 이처럼 자신의 진영에다 찬을 지어 스스로 꾸짖기도 하고 진아의 겉모습을 부질없게 여기기도 하며, 그림을 통해 진면목을 보고자 하는 것에 경계하기도 한다.[144] 경봉은 영찬을 통해 세상 사람들도 반드시 자신의 주인공이 만나 자유자재하기를 당부하고 있다. 즉, 수행을 통

---

[143] "傳佛心印 扶宗樹敎 鏡峯堂靖錫大禪師之眞 自贊" - 통도사 영각 소장 진영

[144] 북송 시대 임제종 양기파와의 개산조인 楊岐 方會(993~1046)는 "잘난 데 못난 데가 눈 앞에 항상 드러나니 / 그대를 수고롭게 하여 내 모습을 그려두었네(巧拙常現前 / 勞君安寫邈)"라 하였고, 황룡파의 개산조인 黃龍 慧南(1002~1069)은 "나의 모습이라 말하나 / 그 도적이로다(謂吾之眞 / 乃吾之賊)"라고 말하였다. -『楊岐錄·黃龍錄』(백련선서간행회, 藏經閣, 1987년) 75쪽과 145쪽 참고.

해 도를 깨쳐서 영원한 자유를 함께 공유하고자 한다. 그러나 세상에 이러한 진리를 아는 이가 몇이겠는가 하면서 아쉬워할 뿐이다.

경봉은 후학들을 위해 이 벗의 실체를 설명하기도 하였다. 사람 같은데 사람이 아니고 물건 같으면서도 물건이 아니며 천번 변해도 변치 않고 만번 변해도 지금의 이 모습과 같다고 하였다.[145]

元來這個非心色　원래 이것은 마음과 경계가 아닌데
空說色心惱後人　부질없이 경계와 마음을 말해 뒷사람을 괴롭히네
莫問此時心與色　이 순간의 마음과 경계를 묻지 말고
好看家裡舊主人　자기 집 옛 주인을 볼지니[146]

경봉은 오도시를 통해 '樓루'라는 공간을 제시하였음을 앞에서 언급하였다. '樓'는 주인공의 공간이며 항상 존재해 왔지만 내가 모르고 살던 공간이었다. 위의 시에서는 그 공간을 '家가'라 하였고 그 집의 주인을 진아의 실체로 보았다. 심心과 물物의 형상들이 모두 둘이 아닌데 이것을 구분하여서 온갖 망상과 분별을 일으키는 것이니 여기에 얽매이지 말고 자세하게 살피라 한다.

경봉은 주인공을 만난 것에 대해 매우 기뻐하였다. 이 벗의 존재를 아는 순간부터 환희에 가득 찼고 수없이 반조하며 자신을 바로잡아 나갔

145　"如人非人 / 似物非物 / 日照靑山 / 夜來流水 / 千變不變 / 萬化如是"-『日誌』, 1975년(84세) 4월 4일.
146　석명정, 『鏡峰禪師法語集 : 사바세계를 무대로 멋지게 살아라』, 女苑出版局, 1982년, 115쪽.

다. 자기 존재에 대한 진정성과 진아에 대한 통찰이 바로 수행의 시작이었고 주인공과의 만남으로 인해 수행이 정점에 달하게 된 것이다.

2) 청년기 도반 방공과의 교우

방공_舫空_은 경봉의 젊은 시절을 함께 했던 둘도 없는 친구였다. 증곡_曾谷_과 함께 근대 통도사의 첫 화엄산림 법회를 함께 주관하면서 하루도 빠짐없이 시를 지어 그날그날 법회의 소회를 표현하기도 하였다. 이 시들은 고스란히 『日誌_일지_』에 전하고 있다.

방공은 젊었을 적 경봉의 『日誌』에 자주 등장하는 인물로 '정보우_鄭普雨_'를 말한다. 통도사 백운암에 주석하였기 때문에 경봉은 수시로 백운암을 드나들면서 함께 시를 통해 도를 나누고 우정을 쌓았다. 『日誌』에 전하는 내용 외에 특별히 신상에 대해 전하는 바가 없지만 청년기 경봉에게 있어 도반이라 할 수 있는 유일한 벗이었다.

둘은 도반으로 서로의 수행과정을 점검하는데도 소홀하지 않았으며 격 없이 일상을 나누었다. 경봉이 첫 화엄산림을 끝내고 매일 화엄경을 독송하고 있을 무렵 하루는 방공이 돈 10원을 빌려 달라 하고는 시를 한 수 보내온 일이 있었다.

   針孔廓通劫外開 바늘구멍이 확 통하니 겁 밖이 열려
   空王活步舞歸來 부처의 활보가 춤 추듯 오네
   毫毛頭上建千世 터럭 끝에 일천세계를 세우고

芥子腹中立幾坮	겨자씨 뱃속엔 몇몇 누대를 세웠네
葉落枝枯還化橛	잎이 떨어지고 가지가 말라 다시 막대가 되고
煙消火滅復成灰	연기와 불 사라져 다시 재가 되었네
如是重重無盡界	이 같이 많고 많은 끝없는 세계에서
隨緣何日共徘徊	인연따라 언제 함께 돌아다녀보려나[147]
舫空	

방공은 앞의 네 구(句)를 통해 자신의 수행경지를 말하고 있다. 철옹성 같았던 은산철벽이 한순간에 확 뚫어져서 부처의 진리를 맛보고 있는 듯하다. 후반의 네 구는 경봉에 대한 무한한 애정을 느낄 수 있다. 또 언제 다시 만나게 될지 모르는 윤회의 테두리 안에서 지금 서로 만난 것에 감사하며 인연이 닿았을 때 마음껏 함께 즐겨보자는 바람이다. 이 시에 대해 경봉은 다음과 같이 화답한다.

慧日元明佛未開	지혜의 태양 원래 밝아 부처도 연 적 없고
去來空寂本無來	가고 옴이 텅 비고 고요하여 본래 옴이 없네
初時難見何千世	처음도 볼 수 없는데 어찌 천세를 보리오
一物强稱元幾坮	한 물건을 억지로 누대라 칭하네
枯葉逢春花在樹	마른 이파리 봄을 만나니 꽃이 나무에 피고
消煙歸劫水成灰	연기 사라져 겁으로 돌아가니 물이 재가 되네

---

[147] "天氣淸朗也華嚴經을 每日 讀誦하는 中에 鄭普雨師主가 金十円을 借貸云 書信을한 書中에 一首詩를 作送하엿는데 左와 如함 曰…" - 『日誌』, 1928년(37세) 1월 30일.

山河天地吾家裏 　산하 천지가 내 집안이거늘
豈得隨緣欲共徊 　어찌 인연 따라 함께 서성이고자 하는가[148]
松園

　답시를 통해 언어분별이 만들어낸 객체의 관념론적 일상에 대한 집착과 상[象]을 통한 어떠한 망상도 허락하지 말 것을 당부하고 있다. 이는 사물에 대한 견해를 일으키지 말며 물[物]을 만나면 바로 그 근원을 알아차릴 수 있어야 한다는 달마[達磨]의 안심법문[安心法門]과 상통한다.[149] 가고 옴이 원래 없고 만법의 근원인 하나[一]를 잘 살피되 이 하나 또한 억지라고 하면서 그저 시절인연에 순응하는 것이 삶의 진리이며 망상이니 우물쭈물 서성이지 말라고 한다.

　경봉은 한달 뒤(1928년 2월 26일) 방공을 만나러 백운암에 올라 아침을 먹고 함께 극락암으로 내려와 차를 마신다. 이때에도 방공은 시를 지어 경봉에게 보인다. 이 시에서도 경봉과 함께 할 수 있는 지금의 시간이 너무 즐겁고 감사하다고 하였다. 그러나 경봉은 냉철하게 심성론에 대한 자신의 견해를 말하며 도반의 수행을 독려한다.

---

148 『日誌』, 1928년(37세) 1월 30일.
149 "마음이 無心하면 바로 佛道에 통달하게 된다. 즉 사물에 대해 견해를 일으키지 아니하면 道에 통달했다라고 하며, 物을 만나서 바로 통달하여 그 근본 원인을 알아차리면 이 사람은 지혜의 눈이 열린 것이다(卽心無心 是爲通達佛道 卽物不起見 名爲達道 逢物直達 知其本源 此人慧眼開)"-『宗鏡錄』(宋 延壽集), CBETA 漢文大藏經.

心心心也總斯心	마음 마음 마음이여 모두가 이 마음이라
萬古英雄一道尋	만고 영웅이 한 길을 찾는구나
淸若水流還寂寂	흐르는 물처럼 맑으면서 또 고요하고
大如空像又深深	텅 비듯이 크면서 또한 깊고 깊어라
藏經看處春秋送	大藏經 본 곳에서 세월 보냈는데
慧日當天幾度吟	밝은 해 하늘에 솟도록 몇 번이나 읊었던고
莫問佛言諸祖意	부처의 말, 조사의 뜻 묻지 말게
花林山鳥共相音	꽃과 숲, 산과 새 함께 노래하네[150]

(… 하략 …)

두두물물이 모두 마음이 빚어낸 허상이다. 이런 허상들을 자유자재로 만들어내니 만고의 영웅이라 비꼬고 있는 것이다. 한 물건이 바로 도의 근원이다. 마음도, 도道도 그 실체는 알 수 없지만 우리의 삶을 지배하고 있는 것은 분명하다. 경봉은 이러한 마음을 말하면서 지난 날 자신이 언어문자를 통해 마음의 근원을 밝히려 했던 것과 불조의 말들과 경전에 속아 한때 일본으로의 유학을 꿈꾸었던 시행착오를 도반은 겪지 않길 바라고 있다. 모든 법은 일상의 진리 안에 있는 것이니 현혹되지 말고 더 깊이 관조하라고 한다.

---

[150] "天氣淸朗也白雲庵에 朝飯하고 極樂庵에 來하다 鄭普雨禪師와 以詩로 和答하다" -『日誌』, 1928년(37세) 2월 26일.

경봉은 끊임없이 방공을 경책하면서 공부의 방향을 제시한다. 그 외에도 방공이 구타를 당했을 때 병문안을 가서 말벗이 되어준 일[151]이나 '화엄산림법회'나 '양노염불만일회'의 운영에 있어서도 항상 함께 논의하고 결정하였다.[152]

庭前栢樹幾年催	뜰 앞에 측백을 몇 년이나 재촉했던가
偶値禪師共上坮	우연히 선사를 만나 함께 누대에 올랐네
結社當時荒草滿	결사 당시엔 잡초만 가득했는데
成功今日白蓮開	성공한 지금 백련이 피었네
水過屈曲溪聲活	물이 굽어진 곳 지날 때 계곡소리 살아나듯
人老是非道味來	사람은 시비 속에 늙을 때 도의 맛이 나네
天地自家何有別	천지가 내 집인데 어찌 이별 있겠는가
好持明月酌三杯	밝은 달과 함께 술 석잔 따랐으면 좋겠네[153]

1928년(37세) 10월 4일 방공은 만일회의 소임을 내려놓고 백운암을 떠나게 된다. 이에 경봉은 전날 백운암으로 올라가 방공과 함께 지내고 다음날 새벽에 극락암으로 내려온다. 오는 길에 느끼는 자신의 감상시感想詩와 함께 이 전별시를 짓는다.

---

151 "天氣淸朗也鄭普雨師가黃周鳳에게驅打를當해釜山百濟病院에往한故로是日에 慰問次往하야談話하고還來也"-『日誌』, 1928년(37세) 8월 1일.
152 "天氣淸朗也午飯後에萬日會에往하여曾谷舫空兩師와談話하고萬日會에서朝飯하고同宿하다."-『日誌』, 1928년(37세) 3월 15일.
153 "…又鄭普雨禪師萬日會院主辭免餞別詩…"-『日誌』, 1928년(37세) 10월 04일.

당시 방공은 '정전백수자^{庭前柏樹子}'¹⁵⁴⁾ 화두를 참구하고 있었다. 철저하게 외로운 수행에 경봉은 큰 힘이 되어 주었고 그 덕에 공부에 어느 정도 진척이 있게 되었다. 함께 화엄산림을 시작할 때만 해도 언제가 될지 모르는 막연한 결과를 위해 달렸다. 현재 방공에게는 지혜의 백련이 활짝 피었음을 시를 통해 알 수 있다. 수행에 진전이 있다는 말이다. 이전까지 방공이 편지를 보내면 항상 경봉은 답시에 '상^{相}'에 집착하지 말 것이며 일념무심^{一念無心}만을 행할 것'을 주문하였다. 그러나 친구와의 이별 앞에서만은 자신도 시비^{是非}를 마다하지 않았다. 경봉은 아쉬워하는 마음을 '酌三杯^{작삼배}'를 통해 드러내었다.

이날 이후로『日誌^{일지}』에서 방공의 이름은 당분간 사라진다. 그리고 12년 후인 1940년(49세) 6월 20일『日誌』에 다시 등장하게 된다. 방공이 석왕사 내원암에서 대중들과 함께 수행을 하고 있다는 소식이 경봉에게 들린 것이다.¹⁵⁵⁾이 단면만 보더라도 방공이 왜 만일회 소임까지 그만두고 백운암을 홀연히 떠났는지 짐작이 간다. 일생사 해결을 위해 더욱 정진하고자 새로운 곳을 찾아 나섰고 그 곳이 바로 안변 석왕사 내원암이었다. 여기서 수좌들과 함께 오후불식^{午後不食}을 하며 용맹정진을 한 것이다. 방공이 보낸 편지의 내용은 전하지 않지만 경봉의 답시를 통해 당시 방공의 심정을 어느 정도 짐작할 수는 있다.

---

154 "趙州因僧問 如何是祖師西來意 州云 庭前柏樹子"-『無門關』, CBETA 漢文大藏經.

155 "內院大衆五人日終食을行也京元線釋王寺內院普雨春岡龍峰三師가詩句를送한故로私儀如左和答也…"-『日誌』, 1940년(49세) 6월 20일.

纏頭醉倒送驢年	두건 쓰고 술에 취해 거꾸러져 허송세월 보내는데
瓊翰飛來到此邊	소중한 편지 이곳으로 날아 왔네
詩滌萬懷香滿紙	시는 온갖 마음 씻겨주고 향기는 종이에 가득한데
情通千里月圓天	정은 천리에 통하고 달은 하늘에 둥글구나
歸雲片片人間夢	돌아가는 구름은 조각조각 사람 꿈이요
流水聲聲却外禪	흐르는 물 소리소리는 겁 밖의 선이라
遠望相思心不盡	멀리서 바라고 생각하는 마음 끝이 없는데
揮毫難記最深緣	글로는 깊은 인연 적기가 어렵네[156]

경봉은 방공이 떠난 뒤로 마치 '광대처럼 동냥 다니며 술로 허송세월을 보냈다'고 표현하며 슬픔의 깊이를 표현하였다. 그러나 편지를 받고는 '情通千里^{정통천리}', '思心不盡^{사심불진}'이라 하면서 기쁨을 주체하지 못한다. 마지막 구에서는 오랜 기간 떨어져 지내면서 쌓였던 그리움들을 하루빨리 만나 풀어보자고 하는 간절함이 드러난다. 우정이 얼마나 깊었는지를 알 수 있는 대목이다. 그런데 이런 서신이 오가고 또다시 한동안 연락이 없다가 3년이 지난 1943년(52세) 2월 10일 방공은 다시 경봉의 『日誌^{일지}』에 등장한다. 3년 사이 어느 때인가 방공은 통도사 백운암으로 돌아와 있었다.

백운암에서 내려온 방공이 경봉에게 시를 한 수 보인다. 그 내용은 겨울의 추위와 영축산 이야기다.[157] 이에 경봉은 '눈이 날리는 것을 보는 이,

---

156 『日誌』, 1940년(49세) 6월 20일.
157 "…又白雲庵舫空禪師來訪曰雪下深冬覺 覺來極寒知 平坦驚古路 世客朝行知"
 -『日誌』, 1943년(52세) 2월 10일.

그 추위를 느끼는 이가 누구인가'라고 묻고, 영축산은 봉우리가 험준하여 세속 사람이 쉽게 다닐 수 있는 길이 아니라고 답한다. 이는 깨달음의 길이 험준하여 쉽지 않음을 비유한 말이다.[158] 그리고 시 한수를 더 지어 보인다.

又
舫空晦跡韜名事　방공의 흔적과 이름 감춘 일
塵世誰能此意知　속세에 누가 이 뜻을 알겠는가
汲水運柴眞面目　물 긷고 나무하는 진면목을
金毛獅子點頭知　금털로 된 사자만이 고개 끄덕이며 알리라[159]

방공이 석왕사에 있던 기간 동안 수행에 많은 진전이 있었던 것으로 보인다. 위 시에서 경봉은 떨어져 지냈던 근 15년간 진면목을 바로 보게 된 벗에 대해 찬사를 보내고 있다. 그리고 이러한 경지는 진정한 수행자만이 알아볼 수 있다고 하였다. 『日誌』에는 이후에도 수시로 백운암에 대한 소회를 드러내며 방공에 대한 애정을 시를 통해 표현하였고 수행경지에 대해 높이 평가하며 기뻐한다.

---

[158] "私儀答日 雪飛無心下 覺寒有誰知 高峰元險峻 世客豈行知" - 『日誌』, 1943년 (52세) 2월 10일.

[159] "二月十日天氣晴也 (… 중략 …) 又白雲庵舫空禪師來訪日…" - 『日誌』, 1943년 (52세) 2월 10일.

위의 시 이후 『日誌일지』 속 방공에 대한 언급은 방공의 회갑 때에 보인다. 경봉 나이 56세 때인 1947년 6월 8일 『日誌』에 '정보우 선사의 회갑 운에 시 한 수를 지었다'[160]고 하고, 여기에는 경봉의 시 한 수와 방공의 시 두 수가 함께 기록되어 있다. 아마도 방공이 자신의 생일 한 달 전에 회갑운을 지어 가까운 도반들에게 돌린 듯하다. 그래서 경봉이 화답한 것이다. 먼저 방공의 원운시原韻詩 두 수를 먼저 살펴보도록 하자.

回去回來還本甲	가고 오고 다시 환갑이라
得名堪笑醉狂遊	이름 얻어 가소롭게 미친 듯이 노닐었네
風搖海岳全無動	바람은 바다와 산을 흔들 뿐 전혀 움직임 없고
月渡泥川染不由	달은 진흙물을 건너도 물들여지지 않네
冬草似枯根茅在	겨울 풀은 마른 뿌리처럼 대만 남았고
秋林如死葉萌留	가을 숲은 죽은 듯해도 이파리 싹은 남아 있네
奉親侍佛三分一	부모를 받들고 부처를 모신 게 3분의 1인데
俯仰乾坤愧此頭	하늘 땅 쳐다보는 이 머리가 부끄럽네
舫空	

向北言來答以南	북쪽을 향해 말을 하니 남쪽에서 답이 오고
聾昏棄物守空庵	귀 먹고 눈 어두운 껍데기가 텅 빈 암자 지키네
庚炎夏節頭全雪	무더운 여름 날 머리는 온통 하얗고

---

[160] "天氣晴也鄭普雨禪師回甲韻一首作如左 生日七月四日" - 『日誌』, 1947년(56세) 6월 8일.

白日靑天眼起嵐	대낮 푸른 하늘, 눈엔 아지랑이 피어나네
道業未成十分五	道는 아직 반도 못 이루었는데
行年已過六旬三	세월은 이미 63년이 지났네
少時文字渾忘了	젊을 적 문자는 완전히 잊어버려서
難與智人接笑談	지혜로운 이와 더불어 담소하기 어렵다네[161]
舫空	

    회갑을 맞아 방공은 시를 통해 스스로를 되돌아보고 있다. 첫 번째 시는 자신의 삶을 회상하는 내용으로 사람 몸을 받고 태어난 것에 감사하면서도 삶에 철저하지 못했음을 반성하고, 자연만물의 초연함과 생명력에 경의를 표하고 있다. 평생 부모를 모시고 부처를 따른 자신의 삶이 그저 한없이 부끄럽기만 하다고 하였다. 즉, 깨달음에 대한 간절함과 처절함이 없었음을 반조를 통해 자책하였다.

    두 번째 시는 자신의 공부에 대해 살폈다. 스스로를 '聾昏棄物^{농혼기물}'이라고 낮추고 자신의 공부도 그렇게 잘된 것이 아니라서 지혜로운 이와 말하기조차 어렵다고 하였다. 60이 넘어 공부에 덜 익은 자신의 모습에 아쉬워하는 것 같지만 한편으로는 공부를 잘 이루어 귀 먹고 눈 어두운 사람처럼 듣는 것과 보는 것에 집착하지 않고 분별없는 본연의 모습을 찾았음을 에둘러 표현한 것이기도 하다. 경봉의 답시를 보면 방공이 스스로 얼마나 겸손했는가를 짐작할 수 있다.

---

[161] 『日誌』, 1947년(56세) 6월 8일.

身如雲鶴都無礙	몸은 구름인 듯 학인 듯 걸림이 없이[162]
遍踏江山自在遊	강산을 두루 밟으며 자유롭게 노닐었네
算料桑弧應追慕	상호를 따져보니 응당 추모할 일이요
花開鐵樹感緣由	철로 된 나무에 꽃이 피니 그 연유에 감격하노라
久磨心鏡塵爲脫	오랫동안 마음의 거울 닦아 때를 벗었고
深究經文意不留	경문의 깊은 연구에는 뜻을 두지 않았네
瞬目家風難可說	눈 깜빡이는 가풍일랑 말하기 어려워
慶筵今日點相頭	오늘 이 경사에 서로 보고 끄덕이네[163]
圓光	

경봉은 방공의 공부가 익어 자유자재 함과 '鐵樹철수'에 꽃을 피우기 위해 지난 날 피나는 정진을 했던 것에 대해 벗으로 자랑스럽게 생각하고 있다. 이는 방공의 자음自吟과는 달리 걸림 없는 도인의 모습으로, 처처處處에 자재自在하였고 수행에 있어서 존경이 절로 일어난다고 하였다. '불립문자不立文字'라는 선가의 전통을 지키며 오래도록 마음을 닦아 일가一家를 이루었으니 이는 어떠한 언어문자로도 표현하기가 어려운 것이다.

경봉의 눈에 비친 방공의 모습은 평생을 '정전백수자庭前柏樹子' 화두를 붙들고 살아온 기봉機鋒을 가진 선사禪師였다.[164] 오랜 벗의 살림살이를 경봉은 누구보다 기뻐하면서 이러한 가풍을 어찌 눈 깜빡이는 순간의 호기로 말을 할 수가 있겠느냐고 한다.

---

162 '皆'자 옆에 '都'자를 적어 두었다.
163 『日誌』, 1947년(56세) 6월 8일.

이 시를 마지막으로 방공과 관련된 기록은 나타나지 않는다. 언제 열반하였는지도 알 수 없으며, 경봉이 인정한 수좌였다면 당시 유행하였던 진영眞影 한 점 남길 법도 한데 전해지지 않는다. 경봉의 생전 유품 가운데 30년대 말 통도사 사리탑을 배경으로 방공과 함께 찍은 사진이 한 장 남아 있는데 아마 이것이 방공의 모습을 확인할 수 있는 유일한 자료로 보인다. 이 사진에는 각자의 얼굴에 구도와 포교에 대한 열정이 사뭇 비장하게 나타난다. 현재 통도사 백운암에서도 방공의 존재를 아는 후학은 없다. 그러나 경봉의 삶에서 방공은 비록 자신보다 4-5세 많은 나이였지만 평생을 자신과 함께해준 유일한 벗이었고 방공에게 있어 경봉의 존재는 자신의 공부를 경책해 줄 수 있는 진정한 도반이었다.

3) 사형 구하를 통한 보림

　경봉은 보림 기간 중에 많은 이들과 선禪의 진체를 논한다. 특히 서신을 통해 많은 문답이 이루어졌는데, 전하는 서간문은 250여 통에 이른

164　방공의 화두는 구하의 '鄭普雨和尙晬宴詩'에서 알 수 있다. "예순한 살 총총스레 빠르게도 다가왔네 / 기둥 세워 참맛 보며 몇 번이나 노닐었노 / 세월 속의 사람들은 맹세하기 어렵나니 / 세상 풍상은 나부터 머물기를 허락않네 / 푸른 마음 흰머리를 서로 바꿀수 있다면 / 말 무겁고 발 가벼워 홀로 자유로울 것을 / 흐르는 물 같은 남은 인생 다 말하지 말지어다 / 뜰 앞의 늙은 잣나무는 어찌 텅빈 머리 뿐이겠는가(匆匆驥隙六旬一 / 立柱咀英問幾遊 / 歲月令人難可誓 / 風霜因我不容留 / 心靑髮白相換得 / 語重步輕獨自由 / 流水餘生都莫說 / 庭前老栢豈虛頭)"
　　－『鷲山文集』, 영축총림 통도사, 1998년, 478쪽.

다.¹⁶⁵⁾ 여기에는 당대에 선풍을 떨쳤던 용성·한암·만공 등 근대 선의 중흥을 이끈 선승들과 이들의 뒤를 이어 전강·향곡·서옹·월산 등 선의 황금기를 이끈 당시 젊은 수좌들을 망라한다. 이들과의 문답을 통해 자신의 경지를 점검 받고, 서로의 공부를 격려하였는데, 이 중에서 경봉의 삶에 가장 큰 영향을 끼친 이라면 당연히 스승·사형·도반 혹은 시우詩友의 역할을 마다하지 않았던 사형 구하 천보九河 天輔이다.

경봉은 1907년(16세) 성해 남거를 은사로 출가한다. 그리고 은사가 1927년에 열반을 하였으니 시간적으로는 20년을 곁에 모신 게 되지만 사실 젊은 날 경봉의 행적을 보면 스승 곁에서 충실히 제자로서 시봉할 시간은 그리 많지 않았다. 또한 화엄산림 기간 중 오도를 이룬지 한달도 채 안된 때에 은사가 열반하였기 때문에 자신의 보림에 있어 스승에게 그리 큰 영향을 받지는 않았을 것으로 보인다. 여러 정황상 사형 구하가 스승의 역할을 해 준 것이다.

구하는 경봉과 사형·사제 지간이면서도 오랜 도반처럼 지내기도 하였는데 비록 나이가 스무 살 위였지만 이理·사事에 있어서 늘 함께 논의하였다. 법法에 있어서는 오히려 구하가 경봉에게 묻기도 한다. 그만큼 사제의 공부를 높이 평가한 것이다. 구하의 입장에서 경봉 같은 사제를 둔 것이 큰 복이라고 하였고, 경봉의 입장에서도 구하 같은 사형을 만나 그 도움으로 큰 어려움 없이 수행에 몰두할 수 있게 된 것이 복이었다고 회자되고 있을 정도로 서로에게 형제 이상의 애정을 보여주었다. 이들의 존재 자체가 근대 통도사의 살아있는 역사이며 두 스님의 헌신은 결정적이

---

165 정도(2013), 82~87쪽 참조.

었고 필연적이었다.

구하는 1905년 통도사 옥련암에서 정진하다가 오도를 하게 된다. 경봉보다 근 20년을 앞서 선의 요체를 맛본 것이다. 오도 이후 중생교화를 위해 평생을 헌신한다. 반면 경봉은 수행을 평생 목표로 삼아 극락암에서 선풍을 떨친다. 둘의 방편이 달랐을 뿐 최종적으로는 종단과 통도사를 위하고, 중생구제와 부처의 법을 전하기 위해 일생을 바친 것이다. 분명한 것은 이러한 시대적 사명 속에서도 승려의 본래 모습인 수행에 대해선 한 치의 게으름 없이 정진하며 서로를 점검해 나갔다는 점이다.

구하와 경봉 간의 수행에 대한 점검은 『日誌일지』에 많이 나타나는데 대부분 시를 이용한 함축적 점검이다. 이는 시가 간화선의 간단명료하고 전광석화와 같은 문답식을 잘 표현할 수 있기 때문이다.

구하가 경봉의 『日誌』에 처음 등장하는 것은 1924년(33세) 6월 1일로, 구하와 함께 양산에 결혼피로연에 참석했다가 그날 여관에서 자고 구하는 서울로, 자신은 다시 통도사로 돌아왔다는 내용[166]이다. 그리고 2주 후인 6월 13일에 구하가 서울에서 폭행을 당해 경봉이 급히 서울로 올라가 구하를 위로하고 일을 해결했다는 기록[167]이다. 이때의 일은 조선일보 1924년 6월 20일자에 상세히 그 전말과 결과들이 기록되어 있는

---

[166] "天氣晴朗也昨日住持兄과…(중략)… 披露宴會를開催한다고淸咸으로往홈하고錦城旅館에서留宿인故로是日朝飯而金九河은上京하고나는還來也"-『日誌』, 1924년(33세) 6월 1일.

[167] "天氣晴朗也…(중략)…今月十日에 住持金九河兄이 金城서相愛會員朴春琴一派金愼泰金柱用兩者의게暴行을當하야入院한故로卽午前十一時汽車로上京하다…"-『日誌』, 1924년(33세) 6월 13일.

데 이러한 불미스러운 일들[168]로 인해 구하는 경봉에게 큰 고마움과 미안함이 교차했을 것으로 보인다. 그리고 한참 뒤인 1928년(37세) 7월 11일에 서울로 가는 구하를 전별한다는 내용도 보인다.[169] 당시 구하는 불교중앙교무원 서무이사로 있었기 때문에 종단 행정업무차 서울을 자주 가게 된다. 그때마다 경봉은 통도사 앞 신평 정류장까지 사형을 전별하고 돌아왔다.

경봉이 구하와 선리(禪理)에 대한 법담을 나누는 이야기는 1937년(46세) 1월 2일 『日誌(일지)』 속에서 본격적으로 보이기 시작한다. 경봉이 받은 편지 한통이 주제였다. 이날 경봉은 대구에 사는 허운송에게서 편지를 한통 받고 그 안에 들어있는 시와 자신이 쓴 답시를 『日誌』에 기록한다. 내용은 다음과 같다.

踏破天涯臨故還　두루 하늘가를 다니다가 고향에 돌아와
空消白日送情閑　공연히 대낮을 한가로이 보내네
分袂伽山幽峀下　가야산 깊은 골짜기 아래서 헤어졌는데
寄詩靈鷲杳雲間　영축산 깊은 곳 구름 사이로 시를 지어 보내니
法水惠添淨佛刹　법의 물은 은혜 더하여 절을 맑게 하고

168　당시 신문에는 1920년 일본 도쿄에서 조직된 친일 노동단체 '勞動相愛會' 단체 소속 회원 김신태와 김주용에게서 폭행당했는데 1차는 구하의 복잡한 첩 문제 때문이라 했지만 법정에서는 구하의 언어가 불순하였다고 말하면서, 술이 취해서 모른다라는 답변을 하였다. 통도사 측에서 따로 심문을 하고 종로경찰서 서장을 통해 들은 결과는 여자문제는 아닌 것으로 밝혀진다.
169　"天氣細雨也 先親忌祭日인故로 奉祀하다 是日午前九時에 金九河兄主上京故로 新坪餞別也" - 『日誌』, 1928년(37세) 7월 11일.

祖風高拂濟禪班	조사가풍 높이 떨쳐 선객을 제도함이라
欽君福慧復修了	흠모하는 그대는 복과 지혜를 거듭 닦아 마쳤는데
嗟處徒然未透關	아! 노력해도 나는 아직 관문을 뚫지 못했다네

答詩

年去年來此日還	세월이 흘러 이날이 돌아와
鴈飛始得舊情閑	편지를 받으니 비로소 옛 정 한가롭네
是非共逐浮雲裡	시비는 모두 뜬 구름 속으로 물리치고
思跡相隨流水間	추억만 서로 흐르는 물 가운데 따르네
昔在伽倻初路發	옛날 가야산에서 처음 발심했는데
今看鷲山已花班	지금 영축산에서 이미 꽃이 만발하네
漁船曾過瀟湘岸	고깃배는 벌써 소상의 언덕을 지나는데
客自何爲坐透關	객이 관문을 뚫어 무엇을 하겠다는 건가[170]

이 편지를 보낸 허운송은 당시 제방의 조실을 지낸 선지식이었다.[171] 시에서 둘은 젊은 시절 해인사에서 같이 발심을 한 사이임을 알 수 있다. 경봉은 20대 중반에 내원사, 해인사, 금강산 등을 돌며 만행을 한 적이 있다. 이때의 발심 동기라면 둘의 인연은 30년이 넘는다.

문답시에서 허운송은 함께 발심을 했던 지난 가야산에서의 시간들을

---

[170] "大邱府 明治町 二·二五五 朴斗熙方許雲松屬書信에一首詩가來曰…." - 『日誌』, 1944년(53세) 7월 25일.

[171] 학담, 「龍城震鍾禪師의 圓頓律사상과 禪律兼行의 선풍」, 『대각사상』 10집, 대각사상연구원, 2007년, 316쪽 참조.

회상하고 있다. 현재 경봉은 한창 선객들을 제접하며 선풍을 드날리고 있는데 자신은 아직도 조사관을 뚫지 못했음을 책망하면서 경봉에게 존경의 마음을 드러내었다. 그러나 1927년 동화사 금당선원 조실까지 지낸 운송의 이러한 답은 자신을 낮추는 겸손이라 볼 수 있고, 한편으로는 조실을 맡고 있지만 확철대오를 하지 못한 자신을 스스로 책망하는 것일 수도 있다.

이에 경봉은 소식을 들어 기쁘고 세월이 흐르고 나니 지난날의 시비보다는 좋은 추억만이 떠오른다고 하였다. 그리고 당당하게 자신은 한 소식을 이루어 일가를 이루고 있음을 말하면서 마지막 구에서는 깨침도 다 시기가 있는데 이제 와서 좋은 환경과 물질적 풍요 속에 깨닫는다고 뭐가 달라지겠느냐고 한다. 그러나 운송을 잘 아는 경봉이기에 그 만큼의 수행이면 충분하다는 반어와 해학의 표현이기도 하다.

두 스님 간의 편지는 추억과 경계, 발분과 조사관의 투탈에 관한 이야기가 주를 이룬다. 그런데 경봉의 『日誌^{일지}』에는 기록되어 있지 않았지만 이 문답시의 주제와 운韻으로 지은 구하의 시가 『鷲山文集^{축산문집}』에 실려 있다.

眞性元來不住還 　참된 성품은 원래 가고 옴이 없는데
幻軀何事屬情閑 　덧없는 몸 무슨 일로 정에 얽매어 있는가
天然宇宙空花裡 　꽃 속의 텅 빈 우주는 하늘 그대로요
活畵江山大塊間 　천지 사이의 강산은 살아 있는 그림일세
莫話無爲年此等 　나이 차등 있다고 일없이 말하지 말라
聊看實踏着群班 　실제 보면 함께 나눌 것이 없음이라

如今世亂難淸濁　지금 같은 세상에는 맑고 흐림을 말하기 어려우니

放鶴仙風也透關　신선 같은 삶을 내려놓아야 조사관을 뚫으리[172]

시의 제목은 〈步和雪松與鏡峰兩禪師詩^{보화설송여경봉양선사시}〉이다. 여기서 말하는 雪松^{설송}이 雲松^{운송}이다. 答和^{답화}를 步和^{보화}로, 雲松^{운송}을 雪松^{설송}으로 잘못 기록한 듯하다.

경봉이 운송의 편지를 받고 구하에게 운송을 대신해 안부를 전하였던 것 같다. 세 스님의 친분을 알 수 있는 대목이다. 그리고 위와 같이 답시를 지어 경봉의 시와 함께 운송에게 전해졌을 것으로 보인다.

구하는 인생무상^{人生無常}과 자연에 대한 경외심을 말하면서 공부에 나이차가 무슨 소용이냐고 말한다. 그리고 마지막 구에서는 혹독한 환경 속에서 치열한 정진을 해야 조사관을 뚫을 수 있는 것이지 지금 같은 편한 환경에 정진이 바로 되겠느냐고 책망하는데 이는 경봉의 답시와 맥락을 같이 하는 부분이다. 경봉과 구하는 물질의 풍요와 수행의 나태함을 경계하였고 조사관을 투탈해야 하는 간화선 수행을 권장하는 공통된 시각을 가지고 있음을 알 수 있다.

간화선에서의 화두는 일상의 모든 행동거지에서 물음을 던진다. 말과 행동, 자연과 일상에서의 조그마한 변화까지도 마찬가지이다. 구하와 경봉은 이러한 일상에서의 이야기를 화두 삼아 항상 서로를 점검하였다. 대표적인 일화가 바로 경봉이 꾼 꿈에 대하여 법담을 나눈 것이다.

172　『鷲山文集』(1998), 421쪽.

頌曰

法身一路問靈駕　법신의 一路를 영가에게 물었더니
紅棗飛來落眼前　붉은 대추가 날아와 눈앞에 떨어지네
最後活句猶未了　최후의 활구를 오히려 끝내지 못했는데
鐘惺甘夢月圓天　종소리에 단꿈 깨니 달은 하늘에 둥실 떴네[173]

오전 1시 30분 꿈 가운데 어느 절에서 鏡虛 禪師가 열반하셨다기에 내가 통도사 대표로 조문하러 갔는데 때마침 영단에 제물이 차려져 있었다. 그런데 慧月 禪師가 앞에서 주장자로 상을 세 번 내리치고는 제물을 전부 거두었다. 내가 가지고 간 제물을 영단 앞에 차리고 손으로 작은 竹鞭을 잡고 일어서서 말하길, 和尙은 이러한 때를 당하여 어떤 것이 화상의 法身인가 하니 제물 중에 대추 한 개가 나의 입가로 날아와 땅에 떨어졌다. 내가 일러 말하기를 화상이 그럴 줄 알았으나 오히려 다하지 못하였으니 다시한번 말하소 하고 꿈을 깨니 인적이 고요한 깊은 밤인데 전각에서 종소리가 몇 번 울려 귓가를 스쳤다. 깨서 일어나니 오직 푸른 하늘에 밝은 달만 있더라[174]

---

[173] 生을 圓으로 바꾸었다.
[174] "…午前一時三十分에一夢之中에某寺에서鏡虛禪師涅槃云故로我通度代表로致奠而去則適時靈壇에奠物羅列而慧月禪師在前打床三下而撥奠物也我持去奠物獻列靈壇하고我手執小竹鞭하고起立하야曰和尙道恁麽時節하야如何時和尙의法身耶하니奠中一棗가飛來我口邊而墮地也라我謂曰和尙이그럴줄아라스나猶爲未盡이니更爲一道하소하고夢覺하니人寂이夜深하되持展數打鐘聲到耳邊也 起寢에唯有碧天明月…" - 『日誌』, 1937년(46세) 12월 9일.

경봉은 평소 경허는 물론이고 그의 수법제자들이었던 혜월, 만공 등 덕숭 문중의 선승들을 존경하였고 실제 많은 교류들이 있었다. 또한 경허의 제자이며 많은 서신 교류를 하였던 한암과는 호형호제하였다. 이러한 흔적들은 『日誌일지』곳곳에서 엿볼 수 있다. 예를 들어 경허의 시들을 차운한다거나 행적을 회상하기도 했으며, 제자인 만공의 경우에는 서신과 선학원에서의 대면을 통해 자신의 경지를 인정받고자하기도 하였다. 이는 만공이 당대의 선지식이기도 하였지만 자신이 존경하는 경허의 법제자라는 상징성도 컸을 것으로 보인다. 혜월도 마찬가지이다. 경봉의 출가 초기 내원사 조실로 처음 대면을 하면서 문하에서 수행하기도 하였다. 이러한 일련의 일들이 꿈에서도 그려진 것이다.

경봉은 이 꿈에서 당대 천진도인이었던 경허의 상수 수법제자인 혜월과 법거량을 하고 있다. 여기서 혜월이 주장자를 세 번 치고 상을 거두는 일이나, 영단을 차리고 나서 죽편을 잡고 일어서는 이야기는 서로의 경지를 떠보는 것이다. '어떤 것이 진정한 법신인가!'하는 질문에서 서로 딱 맞아 떨어져야 함께 웃을 수 있는데 그렇지 못하고 게송에서 보였던 것처럼 최후의 활구를 듣지 못한 채 잠에서 깨버린 것이다. 후에 경봉은 죽편을 잡고 일어선 이유에 대해『圓光閒話원광한화』에서『日誌』에는 없는 죽편竹鞭에 관한 해석解釋을 기록하였다.

竹鞭解釋

옛날 風穴禪師에게 한 스님이 묻기를 어떤 것이 부처입니까. 師가 이르기를 장림산 아래 대나무 채찍이니라. 뒤에 佛鑑勤禪師가 頌해 이르기를,

杖林山下竹筋鞭　장림산 아래 대나무 채찍이여
久歷風霜節目堅　오랜 풍상에 견디어 마디가 굳세어 졌네
若是驊騮纔見影　만약 뛰어난 말이라면 채찍 그림자만 봐도
舉頭千里便超然　머리를 들고 천리를 훌쩍 뛰리라

그러니 꿈속에 竹鞭을 잡는 것과 장림산 아래 竹筋鞭과 같은가 다른가 눈 밝은 이들은 판단하여 일러 볼지어다.[175]

위는 『禪門拈頌說話^{선문염송설화}』[176] 제 1250칙에 나오는 풍혈^{風穴}[177]과 한 스님의 문답과 게송이다. 이 문답에 여섯 명의 당대 선지식들이 송^頌을 붙여놓았는데 그 중에서도 불감^{佛鑑} 근^勤의 게송을 인용한 것은 이 게송이 자신이 꿈에서 죽편을 들고 일어선 행동을 가장 잘 표현 한 게송이라 생각했기 때문이다.

175　석명정, 『圓光閒話』, 극락호국선원, 1979년, 63쪽.
176　고려 후기 승려 覺雲이 스승인 진각국사 慧諶이 저술한 『禪門拈頌』에 대하여 중요한 말들을 뽑고, 거기에 다시 설화를 붙인 주석서이다.
177　북송 때 臨濟宗 승려. 浙江, 餘杭 사람으로, 俗姓은 劉씨다. 開元寺의 智恭律師에게 具足戒를 받았다. (… 중략 …) 長興 2년(931) 汝州의 風穴古寺에 들어가 7년 동안 머물렀는데, 僧衆들이 구름같이 몰려들고 신도들도 이곳을 중건하여 叢林이 되었다. 天福 2년(937) 州牧이 그 풍모를 듣고 예의로써 대했다. 宋太祖 開寶 6년 8월 입적했고, 世壽 78세다. 저서에 『風穴禪師語錄』 1권이 있다. -『중국역대불교인명사전』 참고.

장림산^{杖林山178)} 아래의 박혀 있는 대나무 지팡이는 부처의 법을 상징한다. 설화를 통해 부처의 몸은 잴 수도 없고 헤아릴 수도 없는 것이라 하여, 깨달음의 궁극은 어떤 분별로 보여질 수 없다는 말이다. 여기서 혜월과 경봉은 행동을 통해 선의 요체를 보여주고자 한다. 눈만 마주쳐도 상대를 간파할 수 있어야 하는데 꿈에서는 그러지 못하고 서로 막혀버린 것이다. 그래서 경봉은 불감 근의 게송을 통해 빼어난 말은 채찍 그림자만 봐도 천리를 내달린다고 한 것이다.

꿈에서 경봉이 혜월과 한 행동들은 선에서 보이는 구법^{求法}의 전형적 모습이다. 그런데 명쾌하게 꿈속에서 가리지 못한 것이 좀 아쉬울 뿐이었다. 결국 꿈이라는 허상 속에서 드러낸 분별들은 꿈을 깸과 동시에 사라졌고 진리는 전각의 종소리와 푸른 하늘의 밝은 달처럼 일상 그대로의 회귀일 뿐이라고 하였다. 꿈속의 채찍과 장림산 아래의 채찍이 같은지 다른지를 물어 대중들에게 화두를 내던지기도 하였다. 경봉이 죽편^{竹鞭}을 통해 의도한 진리는 훗날 법문에서도 보인다.

---

178 杖林山 아래의 박혀 있는 대나무 지팡이에 관한 이야기는 『西域記』에 그 설화가 전한다. 옛날에 摩竭陀國에 바라문이 있었는데, 그는 석가의 키가 6장(丈)이라는 말을 듣고는 항상 의심하며 믿지 않았다. 그래서 6장의 죽장으로 부처의 몸을 재려 했으나, 항상 지팡이 끝에서 다시 6장이 늘어나곤 했다. 이렇듯이 점점 더 높아져서 잴 수가 없으므로 지팡이를 버리고 가버렸다. 그래서 그 지팡이를 땅에 꽂았더니, 지금 대나무 지팡이가 무성하게 자라서 산과 골짜기를 뒤덮었다"라고 하였다. 결국, 부처의 몸은 잣대로 헤아릴 수 없다는 뜻이다." -『禪門拈頌說話』27권, 古則 1250(번역은 육일문화사 출판본을 옮겼다)

(… 상략 …)

祖師門에 들어오면 "어떤 것이 부처입니까?"라는 말에 "삼베 서 근이 부처"란 말이고, 또 조사스님한테 "부처가 무엇입니까?" 이렇게 물으니 "마른 똥 막대기가 부처"란 말이고, 또 "어떤 것이 부처입니까?" 물으니 "흙덩이가 부처다", "어떤 것이 부처입니까?" 하니까 "十字路頭가 佛이다", "어떤 것이 부처입니까?" 물었는데 "杖林山下 竹根鞭이다" 하였으니, 장림산에 있는 대나무 뿌리로 만든, 소나 말을 때리는 채찍이 부처란 말이며, 또 "무엇이 부처입니까?" 하니까 "衆生의 色身이 곧 佛이다" 하니 우리 몸뚱이가 곧 부처라 하였다. 이것은 다른 종교에서는 흉내도 못 내는 말이다. 그러면 이 냄새 나는 내 몸뚱이가 어떻게 부처냐 하고 깜짝 놀라겠지마는 진리적으로 들어가면 나한테 있는 부처를 찾으면 바로 그렇게 되는 것이다.

虛空一點眞消息 허공에 한 점 손가락으로 친 이 참 소식을
宇宙人間幾得知 우주 인간 중에 몇 사람이나 아는가[179)]
(… 하략 …)

위 법문을 통해 꿈에 대한 경봉의 의도를 자세히 알 수 있다. "부처란 무엇인가?"에 대한 역대 조사들의 답은 평범한 일상에서 볼 수 있는 모든 것이 부처이며 그것을 보고 듣고 느끼는 우리 몸이 부처라는 것이다. 즉, 진리를 자신에게서 찾으라고 당부하고 있다.

---

[179] 석명정(1975), 308쪽.

이 꿈을 꾸고 난 뒤 바로 구하를 만나 꿈에 대해 이야기를 나눈 듯하다. 구하는 다음과 같이 답한다.

구하형님이 어제 꿈 이야기에 화답하기를 道人은 진리가 진리가 아니요 법도 참 아님이 없는 것이요 이와 같은 것도 이와 같지 않느니라. 禪師의 꿈도 역시 이와 같으니 무엇이 허황된 꿈이며 무엇이 진실된 꿈인가! 色·受·想·行·識이 모두 진리이며 모두 허망한 것이라. 만약 도인이면 모든 것이 진리라. 비록 천 길의 盧舍那佛이 獅子座에 앉아 무상의 큰 법문을 설하더라도 역시 별다른 생각이 없거늘 하물며 한낱 경허·혜월의 꿈 가운데의 일이겠는가! 허허 웃으며 頌으로 화답하길,

夢見諸師猶幻夢	꿈에서 본 제방의 조사들 오히려 허황된 꿈이라
然中紅棗落眸前	그런 중에 붉은 대추가 눈 앞에 떨어졌네
非眞非夢皆眞活	참도 아니고 꿈도 아니라야 모두 진실된 삶이니
不着元來意外天	집착하지 않으면 원래 뜻밖의 하늘이라[180]

구하는 세상에 보이는 모든 것들이 허황된 것임을 알아야 한다고 지적하고 부처의 법문도 또한 허황된 것인데 어찌 꿈 이야기 하나를 가지

---

[180] "九河兄님이昨日夢話答和 道人은眞非眞이라無法非眞이오如非如라 無法非如라하엿스니禪師之夢도亦如是也라何其幻夢이며何其眞夢耶아色受想行識이皆是眞이며皆是妄이라眞妄을誰人이辨之이로若非道人이면皆是妄이오若道人이면皆是眞也라雖天丈盧舍那佛이獅子座하야說無上大法이라도亦是無別念이온況一介鏡虛慧月之夢中事耶呵呵和頌, 夢見諸師猶幻夢, 然中紅棗落眸前, 非眞非夢皆眞活, 不着元來意外天"-『日誌』, 1937년(46세) 12월 10일.

고 이렇게 호들갑을 떠느냐고 한다. 그리고 게송의 3·4구를 통해 꿈이 든 현실이든 집착하는 순간 진리에서 멀어짐을 강조하면서 분별없는 하늘을 볼 수 있어야 한다고 하였다.

경봉은 계속 꿈에서의 행동에 대한 답만 구하려했지 더 큰 테두리에서의 망념과 진실을 보지 못했다. 구하는 이런 상황을 정확하게 지적하여 사제의 분별망상을 쳐부수어 준 것이다. 이렇게 꿈을 통해 사형으로부터 많은 것을 배우게 되고 자신을 다시한번 돌아보게 된다. 그리고 한참을 지나 구하에게 편지 한통을 받는다.

頓脫雲津事事眞	단박에 구름을 떨쳐내니 일마다 참되고
看來好是孰非春	와보면 좋으니 무엇이 봄이 아니랴
人因物態隨時變	사람은 물질 때문에 시간마다 변하지만
木秀山精使序新	나무는 빼어나고 산은 그윽하여 계절마다 새롭네
不老長生心上壽	늙지 않고 오래 사는 것이 마음의 최고 장수요
無憂一世意中親	걱정 없는 한 세상이 생각 속의 친근함이라
忽翻獨坐疑庭栢	홀로 돌아앉아 뜰 앞의 잣나무 의심하니
劫外閑情豈夢塵鷲山	겁 밖에 한가로운 정이 어찌 꿈이겠는가[181]

이때는 경봉의 선풍(禪風)이 전국 선방에 맹위를 떨치며 제방의 선지식들과 본격적으로 선문답을 나누었던, 선지(禪旨)가 최고조에 달했던 시기이

---

181 『日誌』, 1943년(52세) 8월 22일.

다. 구하는 이 시기에 잠시 통도사를 경봉에게 맡기고 몸을 추스르기 위해 한적한 곳으로 요양을 간 듯하다. 그리고 아우에 대한 걱정과 함께 자신의 안부를 전하게 되는데, 현재 자신의 환경과 심정을 전하면서 홀로 면벽하며 수행하는 것이 행복하다고 하였다. 이에 경봉은 안부[182]와 함께 다음과 같이 답시를 보낸다.

道本難言亦超眞　도는 본래 말로 어렵고 또한 진리를 초월하며[183]
古今雙絶不關春　예나 지금이나 모두 끊겨 봄과는 관련 없네

---

[182] "날씨 맑음. 구하 형 앞으로 좌와 같이 편지를 보내다. 오동잎이 우물 아래로 떨어지니 계수나무 가지에 가을이 온 줄 알겠고 가을 물은 하늘가에 닿아 한빛이라 풍월이 함께 맑으니 이밖에 다시 무슨 말씀을 드리겠습니까. 산명수려한 곳에서 주석하여 약을 다려 자신 뒤에는 건강이 어떠신지요. 법희선열의 맛이 독특하시니 평소부터 공경하고 또한 치하하여 왔습니다. 요즈음 한번 가서 진배드리려고 생각하고 있었지만 사람의 일이라서 자연히 뜻은 있어도 정성이 못 미치니 너그럽게 살피소서. 태산에는 반드시 사자가 있고 큰 바다에도 신룡이 숨어 있는 법인데 이 큰 사찰에 어찌 주인이 없겠습니까. 형주께서는 영축산의 원로이시며 또한 주인공이시니 이로부터 속히 돌아오시기를 간절히 바랍니다. 신비로운 구슬은 항상 저 오탁악세를 비치고 보배로운 달은 작은 시냇물도 피하지 않고 비추니 십분 고려해서 살피십시오. 모은 바 넓은 인연으로 단정히 자리를 축하드리며 만강하시기를 공손히 빕니다. 불일이 통명하고 용천이 빛나소서. 구하 형 시운에 읊다(天氣晴也九河兄前如左書送也 梧葉井下桂枝秋生水天一色風月雙清是外何達山明水麗間之間住錫藥煎後法候萬康法喜禪悅之味特殊平素乎恭慰且賀這間一度進拜伏計矣人間之事自然有志未誠幸須寬照泰山必有獅子大海隱有神龍巨刹豈無主翁兄主靈鷲山之元老亦爲主人公從速返駕至禱至禱神珠恒照於濁垢寶月不避於汗流十分考慮諒察所莘洪因端爲祝延 萬康 恭惟 佛日洞明龍天昭格 偶吟 九河兄主詩於韻)" -『日誌』, 1943년(52세) 8월 22일.

[183] 원래 '誤言'으로 적었다가 '難言'으로 바꾸었다. -『日誌』, 1943년(52세) 8월 22일.

事隨心性能生變	일은 성품 따라 성숙하여 변화하고
物得虛空總現新	물건은 허공을 얻어 모두 새롭게 나타나네
怨寄水雲何有惡	원망은 물과 구름에 부치니 어찌 미움이 있으며
家爲宇宙孰無親	집을 우주로 삼으니 누가 친함이 없겠는가[184]
人雖公案疑團起	사람이 비록 공안으로 의심을 일으키나[185]
庭栢元來劫外塵	뜰 앞 잣나무는 원래 겁 밖의 티끌일세
圓光	

앞의 꿈 이야기와는 반대로 이번에는 경봉이 구하에게 하나의 의심마저도 티끌뿐이니 끊어내라고 한다.

구하는 봄을 일상에서 나타나는 자연의 변화로, 분별없이 바라보는 그대로의 진리로 감상하였다. 그래서 두두물물이 봄 그대로라 한 것이다. 그러나 경봉은 진리를 초월한 의처에서만이 도를 논할 수 있으므로 봄이라는 시공 또한 집착이라 하였다. 구하가 말한 물질의 변화와 자연의 불변을 경봉은 '生變^{생변}'을 통해 '性^성'으로 주시하였다. 이는 성품에 따라 아뢰야식^{阿賴耶識}에 안^眼·이^耳·비^鼻·설^舌·신^身·의^意를 통해 저장된 종자가 변화하여 성숙되어 가는 것을 말한다.[186] 그리고 모든 것은 텅 빈 가운데에서 새로운 것이지 구하의 말처럼 어떤 사물의 '첫머리'라는 공간적·시간적 지배 하에서는 새로움이 있을 수 없다고 반론하며 '뜰 앞의 잣나무'는 오히려 티끌이라 하였다.

경봉과 구하는 시를 통해 위와 같은 방식으로 서로의 선지를 펴 나갔다. 그리고 꿈을 통해서든, 받은 서신을 주제로 하든 의심이 되거나 좋은 시제들은 함께하며 수행을 점검하고 서로에게 힘이 되어주었다.

184 원래 '成'으로 적었다가 '爲'로 바꾸었다. -『日誌』, 1943년(52세) 8월 22일.
185 원래 '這裡'로 적었다가 '公案'으로 바꾸었다. -『日誌』, 1943년(52세) 8월 22일.
186 眼·耳·鼻·舌·身을 제 5식이라 하고 이들이 체험된 것을 정리하여 제 6식인 '意'를 통해 통제 받게 된다. 즉, 제 6 의식은 우리가 충분히 의식할 수 있는 세계이다. 다음으로 제 7식과 8식이 있는데 이는 무의식의 세계이며 그 중에서도 가장 근원적인 마음을 제 8식인 '아뢰야식'이라한다. '아뢰야식'은 모든 種子를 갖춘 가능성의 바다이다. 元曉는 이 아뢰야식의 轉變과 추이를 철학적으로 논구한 바 있다. 즉 8식은 선악을 포용하는 거대한 바다와 같다고 보았다. 인간을 가능성의 존재로 파악하며, 그 철학적 기반을 이루는 것이 제8 아뢰야식에 대한 연구라 하겠다. 즉, 8식인 阿賴耶는 과거의 인식·행위·경험·학습 등에 의해 형성된 印象·잠재력, 곧 種子를 저장하고, 六根의 지각 작용을 가능하게 하는 가장 근원적인 심층 의식이라 할 수 있다. -『한국민족문화대백과』,『시공 불교사전』참조.

4. 가풍의 정립과 선양기

1) 가풍 형성 과정에서의 한암의 영향

경봉의 사상적 면모는 화엄을 기반으로 한 '선교겸수禪敎兼修'를 지향하고 있지만 삶의 후반기로 갈수록 '참선제일參禪第一'을 우선하게 된다. 이는 시간이 지날수록 선수행의 깊이에 따른 자연스러운 가풍의 형성이라 볼 수 있다.

선승들은 대부분 참선을 그 첫 번째로 꼽지만 상대를 지도할 수 있을 위치에 오르기 전까지 교敎는 사상의 근간이 되며 이러한 흐름은 대부분의 선승들에게서 나타나는 일반적인 모습이다. 물론 혜능처럼 단박에 오도기연을 맞은 예도 있지만 이는 극히 드문 사례이다. 돈오돈수와 돈오점수에 대한 논란이 일어나는 것도 이러한 시간적 과정과 근기와 무관하지 않을 것이다.

경봉의 경우 화엄을 근간으로 선을 수용하였고 『六祖壇經육조단경』의 영향을 많이 받았음을 게송이나 법문 등에서 알 수 있다. 그리고 평생 자신은 간화선으로 일관되게 수행을 하였다. 이러한 사상적 경향은 경봉이 존경해 온 수많은 선지식 중에서 젊은 납자시절 가장 존경하고 의지했던 한암漢岩의 영향이 가장 컸으리라 본다.[187] 그래서 본 장은 경봉이 교류한 많은 선지식들 중에 한암의 영향을 받은 경봉의 모습을 살피고자 하는 것이다.

---

[187] 정도(2013), 135~137쪽 참조.

한암 중원漢岩 重遠(1876~1951)은 용성 진종龍城 震鍾(1864~1940)과 함께 경봉과 서신을 가장 많이 주고받은 선지식 중 한 사람이다. 법명은 중원重遠, 법호는 한암漢岩이다. 강원도 화천華川 태생으로 21세(1897년)에 금강산 장안사에서 금월 행름錦月 行凜을 은사로 수계하였다. 23세(1899년)에 보조국사의 『修心訣수심결』을 보고 크게 발심하였고 김천 청암사 수도암에서 경허선사를 만나 안광이 열려 1차 깨달음을, 24세(1900년)에 통도사 백운암에서 2차 깨달음을 얻는다. 그리고 27세(1903년)때 해인사 퇴설선원에서 경허선사를 모시고 수행하던 중에 깨달음을 인정받고 그 해 하안거를 마치고 세 번째 오도를 하게 된다. 그리고 바로 29세 때인 1905년에 통도사 내원선원의 조실로 추대되어 1910년까지 6년 동안 참선대중을 지도하게 된다. 34세(1910년)에 우두암에서 4차 오도를 하며 확철대오한다. 그 뒤로 제방의 조실로 추대되어 납자들을 제접하며 49세(1925년)에 오대산 상원사로 들어간 이후로 평생 동구불출하며 수행 정진하다가 1951년 75세의 나이로 앉은 채로 열반에 들게 된다.[188]

한암은 선교일치禪敎一致를 실천하면서 경봉의 사상에 많은 영향을 끼쳤다. 나이는 16세 위였지만 은사 석담이 경봉의 은사인 성해의 사제였기 때문에 법계로는 아랫사람이었다.[189] 그래서 서간 말미에 항상 '弟제 漢岩한암' 혹은 '弟제 重遠중원'이라 하였고, 경봉 또한 '門弟문제 鏡峰경봉'이라 하면서 서로 예를 갖추었다.

---

188 한암의 행장은 석명정의 『漢岩集』(극락호국선원, 1990년)과 월정사에서 발간된 『한암·탄허선사 서간문』(월정사, 2014년)을 참고하여 정리하였다.
189 정도(2013), 147쪽 참고.

한암은 29세에 통도사 내원선원의 조실로 추대되면서 통도사와 인연을 맺는다. 그리고 경봉과의 서신 교류[190]는 1928년부터 열반 2년 전인 1949년까지 이루어진다. 현재 한암이 경봉에게 보낸 24통과 경봉이 한암에게 보낸 3통의 편지가 전해지고 있다. 편지의 내용은 대부분 간화수행에 관한 문답들이다.

> 보내온 편지와 게송 4수를 자세히 읽어보니 글자마다 진정성이 있고 구절마다 살아 있는 뜻이 있어, 후에 오백세 뒤 다시 대장부 같은 살아있는 남아가 태어날 줄 기대나 했겠습니까. 찬탄하고 우러러 기쁨이 뛸듯하여 그치지 않으니 좋은 말로 표현할 수가 없습니다. (…하략…)[191]

경봉의 편지에 대한 한암의 답서이다. 경봉이 보낸 편지의 내용은 알 수 없지만 위의 날짜를 통해 경봉이 첫 대중 화엄산림법회를 무사히 끝낸 지 2달 뒤쯤의 일로 보인다.

이 시기 경봉은 확철대오를 하여 이理·사事에 걸림이 없을 때였으므로

---

[190] 『삼소굴 소식』(석명정, 극락호국선원, 1997년)에는 한암의 편지 24편과 경봉의 편지 3편 등, 총 27편의 서간문이 실려 있다. 월정사에서 펴낸 『한암·탄허선사 서간문(2014년)』에는 24편(경봉에게 답하는 편지가 20편, 일상으로 보내는 편지가 4편)이 실려 있다. 『漢岩集』에도 앞과 동일하게 실려 있다. 본장에서는 이들 세 권의 책을 참고하여 탈초·오자·번역을 수정 보완하여 참고하였다. 간찰 원본은 현재 통도사 극락암에 일괄 소장되어 있고 원본 사진은 『한암·탄허선사 서간문(2014년)』 1권에 상세하게 수록되어 있다.

[191] "細讀來書及頌四首하오니字字眞情句句活意何期大丈夫活男兒復出於後五百歲後哉릿가讚仰不已歡喜踊躍不可勝言…(하략)…)" - 戊辰年 三月 初七日 (1928년 3월 7일) 「한암이 경봉에게 보내는 편지글」 중에서(극락암 소장)

경봉이 보낸 4수의 시는 아마도 깨달음에 대한 이야기와 현재의 선적^{禪的} 상태, 자신의 오도송과 오도 이후 읊었던 시들이었을 것으로 짐작된다. 경봉이 일대사의 일을 스승 성해와 사형 구하와 함께 한암에게 보인 것은 당시 경봉에게 있어 한암의 존재가 얼마나 컸던가를 짐작할 수 있는 대목이다.

한암은 이 편지의 추신^{追伸}을 통해 보조국사가 『六祖壇經^{육조단경}』을 스승으로 삼고, 『書狀^{서장}』을 벗으로 삼았던 것을 예로 들며 옛 조사의 방편 어구로 스승과 벗으로 삼아 정진하라고 조언한다.[192]

경봉과 한암은 수행에 대한 의문들을 수시로 법거량을 통해 드러내게 되는데 그 대표적인 예가 1931년(40세) 10월 4일 한암이 통도사를 방문했을 때[193] 비로암에서 함께 자면서 '南泉斬猫^{남전참묘}'[194]에 대해 문답한 것이다. 대부분 경봉이 먼저 묻고 한암이 답하며 다시 한암이 묻고 경봉이 답하는 식이다. 이러한 문답들을 통해 경봉은 간화선자^{看話禪者}로서 그 경계를 더욱 굳게 다져나간다.

---

192 "以古祖師方便語句로爲師友焉故吾國普照國師一生以壇經爲師書狀爲友하셧나이다" - 戊辰年 三月 初七日(1928년 3월 7일)「한암이 경봉에게 보내는 편지글」(극락암 소장) 중 追伸에서.

193 "天氣淸朗也午前에極樂庵에洼去하야夕茶後方漢岩兄이毘盧庵에來着한故로洼去而同宿하다…"-『日誌』, 1931년(40세) 10월 4일.

194 『無門關』14칙의 내용으로 동당과 서당의 스님들이 고양이를 서로 자기 것이라고 시비를 하는 것을 보고서 남전스님이 고양이를 잡아들고 "한마디 일러라" 하였는데 대중들이 말이 없자 남전이 고양이를 베어 두 동강을 내었다. 뒤에 남전이 이 사실을 말하며 밖에 나갔다가 돌아온 조주에게 물었는데, 조주는 짚신을 벗어서 머리에 이고 나가버렸다. 남전이 "그대가 그때 있었으면 고양이를 살렸을 것을…" 하고 말한 내용이다.

1939년에는 3통의 편지를 주고받는데 모두 같은 운자를 가진 시가 기록되어 있다. 경봉이 한암에게 보낸 시를 보자.

我植去年一種花　작년에 심은 한 송이 꽃
今年枝葉盡參差　올해는 가지와 이파리 무성하네
吾兄回憶園中妙　나의 형이여 동산의 오묘함을 생각해 보시오
萬朶靑紅半掬芽　만 떨기 푸르고 붉은 게 반움큼 자랐네
咦　　　　　　　하하
春已過　夏日長　봄 지나니 여름이 길어지네[195]

이 편지의 서두에는 "漢岩和尙 問法書簡(己卯七月一日)^{한암화상 문법서간 (기묘칠월일일)}"이라 적혀있고 '山雲^{산운}'과 '海月^{해월}' 두 단어를 들어 이것을 분간할 수 있는 답을 달라고 하였다. 단, 언어^{言語}·성색^{聲色}·문자^{文字}·동정^{動靜}을 쓰지 말고 답을 하라는 전제가 있다. 그리고 시 한수를 지어 자신이 심은 꽃이 가지를 이루고 색을 피우며 잘 자라고 있음을 말하는데 이는 경봉의 경지를 자연 향연의 오묘함으로 대신하여 표현한 것이다.

법을 묻고 시를 통해 물으며 허허 웃고는 '春已過 夏日長^{춘이과 하일장}'하여, 이전까지 '꽃'을 통해 자신의 경지를 형상화하다가 마지막을 '봄'과 '여름'이라는 더 큰 시간적 형상으로 눈을 넓히고 있다. 이는 자연이 대소^{大小}와 다소^{多少}를 막론하고 한 치의 분별없이 자신의 역할을 해나가고 있

195　석명정(1997), 425쪽.

음을 말하는 것이다. 간화선의 병폐를 사전에 차단하겠다는 수행자의 의지가 엿보인다. 이에 대해 한암은 다음과 같이 전하였다.

微塵佛刹總空花　티끌 같은 절, 모두 텅 빈 꽃 같은 것
一念纔生便大差　한 생각 겨우 일으키지만 크게 어긋나네
貴處靑紅雖萬朶　귀한 곳에 붉고 푸른 꽃도 많겠지만
爭似這裡無根芽　어찌 여기에 뿌리 없는 싹만 하겠는가[196]

위의 시가 기록된 한암의 간찰은 정확한 일자가 기록되어 있지 않아 보낸 일자는 알 수 없지만 추측컨대 앞의 경봉 시에 대한 차운시로 봐서 1939년 7월 이후 가까운 날의 편지임을 알 수 있다.

한암은 경봉이 질문한 '山雲海月산운해월'에 대해 이것의 본질을 정확히 알아야 도를 성취할 수 있다고 답하고 '산 구름'이니 '바다 달'이니 하는 말에 고민 할 필요 없이 진리의 향연을 있는 그대로 받아들이라고 하였다. 그리고 답시를 부연으로 붙였다.

답시를 통해 한암은 '한 생각 일으키는 즉시 도에서 멀어진다'고 하였다. 아무리 형형색색의 꽃이 만발하여 행복해도 일체의 분별없는 '공空'의 진리보다는 못하다하였다. 그러니 '靑紅청홍'에 얽매이지 말고 열심히 정진하기를 당부하고 있다. 한암의 이러한 당부에 경봉은 다시 답시를 보낸다.

---

[196] 1939년 7월, 「한암이 경봉에게 보내는 편지」중에서, 극락암 소장.

塵刹總空花	티끌 세계 모두가 허공의 꽃에 불과하니
何生便大差	무슨 큰 차이가 있으리오
有無無二處	있다 없다 하는 두 가지가 없는 곳에서
莫道別根芽	별도로 뿌리와 싹을 말하지 말라[197]

하나의 시각과 실체, 그리고 진리의 바탕이 되는 무념무상의 대상인식이 시를 통해 깨져버렸음을 경봉은 비꼬았다. 모두가 텅 비었다고 했는데 또 이야기꺼리를 만들어 비우지 못하고 언어문자로 드러내 버린 것이다.

경봉은 어쩌면 한암이 백지 편지를 보내왔으면 했을지도 모른다. 선가에서 이런 일은 다반사이다. 백지를 보낸다거나 점만 찍어 보낸다거나 아예 답을 하지 않는 등의 표출은 진정한 공_空의 상징일 수 있다. 그것이 무념을 종지로 삼는 선종의 핵심 중 하나이다. 그래서 아예 뿌리니 싹이니 분별하지 말라고 하는 것이다.

경봉이 칠언 절구에서 오언 절구로 답을 한 것은 최대한 말을 아끼기 위한 결과물이다. 간찰을 통한 이러한 법거량은 한 사람이 죽어야 가능하기 때문에 아마도 한암이 답을 하지 않은 것으로 이 문제는 끝난 것 같다.

법거량을 통한 보림의 과정 외에도 경봉은 개인적인 부탁이 있으면 서슴없이 한암에게 청하기도 하였다. 1942년(51세) 9월 12일『日誌_{일지}』에는 한암에게 표고버섯 2근을 사달라고 부탁하면서[198] 장황하게 한암에 대한 예우를 갖추어 마치 어리광을 부리듯 자신의 부탁을 이해해달라고

197　석명정(1997), 429쪽. (이 답서는 날짜가 기록되어 있지 않지만 글을 보면 한암의 답에 대한 답시임을 바로 알 수 있다.『日誌』에는 전하지 않는다.)
198　"…宗正漢岩兄問安蔈茸二斤買送請求…" -『日誌』, 1942년(51세) 9월 12일.

한다.[199] 그리고 시 한 수와 함께 화답을 부탁한다.

  靈鷲峰頭月 영축산 봉우리 달이
  圓明萬千岺 둥글어 만 천 봉우리 밝히네
  雲林人不到 구름 숲에 사람은 오지 않는데
  松栢帶春心 소나무 잣나무는 봄의 마음 띠었구나[200]

경봉은 달[月]을 통해 비록 거리는 멀지만 같은 하늘 아래 자연을 만끽하며, 시간적·공간적 공유가 시를 통해 이루어짐을 감사하게 여기고 있다. 또한 시의 여운을 '圓明(원명)'으로 표현하였다.

소나무와 잣나무는 각각 영축산과 오대산을 상징하며, 자연의 진리는 세상 어디에도 한결같음을 마지막 구를 통해 표현하였다. 경봉 자신의 마음은 곧 '春心(춘심)'으로 대변하였다. 이러한 뜻을 한암이 알아주기를 바라고 있는 것이다.[201]

---

199 "…우리 형은 일 없고 마음도 없는 한가한 도인이라 전에도 이와같이 청했는데 미안막심입니다. 그러나 일이 없고 있는 것이 원래 둘이 아니니 물건마다 모두 참되고 일마다 원만함이라 다행히 모름지기 너그럽게 용서하십시오…(…吾兄無事無心閑道人前如此等所請未顔莫甚然無事有事元非其二物物皆眞事事圓陀幸須恕容焉…)" -『日誌』, 1942년(51세) 9월 12일.
200 『日誌』, 1942년(51세) 9월 12일.
201 "이 빛이 만 봉우리에 비칠 때 응당 오대산도 비추리니 우리 형은 보았습니까? 못 보았습니까? 만약 보았다면 이것을 어떻게 헤아리겠습니까? 만약 못 보았다면 당시에 어디에 가신겁니까? 한번 회답을 보여주시오(這光照萬岺時應照五坮山吾兄見也未若也是見作麽生會若也未見當時向什麽處去耶一擲回示焉)" -『日誌』, 1942년(51세) 9월 12일.

한암은 답서를 통해 표고버섯은 봄에 나는 것이 다 없어지고, 여름에 나는 것은 품질은 좋지 않은데 값은 또 비싸서 마음에 들지 않을 수 있기 때문에 부탁을 못 들어준다고 하였다.[202] 그리고 다음과 같이 답시를 보냈다.

> 謹和原韻　삼가 원운에 화답하다
> 片雲生晚谷　조각 구름 저녁나절 골짜기에서 피어나고
> 霽月下靑岑　구름 개인 달은 푸른 봉우리에 지네
> 物物本淸閒　만물이 본래 맑고 한가로운데
> 而人自擾心　사람들이 스스로 마음 어지럽히네[203]

1·2구에서는 일상의 진리를 노래하였고 3·4구에서는 한가로움에 돌을 던져 물결을 일으킨 것에 대해 경계하였다. 경봉의 '春心(춘심)'을 '擾心(요심)'으로 응대하며 쓸데없이 마음을 내어 어지럽히지 말라는 것이다. 보통, 선승들은 일상을 일상으로 선(禪)은 선(禪)으로 응대를 하는데 경봉의 일상적 논리에 한암은 선문의 종장으로서 시종일관 선문으로 응대하며 선지식의 면모를 보여주고 있다.

이에 경봉은 한암의 답시에 대한 개인적인 생각을 『日誌(일지)』에 기록하여 두었다.

---

202 "…就告蔈茸春産已盡夏産品劣價高小一斗四圓故恐不合於用意未得副於信托甚悚甚悚…" - 1942년(51세) 9월 28일, 「한암이 경봉에게 보내는 편지」 중에서(극락암 소장) - 이후 몇 달 뒤 한암은 월정사 종무소에 부탁해 두었던 표고버섯을 대신 보내게 되는데 이는 1942년 음력 11월 6일 보낸 간찰에 보인다.

203 1942년(51세) 9월 28일, 「한암이 경봉에게 보내는 편지」 중에서(극락암 소장)

又 私儀 答曰	또 개인적으로 답하다.
浮雲片片元無實	뜬구름 조각조각 원래 실체 없고
月不上天不下岑	달은 하늘에 뜨고 봉우리에서 지지도 않는 것
物物淸閒誰解得	물건마다 맑고 한가로운 줄 누가 알겠는가
揄鈴塞耳自欺心	요령 흔들며 귀 막는 자신을 속이는 것이리라[204]

『日誌』에 '私儀^{사의}'라고 기록만 하고 한암에게 이 시를 보내지 않은 것은 앞의 공^空에 대한 문답처럼 또다른 분별지로 보여지는 것에 대한 경계 때문이다. 그리고 무엇보다 이 답은 대상이 한암이 아니라 귀 막고 요령만 흔들어 대는 즉, 공부가 익지도 않았는데 수좌 흉내만 내는 수행자들에 대한 일갈이며 진정한 오도를 맛보기 전에는 한가로움을 입에 올리지 말라는 선승의 사자후이다.

1942년 이후로 경봉과 한암의 서신교류는 각자의 수행처로 가는 인편을 통해 주고받았는데 대부분 간단한 안부를 묻거나 일상의 안부와 부탁들이다.[205] 또한 답시를 얻기 위해 보낸 것도 있다.[206]

이런 서신들 중 한암이 경봉에게 보낸 답서인 1946년(55세) 10월 17일 간찰과 1949년(58세) 3월 26일에 보낸 간찰에 칠언율시와 오언율시 두 편의 시가 각각 담겨있다. 경봉이 보낸 원운시^{原韻詩}는 편지로 남아 있

---

204 『日誌』, 1942년(51세) 9월 12일.

205 "天氣晴也. 幾日前 呑虛 谷泉 兩師來着하야 五坮山事情을말함으로 谷泉과 大治를 敎正方漢岩禪師를 海東修道院宗主로 請하러이 日送也" - 『日誌』, 1949년(58세) 7월 29일.

206 "天氣雨也… 漢岩兄과 宗默師如左送詩 默默常思上古樓 綠陰芳草雨初收 遠方山色依然翠 風月相來也未休" - 『日誌』, 1943년(52세) 6월 13일.

지 않지만 한암이 답한 년도와 날짜, 그리고 운자(韻字)를 근거로 경봉의 『日誌(일지)』를 살펴보면 1946년 7월 27일의 칠언율시[207]와 28일에 기록된 오언율시의 운을 따랐음을 알 수 있다. 이 중 28일의 시를 살펴보자.

又 解制頌
行人莫問鄕　나그네여 고향을 묻지 말라
處處滿家香　곳곳에 집 향기 가득하네
眼裡乾坤闊　눈 속엔 하늘과 땅이 광활하고
袖中日月凉　소매 속엔 해와 달이 서늘하네
道心調上下　도의 마음은 위 아래를 조율하고
天氣畵靑黃　하늘 기운은 푸르고 누름을 그려내네
也知玄活句　현묘한 활구를 알려는가
雨後水聲長　비온 뒤에 물소리 커지네[208]

圓光

---

[207] 칠언 율시는 다음과 같다.
"법계가 원래 고향이라 / 눈이 열리니 보이는 것이 모두 향기롭네 / 사람을 맞아 집안에서 산 차를 달이고 / 손님 모시는 상에는 달떡이 맛있네 / 물은 모두 험한 길 푸른 바다로 돌아가고 / 벼는 더운 날 지나 가을 맞아 누렇네 / 이 암자엔 옛부터 남는 물건 없고 / 소나무와 대나무가 하늘 닿아 한 색 푸르네(法界元來是故鄕 / 眼開看處萬般香 / 接人院裡山茶熟 / 待客床邊月餠凉 / 水盡險途歸海碧 / 稻經多日得秋黃 / 此庵從古無餘物 / 松竹連天一色長)" - 『日誌』, 1946년(55세) 7월 27일.

[208] 『日誌』, 1946년(55세) 7월 28일.

<解制頌^{해제송}>이라고 한 것으로 봐서 1946년(55세) 병술년 하안거 해제 즈음에 읊었던 시로 보인다. 한암은 이 시를 평하면서 '의미가 심장하여 자신도 모르게 입에서 향기가 난다'[209]고 할 정도로 극찬하였다.

보통 안거의 결제나 해제에서 선승들이 읊는 시는 자신의 수행 경지를 집약적으로 함축하게 된다. 한암의 극찬을 통해 경봉의 선기가 이 시기 쯤 극에 달했음을 알 수 있다. 앞서 해동수도원 종주 즉, 조실로 한암을 모시고자 할 때도 종주자리는 경봉의 것이라 하고 사양한 것을 봐도 짐작할 수 있다.

시는 마음의 본처로 돌아가라는 선승의 일갈로 시작한다. 비온 뒤에 물소리가 커지는 진리를 알면 진정한 고향의 향기를 맡을 수 있을 거라고 하였다. 이 시에 대해 한암은 다음과 같이 차운한다.

遠客忘還鄉　멀리서 온 손님 고향 가는 것 잊으니

藷甘菜又香　감자는 달고 나물 또한 향기롭네

月出千峰靜　달 뜨고 일천 봉우리 고요하며

風來萬木凉　바람 부니 온갖 나무 서늘하네

嶺上閑雲白　봉우리 위엔 흰구름 한가롭고

庭中落葉黃　뜰에는 누런 낙엽 떨어지네

頭頭眞面見　모든 것이 참모습을 보이니

鼻孔撩天長　콧구멍으로 하늘까지 다스리네[210]

209　"…韻二首는 意味深長不覺牙頰生香…" - 1946년(55세) 10월 17일, 「한암이 경봉에게 보내는 편지」중에서(극락암 소장)

210　1946년(55세) 10월 17일, 「한암이 경봉에게 보내는 편지」중에서(극락암 소장)

위의 시문답 이전까지 경봉과 한암은 서로에게 한 치의 사량분별도 허용하지 않았다. 한쪽이 조금이라도 틈을 보이면 방棒·할喝이 거침없었다. 그러나 위 시를 기점으로 서로의 경계를 존중하며 이심전심을 이룬다. 그리고 이 뒤로 선시의 특징인 선적 기틀과 함축성, 자연을 통한 진리, 분별없는 일상들이 주제가 되어 왕래하게 된다.

이처럼 경봉과 한암은 은사들을 통해 인연을 맺었고 한암은 젊은 날 경봉의 보림과정에 큰 영향을 주었다. 그리고 경봉의 공부가 익어가는 과정을 먼발치에서 지켜보았다. 때로는 버섯을 구해달라며 어리광을 피우는 경봉의 모습과 빈틈이 보이면 날카롭게 공격해오는 선객으로서의 경봉, 그리고 그 경지를 인정하고 함께 유유자적하고자 했던 한암의 존재는 사형 구하만큼이나 경봉의 삶에 큰 기둥이 되어 주었다. 한암 열반 이후 경봉은 추도사를 통해 "눈 빛 거두는 곳에 오대산 서늘하고 / 꽃과 새들도 슬피 울고 달에까지 향기 보내지네"[211]라고 하며 애도하였다.

2) 선풍의 정립과 형성

경봉은 스스로 철저한 보림을 실천하였고 구하·한암·용성 등 당대 선지식들의 영향을 받으며 그들을 통해 선의 진체를 확립해 나간다. 이러한 경봉 선은 법문이나 게송을 통해 대중들에게 보여 지면서 경봉만의 선풍을 확립해나가게 된다. 특히 안거시安居詩에서 드러나는 가풍은 수좌들

---

[211] "…眼光收處五坮涼 / 花鳥念悲月送香…" - 석명정(1997), 453쪽.

에게 있어 수행은 오직 간화선을 통한 참선을 제일로 쳤으며 대중들을 위해서는 굳이 참선이 아닌 근기에 따라 염불과 기도를 권하기도 하였다. 이는 오도 이전까지 화엄華嚴에 심취하였고 오도 이후 간화선을 주창하면서도 노인들이 수행의 실천적 행동에 어려움을 겪는 것을 보고 '양로염불만일회'를 만들어 수행의 또다른 방법을 제시해 주었던 경봉선의 회통 방법이었다.

> 迷한 사람은 염불하여 정토에 나기를 구하고 깨달은 사람은 그 마음을 맑힌다. 그러면 서방세계를 찰나 사이에 눈앞에 볼 것이다[212]

무엇을 통해서든 모든 수행은 마음을 밝히는 일을 근본으로 삼는다. 각자 근기에 따라 차이는 있겠지만 염불이든 좌선이든 실천적 행동이든 간에 그 귀처는 똑같은 것이다. 그러나 분명 경봉은 대선사大禪師였고 선禪의 종지를 평생 근본으로 삼아 납자들을 제접하였기 때문에 오도 이후 모든 사상적 근원은 선으로 귀결되었다고 할 수 있다.[213] 그러므로 경봉의 사상적 조명은 화엄에서 출발하여 선禪으로 귀결시켜야 한다. 경봉은 다음과 같이 선과 수행을 정의하였다.

---

[212] 석명정(1975), 144쪽.
[213] 경봉의 선사상에 대해서는 보조의 영향을 많이 받았다고 알려져 있다. 경봉이 스스로도 그렇게 밝혔지만 경봉의 선시에서 보이는 경향들은 오히려 육조 혜능이나 唐代 선승들 특히 마조나 백장, 임제 등의 영향을 많이 받은 듯한 느낌이다. 앞으로 시문학을 통한 경봉의 사상 조명에도 연구가 진행되리라 본다.

무릇 선이란 마음 가운데 망상을 쉬고 眞性을 나타내는 공부이며, 몸 가운데 火氣를 내려가게 하고 水氣를 오르게 하는 방법이니, 망상을 쉬면 물기운이 오르고 물기운이 오르면 망상이 가라앉아 몸과 마음이 한결같으며 정신과 기운이 상쾌하여진다. 그러나 만약 망상을 쉬지 못하면 불기운이 항상 위로 솟아서 온 몸의 물기운을 태우고 정신의 광명을 덮는다.
(… 중략 …)
그러므로 좌선은 모든 망상을 제거하여 眞如의 本性을 나타내며 일체의 불기운을 내리고 청정한 물기운을 調和시켜 주는 것이다.[214]

경봉은 선禪을 일체의 망상을 쉬는 것이라 하고, 그 실천의 방법은 좌선이라 하였다. 이를 통해 얻을 수 있는 것은 일체를 조화할 수 있는 심성의 배양이라 말한다. 그러나 생각과 실천이 자기모순에 빠져버린 이 논리는, 모든 것을 텅 비워냈는데 다시 좌선을 통해 비워낸 것들과 조화를 이루어 내야 한다는 것이다. 이러한 경봉의 선에 대한 논지는 화엄의 논리에서 크게 벗어나지 않는, 즉 비움이 채움이고 채움이 비움과 다를 바 없는 것이다.

경봉의 사상을 논할 때 대부분은 회통을 거론하지만, 위에서 알 수 있듯이 사상적 근원은 화엄이다. 청년기 시절 화엄의 대중화에 힘쓴 노력들이 그것을 뒷받침하며 오도 이후의 행동들을 볼 때 결국 화엄에서 선으로 변이를 이루게 되며 보림을 통해 선의 근본 종지를 더욱 확고히 한 것이

---

[214] 석명정(1975), 413~414쪽.

다. 그러나 실천적 방법은 혜능의 영향을 받은 바 '무념無念'이나 '안심安心'을 근본 종지로 삼음을 여러 법문을 통해 밝히기도 하였다.

> 비가 와도 물은 고여 있지 않고 구름이 일어도 자취를 찾을 수 없고 바람이 불고 새가 노래하더라도 그 자취를 찾을 수 없는 것이다. 萬像이 모두 이러한데 무엇을 두려고 할 것이 있겠는가. 두려고 하여도 둘 것이 없고 감추려 해도 감출 곳이 없다. 만물이 다 이러하니 두려워하는 것도 망상이요 영원히 전하려 하는 것도 망상이다.[215]

경봉이 법어집에서 밝힌 수행의 실체이다. 생각을 일으켜 형상을 만들어 내는 일은 망상일 뿐이라고 하였다. 이는 '마음의 근원은 공적하다[本源空寂]'고 한 것과 '만약 세상 사람이 없다면 일체의 만상도 근원적으로 있을 수 없다[若無世人 一切法 元本不有]'[216]고 한 혜능의 핵심 사상들과 일맥상통한다. 그리고 "가고 오는데 도가 있고, 물건을 잡고 놓는 것이 선禪이다"[217]라고 하여 일상과 형상을 통해 도道와 선禪을 정의하였다. 여기에서 전제해야 할 것은 바로 모든 것을 놓아 버릴 줄 아는 용기이다. 그리고 자신의 업을 깨끗하게 닦은 후에라야 올바른 깨달음의 길에 첫발을 내디딜 수 있다는 것이다.

---

215 석명정(1975), 5쪽.
216 이은윤, 『육조 혜능평전』, 동아시아, 2004년, 143쪽.
217 석명정(1975), 19쪽.

산승의 주장자 끝의 소식이 매우 분명하다. 이것이 봄바람 모습도 아니요, 가을달의 정경도 아니니, 대중은 말후구를 아는가

撒手無依全體現　손을 놓아버려 의지할 게 없으니 전체가 드러나고
扁舟漁父宿蘆花　조각배의 어부는 갈대꽃 속에 자누나

세상 사람들은 매일 아침마다 세수하고 분을 바를 줄 알지만 마음속의 때는 닦을 줄 모른다. 거울에 때를 닦으면 광명이 나타난다.
(…하략…)
주장자로 법상을 한 번 치고 법상에서 내려오다.[218]

상당법문을 통해 모든 것을 놓아버려야 모든 것이 드러난다고 하였다. 형상에 쫓겨 업을 계속 쌓아가다 보면 결국 그 업이 일상의 당연한 결과라 여겨 존재조차 잊고 살게 된다. 그렇게 되면 더욱 깊은 어둠에서 살아가야하기 때문에 경봉은 지금이라도 말후구를 잘 알아차려서 대중들이 밝은 세상에서 맑은 거울을 보면서 살길 바라는 것이다.

問君圓覺在何山　그대에게 묻노니 圓覺이 어느 산에 있느냐
若得心空不遠間　만약 마음의 空을 얻었다면 멀지 않았다네[219]

218　"지난 일요일 양력 3일에 대웅전에서 법회를 개최하고 법사로 청하므로 법좌에 올라 다음과 같이 설교하다." -『三笑窟 日誌』, 115쪽.
219　'若'자 옆에 '了'자를 적어 두었다.

大道長安歸去客　큰 길 장안으로 돌아가는 나그네여

幾時擾亂幾時閒　얼마나 요란하고 얼마나 한가한가[220]

위의 시는 김종현^{金宗泫} 거사가 자신의 수행과 공부 상태를 시로 지어 보낸 것에 답한 것이다. 시를 통해 거사의 경지가 상당함을 알 수 있다. 경봉은 원각^{圓覺}의 진리와 공^空의 이치가 바로 눈앞에 있으니 쓸데없는 질문 말고 수행을 열심히 하라고 격려한다. '大道長安^{대도장안}'은 조주스님과 한 스님의 문답에서도 보인다.

한 스님이 물었다

"무엇이 道입니까?"

"담장 바깥이다"

"그것을 물은 것이 아닙니다."

"무슨 도를 물었느냐?"

"大道입니다."

"큰 길은 장안으로 통한다."[221]

조주는 평생 일상에서 도를 구했던 종문의 선지식이다. 조주의 눈에 보이는 '도^道'라는 진리의 근본자리는 눈에 보이는 길[道]과 다를 바가 없

---

[220] "天氣淸朗也九河兄主로부터金宗泫處에書送次韻也"-『日誌』, 1928년(37세) 2월 7일.

[221] "如何是道師云墻外底云不問者箇師云問什麼道云大道師云大道通長安" - 백련선서간행회, 『趙州錄』, 藏經閣, 1987년, 124쪽.

다. 그리고 '長安^{장안}'은 조주 시대의 번화한 도시 장안을 말함과 동시에 동음을 활용하여 '오래토록 평안한 것'을 뜻하여 대도^{大道}의 근본으로 드러내기 위한 것이다. 이는 초조 달마로부터 내려오는 안심법^{安心法}으로 명령되는 조계^{曹溪}의 상징적인 언어이다. 경봉은 조주의 이 법문을 차용하여 장안을 위해 열심히 정진하고 있는 수행자에게 '요란한가!', '한가한가!'를 물었다. 이것을 정확히 답할 줄 알아야 바른 길을 가는지, 아닌지를 알 수 있고 선지식으로서 올바른 방향을 제시하는 나침반 역할을 할 수 있는 것이다.

　선구^{禪句}나 선어^{禪語}의 활용과 후학 제접 방식에서 경봉의 선풍은 혜능과 조주를 많이 닮았다. 젊을 시절 때론 방과 할을 거침없이 퍼붓기도 했지만 대부분 인자한 선승의 이미지가 많이 드러나기 때문이다. 여러 법문과 서신, 그리고 게송 등에서 이러한 점들은 충분히 확인할 수 있다. 특히 일상의 모든 것을 선의 도구로 활용하였던 조주의 가풍은 더욱 뚜렷하게 나타난다.

　'도^道'를 통한 경봉의 경책구는 '로^路'를 통해서도 보인다. 음과 뜻에 있어 '길'이라는 이미지는 각각 근본으로 돌아가는 과정인 동시에 종착점이다. 즉, 수행에 있어서의 과정과 수행 끝에 드러나게 되는 결과를 내재하기도 한다. 다음의 시를 보자.

　　　　仙鶴高飛天萬里　　신선 같은 학 높이 천만리를 날아[222]
　　　　更隨明月入雲山　　다시 밝은 달을 따라 구름 산으로 들어가네

---

[222] '飛' 옆에 '登'을 적어놓았다.

誰知這個無窮理　누가 이 무궁한 도리를 알겠는가
　　觸處開通古路山　발길 닿는 곳에 옛 길 산으로 열려있네[223]

　공부의 깊이가 완성되지 않은 벽운당 학전碧雲堂 鶴田에게 주는 경책의 시이다. 눈에 보이는 하늘만이 아닌 그 공간에서 펼쳐지는 수많은 것들을 세세히 살필 줄 알아야 목적하는 산에 도달할 수 있다고 하였다. 그리고 도의 근본자리로 가는 길은 항상 모든 곳에 열려 있으니 정진하라고 한다.
　여기서 '古路고로'는 자성의 근본자리를 감싸고 있는 수많은 허물인 동시에 예부터 존재했던, 도에 이르기 위해 반드시 지나야 할 길이다. 수행의 과정을 대변한 '古路'는 경허의 시에 그 뜻이 정확하게 정의되어 있다. 경허의 시를 보자.

　　古路非動容　옛 길은 움직이는 것이 아니오
　　悄然事已違　쓸쓸해도 일은 이미 어긋나네
　　少林門下事　소림 문하의 일에
　　不意生是非　뜻하지 않게 시비가 생겼구나[224]

　경허는 '古路'에 대해서 일체의 분별이 없어야 이를 수 있다고 하면서 이는 소림문중에서 반드시 경계해야 할 시비의 문제라고 하였다. 경봉은 경허의 경계와 마찬가지로 소림문중의 종지를 잘 따르고 있다는 말이다.

---

[223] "天氣晴也 碧雲堂鶴田求偈故作一首曰…" -『日誌』, 1942년(51세) 7월 22일.
[224] 석명정 역주,『鏡虛集』, 극락호국선원, 1990년 11월, 176~177쪽.

경허나 경봉이나 『선문염송집』에서는 향엄 지한(香嚴 智閑)선사가 읊은 오도송225)에서 '古路(고로)'를 모든 순간순간 '一心不動(일심부동)'해야만 이를 수 있는 길이라고 말한 것과 상통하기도 한다.

경봉은 이처럼 소림문중의 일을 매우 중요시 하였고 또 찾아오는 수좌들에게 그 뜻을 전하려 노력하였다. 소림의 일은 무념을 근본으로, 혜능 이후 간화선 시대를 열기 시작하면서 선의 정통성 속에서 여래선과 조사선을 명확히 구분해 나아간다. 위의 진각 혜심이나 경허·경봉도 마찬가지로 이 기본적 진리의 틀 안에서 간화의 기봉을 드날리게 된다.

수좌 제접에 있어 경봉은 비단 조계(曹溪)의 법과 조사 공안에 머무르지 않는다. 화엄 종주답게 화엄의 논리를 통한 경책도 보이는데, 주청담(朱清潭)에게 보낸 게송은 화엄경의 게송을 그대로 인용하기도 하였다.

進止安徐如象王　나아가고 머무름을 잠시 쉬니 마치 象王같고
勇猛無畏猶獅子　용맹스러워 두려움 없기는 사자와 같네
不動如山智如海　산처럼 움직임 없고 지혜는 바다같아
亦如大雨除衆熱　큰 비 내리는 듯 중생의 열을 식혀주네

이 法語는 三世의 모든 부처님이 함께 하는 말씀이니 잘 믿어 받들어 실

---

225) "한 방에 알던 바를 잊어버리니 / 다시 가식적인 수행은 없네 / 찡그리며 옛 길에 오르니 / 고요한 기틀 사라지지 않네 / 곳곳에 흔적은 없고 / 소리와 빛 외의 위엄이로다 / 제방의 깨달은 이들이 / 모두 높고 높은 기틀이라 말하네(一擊忘所知 / 更不假修治 / 動容揚古路 / 不墮悄然機 / 處處無蹤迹 / 聲色外威儀 / 諸方達道者 / 咸言上上機)" -『선문염송·염송설화』권 15(동국역경원, 2005년) 참조.

행하라 하고 其心澄淸 慧月照潭 그 마음 맑고 맑아 지혜달이 못에 비추네 이렇게 적어 주다[226]

위 게송은 『華嚴經화엄경』 「明法品명법품」에 나오는 문답 게송이다. 「明法品」은 정진혜精進慧보살과 법혜法慧보살의 문답인데, "어찌하면 사자처럼 두려움 없고 행하는 일 청정하기를 보름달 같고 어떻게 부처 공덕 닦아 익히면 물 안 묻는 연꽃과 같사오리까?(云何無畏如師子 所行淸淨如滿月 云何修習佛功德 猶如蓮華不着水)"[227]라는 질문에 답한 것이다. 이 게송의 내용처럼 경봉은 청담이 정진을 열심히 하여서 편안함과 용맹함을 얻고 산과 바다처럼 어질고 지혜로워져서 이러한 선기로 중생의 어리석은 번뇌의 열을 식혀 줄 수 있는 수행자가 되기를 바라고 있다. 앞의 시에서 무념을 강조하여 달마 이래 무심선의 종풍을 내보였고 여기에서는 화엄게송을 인용하여 화엄의 이해와 선의 증득이 둘이 아님을 밝히고 있는 것이다.

이처럼 오도 이후 경봉의 선은 전통 간화선과 화엄선을 아우르고 있음을 알 수 있다. 이를 몸소 체험한 경봉의 입장에서 화엄과 선이 수행에 있어 큰 차이가 없음을 내보인 것으로, 경봉선이 상대의 근기에 따라 다양하게 펼쳐졌음을 알 수 있는 방증이다. 그러나 시간이 지날수록 경봉의 선풍은 조계의 전통 선종과 간화선에 더욱 치우치게 된다.

---

226 "天氣淸朗也朱淸潭兄弟에修行을勸하고日進止安徐如象王勇猛無畏猶獅子不動如山智如海亦如大雨除衆熱此法語는三世諸佛同說이니信受實行하라하고又其心澄淸 慧月照潭云之하니라." -『日誌』, 1928년(37세), 2월 18일.

227 『大方廣佛華嚴經綱要卷第十八』, 「明法品第十八」, CBETA 漢文大藏經.

경봉선의 진면목은 1930년 이후 40세 전후부터 본격적으로 조계의 적자를 자처하듯 '무심무념'의 종지와 '간화'를 기본으로 후학들을 제접하기 시작한다. 이 시기부터 본격적으로 '일심一心'이나 '심성心性' 228)에 대한 논리들이 언급되기 시작하면서 경봉 선풍이 정립되기 시작한다.

> 處夢謂經年　꿈에서는 시간이 지났다고 말하지만
> 覺乃須臾頃　깨어나면 잠깐사이라
> 故時雖無量　그러므로 시간이 비록 끝이 없어도
> 攝在一刹那　잡고 보면 한 순간이라.229)

『大乘起信論 대승기신론』에 나오는 게송으로, 깨닫고 보면 모든 시간들이 찰나일 뿐이라고 하였다. '깨달았다'라는 것은 곧 여래의 지혜를 갖추는 일인데 경봉은 게송의 서두에 이렇게 적어 두었다.

> 성품은 진리를 지키지 않고 여러 기틀을 따르나 한 마음으로 항상 고요하고, 인연은 근본을 잃지 않고 적멸에 순응해서 만류가 번성한다(性不守眞應群機而一心常寂緣不失宗順寂滅而萬類繁興)

228　경봉은 心性詩(『日誌』, 1946년 9월 9일 참조)에서 '내다 남이다 하는 心性은 두 몸이 아닌데 / 허망한 인연 때문에 모든 곳에 친함과 먼 것이 있네…(人我心性不二身 / 妄緣諸處有踈親…)'라 하여 집착과 망념이 동반된 심성은 일심과는 거리가 멀다고 하였다.

229　"天氣晴也本山佛誕辰日觀燈佛事勸善次로金龍惺和尙과午前九時에發程하야梁山敎堂點心而馬山府布敎堂에到着也…"-『日誌』, 1930년(39세) 3월 26일.

앞의 게송과 글을 통해 찰나를 정확하게 관조해야 함을 강조하였고 본성의 근본자리를 바로 볼 수 있는 길을 제시하였다. 화엄에서 '일심一心'은 법계를 구성하는데 있어 가장 중심이 된다. 즉, 성품의 일심은 곧 연기의 틀 안에서 재구되는, 화엄법계에 있어 가장 기본적인 중심체계이기 때문이다. 경봉은 이러한 성품의 출발점에 '고요'와 '순응'을 명시하였다. 그리고 차차 본성의 고요함을 간화선으로, 순응을 평상심으로 정립하게 된다.

경봉은 45세 이후인 1930년대 중반부터 많은 사람들과 서신 교류를 하면서 게송을 통해 선정의 중요성과 본격적인 간화선 진작에 힘을 쏟는다. 이는 오도와 보림을 통한 자신감과 한암·용성 등의 선지식을 통해 얻은 확신이 밑거름이 되었다. 특히, 선지식에 대한 중요성은 경봉선의 확립에 매우 큰 영향을 미쳤다.

立志如山決定期　뜻 세우기를 산 같이 하고 시기를 결정하여
尋師擇友拶將來　스승 찾고 벗 가리기를 애쓰면 찾게 된다네
懸崖撒手翻身轉　아득한 벼랑에서 손 놓고 몸을 뒤집어 돌리면
徹底通身正眼開　철저히 몸을 통하고 바른 눈이 열리리라[230]

경봉이 추구하고자 했던 수행에 대한 방법과 과정은 첫째, 자신의 뜻을 분명히 세우는 것이다. 이러한 의지가 없으면 산 정상에 오를 수 없다

---

[230] "…蔚山邑辛丑生卞東祚(堂號法雲)五戒法門說하여주고偈文曰…" -『日誌』, 1942년(51세) 5월 9일.

고 하였다. 정상은 수행의 최종 목적지인 진아의 발견을 의미한다. 둘째, 훌륭한 스승과 도반을 만나는 것이다. 자신의 아집을 떼내어 줄 수 있는 이가 바로 스승과 도반의 존재이다. 셋째는 처절한 정진이다. 현애철수 懸崖撒手의 심정으로 나서지 않는다면 결코 도를 이룰 수 없음을 분명히 말 하였다. 수좌에게 있어 이 세 가지 조건이 갖추어 진다면 자연스레 혜안 이 열릴 것이라 하였다.

이처럼 경봉은 찾아오는 이들의 근기에 맞게 선의 요체를 드러내었고 물음에 우물쭈물하는 수좌가 있으면 방·할로 내려치기도 하였다.[231] 이 러한 경봉의 가풍에 대해 울산 오봉사五峰寺 김운택金雲澤은 다음과 같은 평 을 하였다.

…(상략)…
安心有度雲門興　마음 편히 하는 법도는 운문의 흥취요
遇物無情雪竇風　사물을 대함에 집착 없음은 설두의 가풍이라
鳴鳥尋春春自去　새 울어 봄을 찾으니 봄은 스스로 가고
垂楊掃地地元空　버들가지 드리워 땅을 쓰나 땅은 원래 텅 비었네
庭前柏樹何時友　뜰 앞 잣나무를 어느 때 벗 하겠는가
蘿月山窓劫外通　넝쿨 달 산창은 겁 밖에 통하네[232]

231　『日誌』, 1930년(39세) 11월 9일자에 보면 朴英讚 首座가 梵魚寺에서 開心한 頌 句를 경봉에게 내보이자 "한없는 묘한 이치를 일시에 꿰뚫었는가"라고 물었는데 머 뭇거리자 한바탕 때렸다는 이야기가 기록되어 있다.
232　『日誌』, 1942년(51세) 7월 29일.

경봉을 당·송대의 선지식이었던 운문 문언(864~949)[233]과 설두 중현(980~1052)[234]에 비유하였다. 설두 또한 운문종의 스님이었기 때문에 결국 김운택金雲澤의 시각에서 경봉의 가풍이 운문雲門과 많이 닮았다고 한 것이다. 운문은 임제臨濟나 덕산德山처럼 과격하거나 파격적이지 않고 조주처럼 온화한 성격으로, 납자들을 제접함에 있어 매우 자상하고 선기가 발랄하였다.

김운택은 위 시를 통해 경봉에 대한 존경과 함께 자신의 간화수행에 대한 진전이 없음을 한탄하기도 하였다. 이에 경봉은 답시를 통해 서신을 주고받으며 도를 논할 수 있는 지음이 생긴 것에 기뻐하면서, "…잣나무 신령한 가지 멀리 있지 않으니 / 벼랑에서 손 놓아버리면 그 자리에서 통하리…"[235]라 하였다. 간절함으로 처절하게 수행을 하라는 경봉의 경책과 수행관을 고스란히 담아낸 것이다. 그러나 이러한 문답들은 상대의 근기에 따른 맞춤형 경책이기 때문에 포괄적인 가풍을 이해하는 데는

---

[233] 당나라 말기의 승려. 중국 禪宗五家의 하나로, 당나라 말에서 北宋代에 걸쳐 성행한 雲門宗의 개조이다. 雪峰義存에게 참선하여 인가를 얻은 다음, 雲門山에 光泰禪院을 창건하고 禪風을 선양했기 때문에 운문이란 이름이 붙었다. 운문의 宗風은 준엄하고 禪氣가 발달하여 많은 修禪者가 모여들었다고 하는데, 德山緣密과 洞山守初의 고승이 나왔다. 스님의 어구를 기록한 것이『雲門匡眞禪師廣錄』인데, 용어가 간결하고 어구가 참신한 것으로 유명하다 -『중국역대불교인명사전』

[234] 선종의 일파인 雲門宗의 승려. 자는 隱之고, 호는 明覺이며, 雪寶 重顯이라고도 한다. 중현은 이름이고, 설두는 거주지인 산 이름을 딴 것이다. 俗姓은 李씨다. 부모를 여의고 어렸을 때 출가하여, 처음에는 成都普安院의 仁銑과 智門光祚에게 사사했다. 시문이 뛰어나『雪寶七部集』이라는 저술이 알려져 있다. 그 밖의 저서로『雪寶頌古』와『祖英集』,『語錄』등이 있다. -『중국역대불교인명사전』참고.

[235] "天氣晴也蔚山下廂面五峰寺金雲澤處來詩曰…栢樹靈枝非遠在 / 懸崖撒手眼前通…" -『日誌』, 1942년(51세) 7월 29일.

부족함이 있다. 그래서 수행자의 안처^{安處}인 안거^{安居}의 결^結·해제^{解制}때 읊은 시를 통해 더 깊이 살펴볼 수 있으리라 본다.

안거²³⁶⁾는 결제와 해제의 반복을 통해 집중 수행을 하고, 때에 맞춰 시^詩를 지어 수행의 격려와 점검을 각각하게 된다. 하안거와 동안거로 진행되는 안거는 선수행자들에게 있어 매우 중요한 시기이며 각 집안의 가풍에 따라 수행자들을 이끄는 수장들의 개성들이 안거시를 통해 드러나게 된다.

妙法無形不可名　묘한 법은 형상도 없으며 이름도 불가하며
隨緣諸處萬船成　인연따라 어디서든 가득 이룬다네²³⁷⁾
頭頭物物眞如體　만물은 진여의 실체요
水水山山太古情　물마다 산마다 태고의 정일세
行旅途中多別異　행각 중에는 별다른 것 많았는데
歸鄕家裡本齊平　고향집에 돌아오니 본래가 그대로 태평일세
此時若問西來意　이때 만약 조사가 서쪽에서 온 뜻 묻는다면²³⁸⁾

236　부처님 당시 장마철에 안거제도가 설정되어 있지 않았으므로, 제자들은 비가 오는데도 돋아나는 풀을 밟으며 도를 닦은 이들이 풀의 성장을 해치고 곤충을 죽이면서까지 수행을 해야 하는가에 대한 불평에 부처님 당시 안거제도를 정하였다. "제자들이여, 장마철에는 한 곳에 머물러 안거하도록 하라. 안거에는 전안거(前安居)와 후안거(後安居)를 둔다…"라고 되어 있다. - 불교성전편찬회,『불교성전』, 문예마당, 2008년, 225쪽.
237　當으로 했다가 諸로 수정하였다.
238　解로 했다가 此로 바꾸었다.

栢樹庭前霹靂聲　　뜰 앞에 잣나무라 벽력같이 소리치리라[239]
　　○ 光

　　위 시는 1929년(37세) 하안거 해제날에 읊은 시이다. 앞서 경책의 시에서도 그랬듯이 경봉의 초창기 수행관은 교와 선을 겸하는 것이었다. 특히 화엄 사상은 경봉선의 큰 틀을 확립하였다. 그런데 위 시에서는 『법화경』의 핵심사상인 '회삼귀일사상會三歸一思想'을 드러내었다. 이 사상은 일만 사천 법문의 부처님 설법이 하나의 깨달음을 위한 방편일 뿐 결국은 하나의 사상으로 귀결된다는 것이다. 그리고 하나의 사상은 누구나 접근할 수 있음을 천명하고 있다.[240] 즉, 누구나 부처가 될 수 있다는 말이다. 시에서 언급한 '만선성萬船成'이 뜻하는 바가 바로 그러한 것이다. 또한 부처의 일대설교一代說敎가 묘법妙法임으로, 이는 공간과 시간의 변화 속에서도 변하지 않는 진리의 실체이며 태평한 그대로의 가감 없는 모습이다.

　　경봉은 진리의 실체조차도 산산조각 내어버리는 선의 무한한 가능성에 주목하였다. 교敎의 실체를 선의 논리로 파괴해 버리는 수좌의 모습은 경봉의 삶 속에서 만들어 나가던 가풍의 형성과정이라 볼 수 있다.

　　위 시는 가뭄과 비·정진과 벽력성霹靂聲이 잘 어우러진, 수좌들에게 전하는 사자후이자 『日誌일지』에 등장하는 첫 안거시安居詩이다. 이 시를 지을 당시 두 달 동안 가뭄이 계속되다가 마침 비가 내렸고 이로 인해 산과 들판에 인심人心이 넘친다고 하였다. 경봉은 처절한 정진으로 모두 한소식을

239　"天氣雨來也今年旱魃이라二个月동안旱灾之陸에喜雨降下하니山野間人心大喜하더라. 禪院誰某禪師與同吟解制詩曰…" -『日誌』, 1929년(37세) 8월 15일.
240　『한국민족문화대백과사전』 [法華思想] 참조.

해서 고향집에서 느끼는 안락함을 맛보라고 수좌들에게 경책하고 있다.

叢林禪榻半開門　총림 선상에 앉아 문을 반쯤 여니[241]
活水聲聲得自源　흐르는 물소리 스스로 근원을 찾네
願與衆生同苦樂　원컨데 중생과 함께 고락을 같이 하리라
心空諸法絶談論　마음 공하니 모든 법은 말을 끊네
風和雲影歸香苑　바람은 구름 그림자와 함께
　　　　　　　　 향기나는 정원으로 돌아오고
月帶秋光滿畵軒　달은 가을 빛 두르고 그림 같은 집에 가득하네[242]
可笑九旬何事最　우습구나 세달 동안 어떤 일이 최고인가
渴茶困睡默無言　목마르면 차 마시고 피곤하면 잠자며
　　　　　　　　 묵언하는 것이라네[243]

1947년(56세) 하안거 해제 때에 기록한 시이다. 위 시를 통해 50대 이후에 접어들면서 경봉의 가풍이 확실히 정립되어져 감을 알 수 있는데, 선시에서 보이는 시각적이고 청각적인 자연적 요소들과 이를 통한 진리의 반문들이 결국 평상심으로 귀결된다는 점을 강조하였다. 경봉은 이 안거시를 시작으로 교(敎)의 흔적을 지워내고 선의 요체만을 온전히 그려내기

241　'此日'을 '禪榻'으로 바꾸었다.
242　'古'를 '畵'로 바꾸었다. 『三笑窟 日誌』에는 '古'자를 그대로 썼다.
243　'乎言'으로 썼다가 '次言'으로 바꾸었는데 이 끝 두 글자에 스님의 고민을 엿볼 수 있다. 여러 번 연필로 수정을 한 흔적이 보이는데, '言'뒤에다가 조그맣게 '無言'으로 적어두었다. 최종 시구는 '무언'이 맞는 듯해서 이것으로 옮긴다. / "天氣細雨也 解制韻如左…"-『日誌』, 1947년(56세) 7월 30일.

시작하였다.

이처럼 경봉의 가풍은 오도 이후 선교겸수禪教兼修를 표방하면서 조금씩 조계의 근본종지인 무념무심無念無心과 간화선看話禪으로 정립되어 간다. 결국 본성의 성찰은 무심을 근본으로 하고 화두를 방편으로 삼은 것이다. 그리고 경봉의 후학들에 대한 경책과 제접은 직접적 교류와 안거시 등을 통해 간접적으로 수행에 대한 방향을 제시하였고 당대 선승들이 방棒과 할喝, 주장자를 사용하거나 일상의 일구一句로 후학들을 제접하였듯이 경봉 또한 묻는 이들의 근기에 맞게 경책을 하였다. 특히, 시詩를 통해 상대를 점검하고 경책한 것은 근대 한국 불교에서 매우 드문 경봉만의 가풍 중의 하나라 할 수 있다.

3) 석정을 통해 본 후학 제접

경봉은 젊은 시절 꿈에서까지 경허선사를 동경하였다. 특히, 덕숭문중에 대한 막연한 동경은 일기 곳곳에서 찾아볼 수 있다. 그러나 경봉 또한 60세를 넘긴 1950년대 이후 수많은 납자들과 수좌들에게 존경받는 종단의 큰 스승이 되어 있었다. 인자하면서도 전광석화 같은 선기를 드러내며 운문과 조주처럼 온화한, 때로는 임제와 덕산처럼 자유자재하였다. 수많은 후학들이 서간을 통해. 혹은 시를 통해 본래면목을 알고자 하였고 또는 직접 문하에 와서 지도를 받기도 하였다. 그렇기 때문에 경봉의 주석처였던 극락암은 항상 수행자들의 발걸음이 끊이지 않았다고 한다.

이렇게 많은 수좌들 중에 해봉 석정海峰 石鼎은 가까이에서 평생 경봉을 흠모하며 함께 법담을 즐기고 시詩를 논하였던 인물 중 하나다. 물론 경봉의 법손이나 영향을 받은 많은 수좌들이 있지만 석정은 선의 요체나 시에 관한 문답 속에서 항상 경봉을 흡족하게 하였고 자신 또한 문집을 통해 경봉에 대한 무한한 존경을 드러내었다.

석정은 1928년 강원도 고성에서 출생, 1940년 순천 송광사에서 석두石頭를 은사로 득도得度하였다. 불모佛母 일섭日燮에게 불화佛畵를 사사師事하였다. 1947년 3월 가야산 해인사에서 가행정진하면서 석정石鼎으로 개명하게 된다. 표충사 주지와 통도사 경남 포교당의 주지 직을 역임하고 1992년 국가지정 중요무형문화재 48호 단청장으로 지정되었다. 평생을 불모로서 불화 및 단청을 조성하는 데 일생을 바치며 살다가 2012년 12월 20일 좌탈坐脫하게 된다. [244]

석정은 어린 시절부터 경봉에 관해 많은 이야기를 들었고 본격적인 인연은 자신의 은사이자 부친인 석두가 열반할 당시 경봉이 지은 조시弔詩를 보면서 느낀 바가 컸다고 한다. 그 뒤로 자주 친견하였고 극락선원에서 한 철을 모시면서 정신적으로 깊은 지도를 받았다고도 전해진다. [245] 석정은 선시禪詩나 서문序文・비문碑文・기문記文 등 다양한 글을 많이 지었는데 특히 시에 있어서는 경봉이 칭찬할 정도로 뛰어났다고 한다. [246]

---

[244] 『石鼎集』(석정집간행회, 성보문화재연구원, 2001년)을 참고하여 정리하였다.
[245] 鏡峰 大禪師禪墨『鏡峰』序 중에서 - 석정집간행회(2001), 42쪽.
[246] "석정 스님은 평생을 진실한 믿음과 고결한 발원으로 佛畵三昧에 遊戱하셨으며, 禪定三昧 禪畵 一如의 경지에서 격식을 초월한 무분별의 붓으로 佛祖를 그리셨으며, 三藏을 관철하는 혜안을 갖추시고 인연에 부응하여 禪詩와 序文, 碑文, 記文 등 다양한 글을 지으셨으니 이 모두가 佛法門中의 無價寶珠여서 수행자들의 안목을 열어줍니다…" - 석정집간행회(2001), 6쪽.

경봉은 1957년(66세) 9월 17일 『日誌일지』에 석정의 시를 적어두면서 석정을 처음으로 거론하게 된다.

秋水長天	가을 물 넓은 하늘에
上下圓融	상하가 원융하고
一色蘆花	한 빛 갈대꽃엔
明月往來	명월이 왕래하네
時兮景兮	시절이여 풍경이여
是外何奇	이 밖에 어떤 것이 기이한가
萬古眞消息	만고의 참된 소식은
石鼎一椀茶	석정의 차 한 잔 일세[247]
喝	악!

석정의 서첩에 기록되어 있던 시이다. 석정은 1956년 4월부터 2년간 김해 포교당 주지를 맡게 된다. 그리고 1957년에는 자신을 아껴주던 노보살의 죽음을 49일 동안 애도한 적이 있었는데 이때 석정의 요청으로 경봉이 증명법사를 맡는다. 이런 연유로 김해포교당을 방문한 경봉에게 자신의 서첩을 보여준 듯하다. 경봉은 서첩을 보며 그 속에 기록된 석정의 시를 보고 느낀 바가 있어 통도사로 돌아와 그 내용을 『日誌』에 옮긴 것으로 보인다. 시 속에는 시간과 공간을 뛰어넘은 석정의 자오자득한 소

---

[247] 『日誌』, 1957년(66세) 9월 17일.

식이 그대로 드러난다.[248] 그만큼 경봉을 흡족하게 만든 시였음은 분명하다.

한 달 뒤인 1957년(66세) 10월 13일, 경봉은 김해 포교당에 법화경과 유마경 설법을 하게 된다. 이때 경봉은 석정에게 시 한 수를 전한다.

贈 海峰 石鼎 禪子 해봉 석정 선자에게 주다

萬水千江盡入海	온갖 물과 강은 전부 바다로 흘러가고
群山總付須彌峰	산들은 모두 수미산에 부속되네
海是法海	바다는 법의 바다요
峰是道峰	봉우리는 도의 봉우리라
海兮峰兮	바다여 봉우리여
是者海耶	이것이 바다인가
是者峰耶	이것이 봉우리인가
者麽者麽	누구인고 누구인고
石鼎乾坤水	돌솥에 하늘과 땅의 물로
盡成一一椀茶	모두 한 잔 차를 다리니
喫茶喫茶	차나 마시게! 차나 마시게![249]

경봉은 자신의 진체를 이분법적 사고가 아닌 찰나의 연속성을 꿰뚫어

---

[248] 석정은 1966년 39세의 나이에 寒溪庵 토굴에서 한 소식을 하게 되는데 그 이전까지도 수행의 경지가 상당하였음을 위 시를 통해 알 수 있다.
[249] 『日誌』, 1957년(66세) 10월 13일.

정확히 알아차려야만 하늘과 땅의 물을 모두 담아낼 수 있는 큰 그릇이 될 거라고 하였다. 그리고 후학을 위해 친절하게 부연 설명을 붙였다. 법명인 '석정石鼎'과 법호인 '해봉海峰'을 들어 어느 이름이 진정한 주인공의 이름인가를 알아차려야 하며 그 방법으로 '자마자마著麽著麽'를 통해 끊임없이 자신을 반조하라고 하였다. 선사禪師가 던지는 화두이자 수행의 독려이다. 이는 진아眞我에게 붙여진 법명이나 법호의 주체를 정확히 알아차리기 위한 방편으로 간화선의 전형적인 수행방법이다. 이렇게 시를 통해 큰 가르침을 받은 석정은 다음의 시로 화답을 한다.

海峰 石鼎에게서 詩가 오다.

聞師活眼已多年　스님의 살아있는 눈빛을 들은지 오래인데
三見始成劫外緣　세 번 뵙고 비로소 겁외 인연 이루었습니다
終日忘機相對坐　종일 속세의 일 잊고 마주앉아 좌선하니
一輪明月上東天　한바퀴 밝은 달 동천에 떠오릅니다[250]
石鼎

석정은 평소 막연히 동경만 해왔던 당대 선지식과 인연을 맺게 된 것과 시를 보내 격려까지 해준 것에 대해 기쁨을 감추지 못하는 모습이다.
　위의 시를 통해 석정은 좌선의 형식적인 틀이 아닌 일상의 모든 일 속에서 진정한 좌선을 즐기고 있다고 하였다. 선가에서 '일륜一輪'은 한 덩이 붉

---

[250] 『日誌』, 1957년(66세) 10월 13일.

은 해와 달의 형체를 묘사하기도 하고 때로는 한 송이 꽃을 상징하기도 한다. 뜨고 지는 해와 달, 피고 지는 꽃을 상징하여 일상적 절대 진리를 논할 때 사용된다. 석정은 좌선을 통해 일상의 진리를 체득하고자 행주좌와 行住坐臥 · 어묵동정 語默動靜 에 열심히 수행하고 있는 자신의 모습을 그려낸 것이다. 이 문답시를 계기로 석정은 경봉을 더욱 존경하게 되었고 경봉 문하에서 안거 安居 를 나면서 선 禪 에 대한 지도를 본격적으로 받게 된다.

이후 1958년(67세) 6월, 통도사 극락암에 모셔져 있는 山靈幀畵 산령탱화 를 보면서 경봉과 석정이 직접 대면하여 문답하는 일이 있었다.

> 경봉 : 산신은 다섯 가지의 신통과 다섯 가지의 힘이 있는데 부채는 어디다 쓰며 또 사철 부채를 들고 있으니 사철에 부채를 어찌 쓰는가?
> 석정 : 봄날에 부채를 부치면 온갖 꽃 다투어 피고
> 가을에 부채를 부치면 온갖 나무에 낙엽 떨어지고
> 여름에 부채를 부치면 구름오고 비 내리며
> 겨울에 부채를 부치면 서리끼고 눈 옵니다[251]

경봉은 탱화 속 부채를 현실로 끄집어내어 후학의 공부를 시험하였다. 이에 석정은 망설임 없이 시어를 통해 자신의 선기 禪機 를 유감없이 발휘하게 된다. 실재하지 않는 부채의 이러한 활용은 『碧巖錄 벽암록 』91칙 염관 鹽官 의 무소뿔 부채에 관한 이야기에서도 찾아 볼 수 있다.

---

[251] "春日動扇百花爭發 / 秋日動扇萬樹葉落 / 夏日動扇能雲能雨 / 冬日動扇能霜能雪"-『日誌』, 1958년(67세), 6월 17일(이 내용은『석정집』에도 기록되어 있다)

염관스님이 하루는 시자를 불러 말했다.

"무소뿔 부채(犀牛扇)를 가져오너라!"

"부채가 다 부서져버렸습니다."

"부채가 부서졌다면 나에게 무소를 되돌려다오."

시자는 아무런 대꾸가 없었다.

투자(投子)스님은 말하였다.

"사양치 않고 가져다 드리겠습니다만 뿔이 온전치 못할까 염려스럽습니다.

설두스님이 이에 염(拈)하였다.

"나는 온전치 못한 뿔을 필요로 한다."

석상(石霜)스님은 말씀하셨다.

"스님에게 되돌려 줄 것은 없다."

설두스님이 이를 염(拈)하셨다.

"무소는 아직 그대로 있네"

자복(資福)스님은 일원상(一圓相)을 그리고서 그 가운데 소 우(牛)자 한 자를 썼다.

설두스님은 이를 염(拈)하였다.

"조금 전엔 무엇 때문에 가지고 나오지 않았느냐?"

보복(保福)스님께서 말씀하셨다.

"스님께서는 춘추가 높으시니 따로이 사람에게 청하는 것이 좋겠습니다."

설두스님은 이를 염(拈)하셨다.

"고생을 했지만 공로가 없는 것이 안타깝다."[252]

---

252 백련선서간행회, 『碧巖錄』, 藏經閣, 1993년, 159~160쪽.

경봉과 석정의 대화에서 나온 부채나, 염관과 스님들이 나눈 부채나 정작 존재하지 않는 부채들이다. 경봉의 부채는 그림 속의 부채요, 염관의 부채는 벌써 부러져 없어진지 오래인 부채이다. 그러나 두 대화에서 공통적으로 전달하고자 하는 것은 부채질하지 않고는 그 시원함을 알 수 없듯이 견성 또한 직접 수행을 통해 체득해야만 알 수 있다는 것이다. 수행하는 과정이야말로 부채의 바람을 직접 느껴 볼 수 있는 유일한 방법임을 말하고 있다. 염관의 질문에 어리석은 시자와는 달리 투자投子·설두雪竇·석상石霜·자복資福·보복保福은 한마디씩 본래면목의 일체를 드러내었다. 석정 또한 마찬가지이다.

이들의 시적 교류는 경봉의 말년에 더욱 잦아지는데, 경봉이 석정의 시에 차운한 시[253]를 보자.

古寺靈區難可尋　옛 절 신령스러운 곳 찾기 어려운데
山重水複又雲陰　산과 물 겹겹에 구름까지 드리웠네
忘軀回祿公誠大　몸을 잊고 희생한 그대의 큰 정성과
忍苦竣功感激深　괴로움 견뎌 완성하니 감격스럽구나
畫閣幽香生淨域　그림같은 누각 그윽한 향기 절 안에 피어나고

---

[253] 原韻은 〈智異山 大原寺〉라는 제목으로 『석정집』에도 전하는데 다음과 같다. "나의 도의 큰 근원 어디서 찾을까 / 연기 조사의 흔적 소나무 그늘에 넘치네 / 탑은 봉우리 그림자 거둬 구름 밖에 매달리고 / 종소리는 물소리와 함께 깊은 산골짜기를 나서네 / 꽃이 피니 부처님의 본래 모습이요 / 달이 밝으니 선승의 마음이네 / 법을 위해 몸을 헌신한 힘 아니었으면 / 어찌 산승의 뜻이 이 詩로 드러나겠는가!(吾道大源何處尋 / 緣師遺跡溢松蔭 / 塔收峰影懸雲外 / 鍾伴溪聲出洞深 / 花發慈尊眞面目 / 月明禪子一般心 / 若非爲法忘軀力 / 豈意山僧到此吟)"

清溪皓月照禪心　　맑은 냇물과 흰 달은 禪心을 비추네
祖師家道無多事　　조사 가풍에서 도는 일이 많이 없으며
勘破玄機總法吟　　묘한 이치 알아차리면 모두가 법의 소리라네[254]

　　석정이 지리산 대원사를 방문하고 느끼는 바가 있어 지은 시를 경봉이 차운하였다. 대원사는 신라 진흥왕 때 연기緣起가 창건한 절로 폐사와 소실, 중창을 반복하다가 1955년 법일法一이 다시 중창한 뒤 비구니선원比丘尼禪院을 개설하여 오늘에 이르고 있다. 원운시原韻詩든 경봉의 시든 둘 다 대원사의 현재 모습에 대한 경이로움과 현재의 모습을 있게 한 선조들에 대한 존경을 표하고 있다.

　　석정이 왜 하필 대원사 낙성운을 경봉과 공유하고자 했는지는 알 수 없지만 경봉은 당대의 선지식이었고 대원사는 비구니 3대 선원으로 이름을 날린 선방이었기 때문에 '선禪'을 통한 교집합이 있었을 것이라 본다. 이 외에도 〈載藥山 寒溪庵재약산 한계암〉[255]을 주제로 서로 운자를 함께 하여 지은 시들도 전한다. 이러한 시적 교류는 경봉의 입장에서는 시를 논할 수 있는 후학後學을 만난 것에 대한 기쁨이며, 석정의 입장에서는 자신의 수행은 물론이고 시적 역량을 향상시킬 수 있는 기회가 되었다.

254　『日誌』, 1963년(72세) 8월 20일.
255　"기암과 상서로운 풀, 구름 같은 암자 / 꽃과 달, 물과 빛 푸른 허공의 그림인 듯 / 만고가풍 그 무한한 풍경은 / 완연히 재약산중에만 있네 - 원광(奇庵瑞草雲庵子 / 花月水光畵碧空 / 萬古家風無限景 / 完如只在藥山中 圓光)", "금강폭포 위의 금강굴은 / 반은 암자 곳곳에, 반은 허공에 걸려 있네 / 시비와 고락의 인간사여 / 청산녹수 가운데 한 웃음이라 - 석정(金剛瀑上金剛窟 / 半掛層巖半掛空 / 是非苦樂人間事 / 一笑青山綠水中 石鼎)"-『日誌』, 1968년(77세) 8월 17일.

석정은 경봉에게 시적으로 많은 영향과 가르침을 받게 된다. 석정의 시에 경봉이 평을 하고 교정을 봐준 일이 그러한 예이다.

活眼圓音　살아있는 눈, 자상한 음성은
萬古眞容　만고의 참 모습이요
行棒行喝　방을 쓰고 할을 하니
人天歸宗　모든 사람들이 귀의하네
靑山紫陌　푸른 산과 저자거리에
水月無踪　물과 달의 자취는 없고
劫外春色　겁 밖의 봄빛에
花開五峰　꽃이 피니 다섯 봉우리로다.256)

석정이 자신의 부친이자 은사였던 석두의 영찬을 지어 경봉에게 보였는데 경봉이 '古佛眞容고불진용'을 '萬古眞容만고진용'으로 '水月有踪수월유종'을 '水月無踪수월무종'으로 교정해 주었다. 당대의 선지식이었던 석두선사의 영찬에 맞게 '고불古佛'이라는 추상적이고 한정적인 단어보다 세상만물과 석두의 진체가 동일했음을 표현하여 금강산 도인의 위상에 걸맞게 '萬古만고'를 써서 세상 그대로가 곧 부처요, 부처가 곧 석두임을 드러낸 것이다. 그리고 금강산에서 유유자적하였던 도인으로서 그 흔적이 열반 후에도 남게 된다면 선승으로서 깨달음과는 거리가 멀기 때문에 깨달음의 상징인 수월水月의 흔적마저 지워내고자 '무無'자를 넣은 것이다.

---

256)　"海峰 石鼎 師가 자기 스님 石頭 禪師의 影讚을 지었는데 내가 三字를 校正하여 주었다…" -『日誌』, 1966년(75세) 7월 30일.

한편, 석정은 시^{詩}는 물론이고 선^{禪}의 요체까지 지도받으면서 선^{禪}적으로도 큰 성장을 하게 되는데, 석정이 재약산 한계토굴에서 수행 중일 때 경봉과 주고받은 시257)를 살펴보자.

   竹骨紙身雪滿襟　대나무 뼈에 종이 몸, 눈 가득한 깃
   能翻酷暑作淸陰　한번 부치면 더위에 시원한 그늘 생깁니다
   休云此物元無價　이 물건 원래 값이 없다 말하지 마십시오
   遠表不忘一片心　멀리서 일편단심 잊지 않는다는 표시입니다.
  海峰　石鼎

이 시를 통해 석정의 시에 대한 시각과 감각이 얼마나 뛰어난지 알 수 있다. 하얀 종이를 눈에 비유하여 한번 부치면 더위가 사라질 것이라 말하며, 경봉이 이 부채를 통해 올 여름을 무난히 잘 보내기를 바라는 마음이 시 전체에서 느껴진다. 특히 '一片心^{일편단심}'을 통해 경봉에 대한 존경심을 그대로 드러내었다.

  回笑
  藥山風子到禪襟　약산의 바람 나에게 이르니
  快活精神複冷陰　쾌활한 정신 다시 시원해지네
  紙竹合成形似同　종이와 대가 합해져 모습이 비슷한데

257　이 부채는 현재 통도사 극락암에 보관되어있으며 경봉스님 열반 30주기 특별전 도록을 통해 소개되기도 하였다.

時時揚現古情心　　때때로 흔드니 옛 정 나타나네)[258]

圓光

경봉은 석정이 보낸 부채를 받아들고 매우 흡족해 하였음을 알 수 있다. 게다가 시는 여름 더위를 한 번에 날릴 만큼 기발하다. 또한 자신을 걱정해주는 후학의 마음씨에 미소가 입에서 떠나질 않았다. 이는 경봉이 지은 평생의 답시들 중에 유일하게 '回笑(회소)'라 적은 것에서 짐작할 수 있다. 경봉은 부채와 시를 받아들고 즐겁게 웃으면서 답시를 적었다. 시에서는 부채 덕에 여름날 더위와 싸우며 정진하는 자신에게 마치 약산의 시원한 바람이 불어오는 듯 정신이 쾌활해져서 더 열심히 공부에 매진할 수 있을 거라고 하였다. 이렇게 경봉을 미소 짓게 할 수 있었던 석정의 뛰어난 선적 기질과 시작(詩作) 능력 덕분에 둘은 좋은 시우(詩友)가 될 수 있었던 것이다.

석정의 경봉에 대한 존경은 자신의 문집을 통해서도 살필 수 있다. 『石鼎集』에는 경봉을 언급한 시가 총 9수인데 그 중에 경봉의 시에 차운한 시가 8수이다. 한 사람의 시를 차운한다는 것은 상대의 인격과 존경은 기본이고 상대의 시가 품격이 있어야만 가능한 일이다. 석정의 눈에는 경봉의 인품과 시가 그러했다. 이러한 마음을 석정은 〈呈曾鏡峰禪師三笑窟韻(증경봉선사삼소굴운)〉[259] 3수를 통해 드러내었다. 그 중 1·2수를 보자.

258　『日誌』, 1967년(76세) 8월 21일.
259　석정집간행회(2001), 68쪽.

一

世壽八旬又添光　　세수 여든에 또 세월을 더했는데도
逢人棒喝超閒忙　　사람 만나면 방, 할로 한가함과 바쁨 초월하셨네
佛魔斬盡元無事　　부처도 마귀도 모두 베어 원래 아무 일 없으니
荷袋振鈴入漢陽　　포대 메고 방울 흔들며 한양으로 들어가시네

二

心如水月鏡中光　　마음은 물과 달 같아 거울 속 빛이요
身似白雲亦不忙　　몸은 흰 구름 같고 조급하지도 않으시네
透地徹天無縫塔　　하늘 땅 꿰뚫은 이음새 없는 탑이
巍巍獨立鷲山陽　　영축산 양지에 우뚝 홀로 서 있네

첫 수는 경봉의 선풍 진작과 교화의 실천에 관한 찬양이다. 노구에도 불구하고 남자들을 방·할로 제접하며 '荷袋振鈴^{하대진령}'이라는 시어를 통해 세상의 근심을 주워 담았던 미륵의 화신 포대화상^{布袋和尙}이나 요령을 흔들며 저자거리를 떠돌던 당대의 선승 진주 보화^{鎭州 普化}에 비유하였다. 한편으로는 경허의 「尋牛頌^{심우송}」 중 〈시장에 나가서 교화를 하다(垂手入鄽)〉에서 '포대를 메고 시장에서 노님과 요령을 흔들며 마을에 들어가는 것은 실로 일을 마친 사람의 경계로다[荷袋遊市振鈴入村寔爲了事漢境界]'[260]라고 한 말에 비유한 것이기도 하다. 이 두 해석의 주체는 다르지만 중생교화를 이야기한 것이기 때문에 경봉의 중생교화에 대한

260　석명정(1990), 349쪽.

노력을 비유하는데 있어 최고의 극찬들이다.

두 번째 수에서는 경봉의 현재 모습을 평하면서 '無縫塔무봉탑'을 통해 선지禪旨를 논하였다. 무봉탑은 『碧巖錄』제 18칙[261]에서 혜충국사가 언급한 말인데 이는 위·아래, 좌·우가 없는 일체의 무분별처無分別處를 말한다. 석정은 일대사를 마친 경봉의 모습을 포대화상·진주 보화·경허 성우·남양 혜충 등에 비유하여 당대의 선지식으로서의 경봉을 찬양한 것이다. 경봉은 간화선자看話禪者로서 한 시대를 풍미한 선승이다. 석정과의 문답들에서 드러낸 기봉들은 전통 간화선의 계승자로서 그 모습을 유감없이 보여주었는데 특히, 종문의 역작인 『碧巖錄』에서 볼 수 있는 선의 진체가 그대로 드러나 보인다. 이에 석정은 간화선의 실체를 증득해가며 경봉을 흡족하게 만들었다. 여기서 다룬 경봉과 석정의 시는, 선승으로서 후학을 지도하는 경봉의 모습과 후학으로서 경봉을 칭송하는 석정의 모습을 그려내었는데 그 매개체는 시와 간화선이었다.

석정은 경봉 열반 후에도 영찬影讚[262]을 통해 자비로움으로 법法을 떨치며 어디에도 막힘없었던 무심도인의 모습을 그려내기도 하였다. 이들의 교류는 서로의 공부는 물론이고 삶에 즐거움을 주었고 특히, 시를 통한 문답들은 시와 선의 진체를 알아야만 가능한 내용들이기 때문에 석정은 경봉의 수행과 시작詩作에 있어 많은 영향을 받았고 그 흔적들이 일화들

---

[261] 백련선서간행회(1993), 164쪽.
[262] "통도사에 출가하여 / 극락암에 머무셨네 / 세 번 웃으니 벼락같아 / 마귀와 부처는 흔적이 없네 / 자비의 구름과 법의 비가 / 산과 강에 막힘이 없네 / 바람이 큰 허공에서 쉬니 / 거울은 비고 봉우리는 고요하네(通度出家 / 極樂掛錫 / 三笑如雷 / 魔佛無跡 / 慈雲法雨 / 山河不隔 / 風息太虛 / 鏡空峰寂)" - 석정집간행회(2001), 285쪽.

과 석정의 문집에서 그대로 묻어나는 것이다.

경봉의 후학 제접에 있어 석정을 통해 살펴본 바, 덕산이나 임제 같은 거친 선사들보다는 온화하고 부드러운 조주나 운문의 선풍을 많이 닮았음을 다시한번 확인 할 수 있었다. 그리고 경봉이 석정을 통해 드러내 보인 시를 통한 점검 방법들은 전통 간화선 수행의 방법으로, 오조 홍인五祖弘忍이 게송을 통해 의발의 적임자를 결정했던 그 방법이기도 하다.

5. 실천을 통한 선풍 확장기

1) 자연과 일상 속에서의 道 구현

선승들은 궁극적으로 자연과 일상 속에서 도道를 구현하고자 하였다. 경봉 또한 마찬가지인데 이러한 현상들은 오도 이후부터 두드러진다. 시들을 살펴보면 초봄에 보이는 설경이나 매화 풍경, 늦봄의 연꽃, 가을 구름 등 계절에 맞는 정취들을 특정하여 시로 표출하고 그 속에 선禪의 잔상들을 부여하였다.

시간에 따라 경봉이 바라보는 자연과 일상에 대한 정감은 차이가 있다. 오도 직후에는 무사인無事人으로서 선리禪理·선취禪趣의 기봉을 주로 드러내었고, 보림 과정을 거치면서 자연과 일상의 본질적 진리를 살피려 하였다. 이는 오도 이전의 순수한 시대로 되돌아가고자 하는 선의 근원적 회귀 이다.

감성의 변화는 수행이 농후해져가고 있음을 나타내는 것이며 경봉의 성장을 실질적으로 확인할 수 있는 결과물들이다. 청년기 시절 자연경물 自然景物에 대한 정감이 설경雪景을 통해 드러난 시를 살펴보자.

風氣吞虛徧法界　바람이 허공을 삼키며 법계에 두루하니
不依春色萬枝花　봄빛 없이도 온 가지에 꽃이라
白銀天地光明裏　온통 눈 천지, 광명 속에서
倒騎泥牛把一花　진흙소를 거꾸로 타고 꽃 한 송이 들었네[263]

경봉의 눈에 비친 세상은 온통 법화法花로 가득한 부처의 세계이다. 법음은 눈을 통해 세상 구석구석에 전달되어 그대로 광명천지가 된다. 절대 진리를 드러내고 있는 자연 앞에서 경봉은 일상의 모든 만물을 부처로 구현하고자 하였다. 시는 오도한지 얼마 되지 않은 선승의 눈에 비친 희열 가득한 법화세계를 그대로 표현하였다. 그러나 보림을 통해 오도 직후 느꼈던 무분별한 희열들을 오도 이전으로 되돌리고자 한다. 일상적인 것을 일상적인 것으로 보려하지 않았던 자신을 채찍하고 자신과 같은 오류를 범하지 말라는 대중들을 위한 경책도 아끼지 않는다. 이러한 변화는 봄을 통해 드러난다.

山水春光貫古今　산과 물의 봄빛 예나 지금이나 같으니
紅桃枝上鳥情深　붉은 복숭아 가지 위에 새의 정 깊네
蜂郞蝶客吞香醉　벌과 나비는 삼킨 향기에 취해서

263　"天氣雪來也明日雪景에作韻如左함…" -『日誌』, 1928년(37세) 2월 6일.

看破花容午睡侵 꽃망울 간파하고선 낮잠에 잠기네[264]

    정보우와 신평에 나갔다가 돌아오는 길에 봄날 아름답게 핀 복사꽃을 보고 읊은 시이다. 복사꽃을 통해 자신의 일상이 드러나 버렸고 눈앞에 보이는 자연광경들에 의해 주체는 어느새 이들과 동화되어 일상에 몰입해 버렸다. 일반 문인이었다면 일상의 한 단면을 이들에게 내주어 나라는 존재가 사라진 오직 복사꽃과 그 주변만 존재할 것이다. 그러나 경봉은 이들을 통한 몰입을 경계하고 오히려 주체를 더욱 부각하였다. 즉, 일상이 대상에 의해 박탈당하는 것이 아니라 흡수되어 버린 것이다. 예나 지금이나 다를 바 없는 삶, 그대로의 모습 속에서 진체眞體를 제대로 느낄 수 있어야 한다고 말한다. 일상 속에서의 진리 추구와 깨달음에 대한 간파를 확실히 하지 않으면 진정한 일상을 맛볼 수가 없다고 전제한 것이다.

青天萬里畵長城	만리 푸른 하늘에 장성을 그려내니
疑是秦王更此生	아마도 진왕이 다시 이곳에 태어났는가 하네
又化玉樓邦似在	다시 옥루가 되니 나라가 있는 듯 하고
忽成銀浪雨如晴	홀연히 은물결 이루니 비가 갠 듯 하여라
穿過山鳥無爲拒	산새가 뚫고 지나가도 막지 않고
繞宿春花不留情	봄꽃에 둘러싸여 자고서도 정을 남기지 않는구나
斜日若逢難守白	혹여 석양 만나면 하얀 빛 지키기 어려우니

---

[264] "天氣淸朗也萬日會及新坪洼返也道廳朴謹默吉永源兩氏來訪也…" - 『日誌』, 1928년(37세) 4월 20일.

正行中道莫邊行　　가운데 길로 바르게 가지 갓길로 다니지 말라[265]

　　가을에 보인 흰구름을 통해서 '중도中道'를 설하였다. 3·4구에서는 '사似'와 '여如'를 통해 실제 존재하지 않고, 행하여지지 않은 것을 형상으로 만들어 내었다. 구름이 주는 형상을 상상으로 그려낸 것이다. 경봉은 이 시를 통해 세 가지 경책을 한다. 첫 번째는 착각과 기대는 결과가 이상이냐 이하냐에 따라 선과 악을 동반하게 되고, 마음 또한 물들게 됨으로 물들지 않은 하얀 구름처럼 살아가라고 한다. 두 번째는, 보이지만 허상 같은 것이며 잡을 수 조차 없고 어디에도 걸림이 없는 구름처럼 자유자재한 삶을 살길 바라고 있다. 마지막으로, 중도에 대해 구체적 직시를 요구한다. 흰 구름은 한쪽으로 기울어 저녁노을을 만나면 그 하얀 순수성을 잃어버린다. 그렇다고 구름이 저녁노을을 미워하지 않으며, 반대쪽에 밀려오는 어둠을 두려워하지도 않는다. 구름은 그렇게 둘을 아우르며 자신의 길을 묵묵히 갈 뿐이다. 구름을 통해 느끼는 경봉의 중도에 대한 이해는 모든 사람이 쉽게 다가갈 수 있도록 한 하나의 방편이다. 그것이 구름과 저녁노을과 잘 맞아 떨어졌기 때문에 멋진 한편의 시로 나타나게 된 것이다.

　　불교에서 중도는 어느 것에도 치우치지 않고 중심을 잡고 있는 평등심을 기본으로 한다. 경봉의 눈에는 흰 구름이 이 도리를 가장 충실히 실천하고 있는 것으로 보았다. 구름의 삶을 범부들이 본받아 실천하라는 선승의 일갈이다. 시는 1·2구의 시적 상상력과 3·4구와 5·6구가 이루

---

[265] "天氣淸朗也白雲吟日…" -『日誌』, 1929년(38세) 9월 9일.

는 대구(對句)를 통한 은유, 7·8구에서 보이는 의미전달이 잘 조화를 이루어 순차적으로 대중의 삶을 일깨우게 된다.

30대 경봉의 눈에는 작은 일상 속에서 환희심을 느끼며 모든 것이 그 자체로 가르침이었다. 그런 이유로 그 안에서 뭔가 가르침을 찾으려 애쓰는 모습들이 보여진다.

我爲隱居訪山深　은거하려 깊은 산 찾았는데
處處乾坤盡叢林　곳곳이 모두 다 총림일세
雪景白如明月面　설경은 밝은 달처럼 하얗고
水光淸似道人心　물빛은 도인의 마음처럼 맑네
風回春節皆成化　바람은 봄에 되돌아와 모두 변화를 이루고
梅吐新香豈不吟　매화는 새로운 향기 토하니 어찌 읊지 않겠는가
萬事歸雲無事坐　모든 일 구름으로 돌아가 일 없이 앉았고
古庵鐘送劫外音　옛 암자의 종소리는 겁 밖의 소릴 보내네[266]
○ 光

40대에 접어들어 첫 봄을 맞이하기 직전 눈이 내리는 것을 보고 지은 시이다. 경봉의 눈에 들어온 풍경들은 암자에서 바라보는 통도사와 눈 내린 영축산, 계곡과 뜰에 핀 매화, 파란 하늘에 무심히 흐르는 구름 등이다. 이들이 주는 안락함과 무심함이 드러나지는 않지만 알고 보면 시

---

[266] "天氣雪來也各房庵에서過歲佛供準備를하고山林祈禱를設行하더라頌日…" - 『日誌』, 1931년(40세) 2월 16일.

각적 형상과 후각적 향기, 감성적 본능들은 세상 곳곳에 펼쳐져 있다. 보이는 것은 눈 내린 겨울이지만 느껴지는 것들은 벌써 봄의 정취와 따스함이라 하였다.

이 시에서는 자연에서 얻는 진정한 무사無事·무심無心을 바탕으로, 현재의 그 자리가 최고의 안식처임을 알아차리라고 한다. 이러한 사실을 깨닫기 위해서는 치열한 수행이 동반되어야 하는 것이다. 40대 경봉이 봄을 맞는 자세는 자연의 무상함과 그 변화를 맞는 작가의 설레임과 절제의 공존이다. 억지로 뭔가를 찾으려 했던 30대와는 달리 즐거움과 수행을 있는 그대로 받아들이고 함께 즐기고자 하였다.[267]

본격적으로 경봉의 공부가 무르익어 선승으로서의 면모를 확장하기 시작하는 50대 이후부터는 삶을 바라보는 시각이 기존의 시각보다 훨씬 더 여유롭다. 3·40대 자연만물을 대하던 자세 즉, 자연에서의 가르침·반조·감상과 수행의 병행보다는 자연의 변화무쌍에 무심히 순응하고자 하였다.

---

267 이날 칠언 율시 두 수를 연달아 지었는데 두 번째 수에서도 봄의 기운이 가까이 있음을 느낀다고 하면서 삶의 있는 그대로의 모습을 즐기려 하는 모습이 보인다. 두 번째 수는 다음과 같다.
"큰 도는 깊고도 깊어 또한 깊지도 않는 것 / 풍경을 따라 구름숲을 밟네 / 풍진 세상 대낮에 봄기운 짙고 / 눈 위에 붉은 매화는 푸른 마음 에워싸네 / 생각에 시비를 쉬니 자유롭고 / 일이 편안하니 읊기 조차 잊네 / 텅 빈 암자 적막한 곳곳에 / 시냇물소리 태고의 소리처럼 들리네(大道深深亦不深 / 我隨風景踏雲林 / 寰中白日多春氣 / 雪上紅梅帶翠心 / 念息是非還自在 / 事歸安定頓忘吟 / 山空庵寂參參處 / 溪水相傳太古音)"

花開風雨日	꽃이 피니 바람 비 내리는 날이요
還落雨風時	다시 지니 비 바람 부는 때라
開落天然理	피고 지는 건 하늘의 이치요
此看結實時	여기서 결실을 보는구나[268]

50대부터는 40대처럼 시어를 통해 노골적으로 인생을 비교하지는 않는다. 시어는 간결하고 소박해졌지만 농후해지고 강력해진다. 무심함이 일상의 다반사가 되어가고 있음을 의미하기도 한다. 시 속에서도 꽃이 피고 지고 열매를 맺는 일상 속에서 보이는 자연의 섭리를 무심하게 바라보면서 경의를 표하는 모습을 볼 수 있다.

자연과 일상에서 도를 체현하고자 하는 50대 이후의 시상時想들은 기본적으로 '평상심시도平常心是道'를 기본으로 하며, 수많은 분별과 고뇌가 뒤따르는, 단순히 배 고프면 밥 먹고 졸리면 자는 범부의 일상이 아니라 절대적 무심과 일심을 전제로 한다. 경봉은 이러한 점을 명확하게 지적한다.

> 날씨 구름.
> 일전에 내원선원 대중에게 요즈음 무슨 일을 하는가 하고 물으니 답이 옴으로 저울질하다 꾸짖어 전한다 하고 왼쪽과 같이 적어 답하다.
>
> 구름을 갈음이여 몇 평이나 갈았는가! 어느 곳의 구름을 갈았으며 거기다가는 어떤 씨앗을 심는가! 글 가운데 배 고프면 밥 먹고 곤하면

---

[268] "天氣雨來也…(중략)…朝茶後池塘蓮花開落을 見하고 吟日…" -『日誌』, 1942년 (51세) 8월 9일.

잔다 하였다. 저울을 달아보고 이르기를, 밥 먹은 뒤 차를 세 번 마시게. 한가롭기는 한가로워 보이나 일 없는데 빠져서는 안된다. 원래 먹기를 좋아하니 방망이라도 오면 먹겠구나

(…중략…)

누가 할 일이 없는 줄 분별하였으며 할 일이 없는 줄 분별하여 보고 일부러 밥 먹고 물소리를 듣기 시작하는 모양이구려. 만일 일이 없는 줄 분별하였으면 밥도 먹지 않고 들리는 물소리도 듣지 않으려고 작정할 뻔 하였구나[269]

경봉은 한가로운 것은 좋으나 일 없는데 빠져서는 안된다고 하였다. 선은 직관과 수행을 통한 '무분별無分別'의 지속 상태에서만 가능하기 때문에 약간의 분별심이라도 개입되면 더더욱 수행은 힘들어진다. 진체眞體를 눈앞에 두고도 눈 먼 이처럼 지나쳐 버리는 격이다. 그렇기 때문에 일상 속에서 한 치의 분별도 허락되지 않아야 하며, 무념을 종지로 삼고, 평정심을 잃지 않아야만 진정한 도道를 맛볼 수 있다고 하는 것이다.

五月端陽佳節天　오월 단오 아름다운 절기의 하늘
三三喚友綠陰前　각자 친구 부르니 푸른 숲 앞이라
林中喜笑蘭言暢　숲에서 기뻐 웃으니 뜻 맞아 시원하고[270]

---

[269] "天氣雲也日前內院禪衆의게 近日作甚歷事耶아 問之러니 答이來함으로 秤頭傳詞라하고如左記答也…一, 雪耕兮幾坪之雲何處翻耕以何穀種植耶 來書中 飢來喫飯困來眠云云 秤頭落點曰 飯後三巡茶 閑則閑莫入無事匣裡中 元來好喫則 棒來喫棒…" - 『日誌』, 1943년(52세) 6월 29일.

[270] '談聲亂'을 '蘭言暢'으로 바꾸었다.

雲外踊登足氣先	구름 밖으로 뛰어 오르니 발놀림 앞서네
雖得無閑眞異鶴	비록 바쁘지만 진짜 학과는 다르고
自行無碍是同煙	걸림 없이 행하기는 연기와 같네
莫論福樂人間事	인간사 복과 즐거움 논하지 말라
今日當知萬古仙	지금 마땅히 알아차리는 것이 만고의 신선이라[271]
圓光	

단오날 사형 구하와 함께 시간을 보내며 마을에서 그네 뛰는 이들의 모습을 시제詩題로 삼았다.[272] 즐거움과 대상의 역동성이 잘 어우러진 시이다.

경봉은 시의 마지막 두 구句에서 앞뒤를 오가며 오직 그네에 몸을 맡겨 즐거움을 구하는 지금의 당처當處를 정확히 알면 그 자리가 바로 신선의 자리라 하였다. '마땅히 알아차려' 분별없는 도道를 단박에 깨부수는 것을 강조하는 선가禪家의 돈오頓悟를 단오의 일상을 통해 표출한 것이다.

경봉은 50대 들어서면서 목마르면 차 마시고 피곤하면 잠자는 그 속에 진리가 있음을 시를 통해 자주 드러내었다. 중생들 속에서 도를 구하고 공空의 이치를 깨달아 모든 담론들을 알아차린다 하더라도, 결국 진정한 도의 회귀처는 평상심에 있다고 하였다.

이후로 보이는 시들은 자연만물이 펼쳐내는 일상과 작가가 하나가 되는, 모든 삶의 궁극적 회귀처를 자연을 통해 찾는다.

---

[271] 『日誌』, 1947년(56세) 6월 26일.
[272] 『日誌』에는 '天氣晴也 鞦韆詩如左…'라고 되어 있고, 『圓光閑話』에는 '丁亥 五月 端午與九河兄同吟'이라 되어 있다.

〈山家偶吟^{산가우음}〉²⁷³⁾에서는 봄날에 펼쳐진 자연의 맑고 청아함을 노래하면서 "어느 날 객이 삶을 묻는다면 / 웃으며 맑은 시내와 잡초를 가리키겠네(有時客問生涯處 / 笑指淸溪又一萊)"라고 하면서 자연^{自然}과 합일^{合一}된 모습을 보인다. 이는 선승들이 산인^{山人}혹은 산인^{散人}으로서 자연으로의 회귀를 삶의 종착역으로 삼는 것이다.

경봉은 〈新年^{신년}〉을 통해 다시한번 자신의 삶은 자연 이외에는 회귀할 곳이 없음을 분명히 밝힌다.

春風掃盡千山雪　봄바람에 천성산의 눈 모두 쓸려가고
枝上香梅包欲裂　가지 위에 향기로운 매화는 봉오리 터지려하네
和氣淸雲天外來　화사한 기운, 맑은 구름 하늘 밖에서 오니
乾坤妙景憑誰說　하늘 땅의 묘한 경치 누구와 함께 말하리오²⁷⁴⁾

겨울의 끄트머리에서 느껴지는 봄의 전조는 시인 혼자만의 감상이 아니라 시를 읽는 이로 하여금 자연의 묘한 섭리를 함께 나눌 벗을 필요로 하고 있음을 알 수 있다. 세상사를 통달한 선승의 경지를 '누가 함께 할 수 있으리오'라는 말로 드러내었지만 사실 이 섭리는 누구나 체득하고 있지만 단지, 모를 뿐이다. 그러니 굳이 특정지어 말할 필요가 없음을 역설한 것이다.

새해를 맞는 경봉의 삶은 '물아일체^{物我一體}'가 되어 있다. 일상에서 느끼는 일들과 자연에서 느끼는 모든 섭리들이 자신과 다를 바가 없음을 이

273　『日誌』, 1953년(62세) 2월 1일.
274　『日誌』, 1966년(75세) 1월 1일.

시를 통해 더욱 분명히 하였다. 또한 이들 속에서 느낀 정감들을 통해 결국 함께 동화되어 진정한 선승으로서의 면모를 드러냄과 동시에 시승으로서의 안목을 유감없이 발휘하였다. 일상 속에서 도를 구현하고 자연과 나, 혹은 사물과 내가 '일체 一體'가 되는 꿈을 꾼 것은 경봉이 평생 구하고자 했던 궁극적 안락처임을 알 수 있다.

2) 수행의 격려와 경책

경봉은 간화선을 직접 체험하고 그 결과물을 맛본 수행자다. 특히 여래선과 조사선에 대해서는 누구보다 정확한 식견을 가지고 있었고 이러한 가풍은 당대 선지식들과의 법담을 통해 점검받았으며 후학들에게도 고스란히 전해졌다. 대부분 입실 入室을 통한 법거량으로 점검하고 시를 통해 격려와 경책이 이루어진다.

『日誌일지』에 드러나는 본격적인 후학의 공부에 대한 방향 제시는 오도를 한지 5개월 여 뒤, 보림 과정에서 경하 달윤 鏡河 達允(1899~1979)275)에게 보낸 답시를 통해 살필 수 있다.

---

275 鏡河 達允(1899~1979)은 경봉의 사제로 경봉과 많은 시 교유를 하였다. 현재 경하의 시집에는 360여수의 시가 전해지며 그 중에 경봉과 주고받은 시가 22수 정도이다. 또한 경봉과 함께 해제나 결제날에 읊은 安居詩 등이 경하의 시집과 경봉의 유품 두루마리 자료로 남아 있다. 중요한 것은 경하의 시집에 전해지는 경봉의 시가 상당수『日誌』에는 전하지 않는다는 점이다.

和風春雨入城時	화창한 바람과 봄비 성안에 날아들 즈음
花笑山前鳥上枝	앞 산에 꽃이 피니 새가 가지 위에서 울구나
水繞石岩溪聲亂	물은 바위를 돌아 계곡 소리 시끄럽고
月籠楊柳眼光垂	달빛은 버드나무에 어려 빛을 늘어뜨리네
碧松洞裡忘心境	푸른 소나무 골짜기에선 마음 경계 잊고
紅樹林中幾作詩	붉은 꽃나무 숲에선 몇 편의 시를 지었던가
猿鶴高鳴人不識	원숭이와 학이 소리 높여 우는데 알아듣지 못한다면
黃梅歸客路差遲	황매로 돌아가는 나그네 길 더욱 지체되리라[276]

경하는 경봉의 사제(師弟)로 시에 능하였다. 그렇기 때문에 둘은 젊은 시절 형제로서의 정이 매우 두터웠고 특히 시를 통해 많은 교유를 한다. 경하의 원운(原韻)은 전하지 않지만 위 시를 통해 수행과정에 대한 고민들을, 얼마 전 오도를 이룬 사형에게 늘어놓고 수행에 대한 조언을 얻으려 한 것으로 보인다.

경봉의 답시는 봄날의 정취와 사제와의 추억, 그리고 수행에 대한 격려·경책이 순서대로 나열되어 있다. 물물(物物)의 일상을 봄으로 상징하여 자연과 일상의 진리를 말하면서 현상에 드러나는 진리에 대한 소리를 알아듣지 못함을 안타까워하였다.

'幾作詩(기작시)'는 두 스님이 함께 시를 읊었던 지난 시간의 추억을 회상함과 동시에 선각자(先覺者)들의 희열을 그려내었다. 경봉에게 그만큼 사제와의 시 유희에 대한 기억들이 꽤 소중한 시간이었음을 알 수 있다. 그리

---

[276] "天氣淸朗也學人金達允一首詩를作함으로余次韻하다…" -『日誌』, 1928년(37세) 4월 17일.

나 이들의 청년기에 있어 가장 중요했던 것은 무엇보다도 진리에 대한 근원적 해답을 찾는 것이었다. 이는 처절한 수행을 통해서만 가능하다는 것을 경봉은 몇 달 전에 몸소 체험하였다. 그래서 마지막 두 구를 통해 진리의 근원을 바르게 듣고 우물쭈물하지 말라고 한 것이다.

경봉이 이은 적통인 황매黃梅[277] 즉, 조계의 법은 두두물물의 근원을 알아야만 정확하게 살필 수 있으며 눈에 보이고 귀로 들리는 것에 얽매이게 되면 불가능하다. 그리고 속에 들어 있는 진정한 소리와 형상을 가려낼 수 있어야 한다. 모든 경계가 그대로 법신法身의 경계[278]가 될 때에 경봉이 말한 원숭이와 학의 울음소리를 알아들을 수 있다고 하였다.

경봉은 경하의 예에서 보듯이 차운을 통해 진리의 근원이나 상대의 경지를 점검하고 방향을 제시해 주었다. 이는 시로 묻는 이에게는 시로 답하고, 문장을 통해 물어오면 상세한 글로 답을 제시하여 어디에도 걸림 없는 상대의 근기에 맞게 선승·시승다운 면모를 유감없이 발휘하였다. 젊은 날의 후학 점검 방식은 이러한 식으로 대부분 이루어진다. 그러나 50이 넘어가면서 부터는 시 문답을 통한 거량은 거의 사라지고 직접적인 편지글을 통해 제방의 선지식들이나 수좌들에게 많은 질문을 받게 된다. 또한 공부에 대해서는 승·속을 구분하지 않았으며 편지든 직접 찾아오

---

277 黃梅는 중국 선종의 四祖 道信과 五祖 弘忍의 東山法門 근거지로 중국 禪宗의 성지이다. -『禪學辭典』[黃梅](佛地社, 1995년) 참고.

278 "너희들이 바로 절에서 좌선할 때에 산림의 나무 아래에서도 또한 너희들의 몸이 좌선하고 있는가, 그렇지 않은가? 모든 토목과 기와, 돌도 또한 능히 좌선할 수 있는가, 그렇지 않은가? 토목과 기와, 돌 또한 사물을 보고 소리를 들을 수 있고, 옷을 입고 발우를 지닐 수 있는가, 그렇지 않은가?『능가경』에 이르기를, '境界法身'이라 한 것이 바로 이것이다." - 淨覺,『능가사자기』, 운주사, 2001년, 168쪽.

든 모든 이들에게 자상하게 공부의 방향을 제시하며 격려와 경책을 아끼지 않았다. 일반 대중들에게도 간화선 수행에 대한 기본 인식과 심성心性에 대한 본질을 정확하게 이해시키고자 노력하였다.

  人我心性不二身 그대와 나, 심성은 둘이 아닌데
  妄緣諸處有疎親 착각으로 인해 모든 곳에 멀고 가까움이 있네
  愛情染着眞如遠 애정으로 물들면 진여와는 멀어지고
  迷念休空法界鄰 미혹한 생각 쉬어 텅 비면 법계가 이웃이라[279]

경봉은 〈心性詩〉를 통해 '불이不二'를 말하면서 철저한 분별의 차단을 요구하고 있다. 망령된 한 생각으로 인해 진리의 실체와는 더욱더 멀어지기 때문이다. '불이'는 근본적으로 대상이 존재하지 않는다. 그렇기 때문에 '나'라는 존재는 더욱더 의미가 없어지게 된다. 그런 이유로 불이론을 통해 공空사상이 거론되는 것이다. 상대가 없기 때문에 본인이 있을 이유가 없고 그래서 더더욱 철저한 공空의 개념이 나타나는 데, 경봉은 마지막 구를 통해 이러한 법계의 텅 빔과 이웃하라고 한다. '불이'와 '공空', '무심無心'을 모두 하나의 개념으로 귀결시키면서 결국 경봉이 말하고자 하는 것은 헤아림 없는 '방하착放下着'의 무심을 추구하고 있는 것이다. 이는 황벽 희운黃檗 希運(?~856)이 구체적으로 거론하기도 하였다.

---

[279] 『日誌』, 1946년(55세) 9월 9일(첫 구에서 '自他'를 '人我'로 바꾸었다)

물었다.

"성인에게 마음이 없으면 곧 부처이지만, 범부에게 마음이 없으면 空寂에 빠진 것이 아닙니까?"

황벽이 답했다.

"법에는 범부와 성인이 없고, 또 공적에 빠짐도 없다. 법이 본래 있는 것이 아니라고 하여 없다는 견해를 내지 말고, 법은 본래 없는 것이 아니라고 하여 있다는 견해를 내지는 마라. 있음과 없음은 모두 분별심의 견해이니 마치 幻翳와 같다. 그러므로 말한다. '보고 듣는 것은 마치 환예와 같다', '느끼고 아는 것이 곧 중생이다' 祖師의 문중에선 다만 헤아림을 쉬고 견해를 잊음을 말할 뿐이다. 그러므로 헤아림이 없으면 佛道가 크게 일어나고, 분별하면 魔軍이 세차게 일어난다"[280]

황벽은 〈무심〉을 주제로 한 위의 법문을 통해 모든 종문의 선장들이 경계하고자 했던 분별심에 대해 논하고 있다. 알음알이를 '방하착放下著'하고 '내려놓음' 조차도 없는 무심의 상태가 되면 불도가 크게 일어난다고 하였다.

경봉의 무심을 전제로 하는 '불이不二'의 논의는 다음의 시에서도 나타난다.

  法法本無法 법과 법, 본래 없는 법이요
  光光是法光 빛과 빛은 법의 빛이라

---

[280] 김태완, 『황벽어록』, 침묵의 향기, 2013년 8월, 108~109쪽.

法光不二處　　법과 빛 둘이 아닌 곳에
　　日熱月寒光　　해는 뜨겁고 달은 차고 빛나네[281]

　　법광法光수좌에게 주는 시이다. 대상과 대상을 인식하는 주체가 둘이 아니라는 말이다. '그 하나[一]는 공空에 포함되지 않는 것인가?' 라는 의문이 생긴다. 선문답을 위해서는 말이 필요하고 말을 위해서는 절제된 분별이 필요하다. 불립문자를 이야기하면서 시어를 통해 불립문자의 폐해를 알려야하기 때문에 역설적일 수밖에 없는 것도 의문이지만 선은 이러한 역설적 논리의 무한 반복 속에서 진리의 참뜻에 다가서는 것이다. 경봉은 이러한 역설의 순환을 차단하기 위해 철저한 일상의 진리를 답으로 제시하였다.

　　참진리를 관조한다는 것은 '일심一心'의 부동不動이 연속되어야하기 때문에 심성의 올바른 인식이 먼저 선행되어야 함을 설하였다. 경봉의 눈에는 이렇게 공부를 이어가는 이가 드물었음을 1957(66세) 10월 13일 김해 연화사에서 이루어진 대중설법을 통해 밝히고 있다. "…참된 성품 신령스러운 빛 변함이 없건만 세상의 정, 사람 일은 어찌 그리 변하는가(眞性靈光無變易 / 世情人事幾回遷)"[282]라고 하면서 시시각각 일어나는 변심에 안타까워 함을 대중들에게 드러내 보이기도 하였다.

281　『日誌』, 1960년(69세) 12월 18일.
282　석명정(1997), 316~317쪽.

경봉의 '무심'에 대한 주창은 광복을 열흘 앞두고 지은 〈偶人^{우인}〉283)이라는 시에서도 그대로 드러난다.

枯草弊衣化作人	마른 풀 헤진 옷으로 사람처럼 만들었더니
野禽山獸總疑眞	들새와 산짐승 모두 진짜처럼 의심하네
荒年險世無憂客	흉년과 험한 세상에도 근심 없는 객이어
戰國徵兵漏籍民	전쟁국가에 징병해도 명단에 빠졌네
態勢長時終似舞	모습은 오래 봐도 춤추는 것 같고
形容深夜更生新	모양은 깊은 밤에도 다시 새로워지네
家牛有力兼明眼	집소가 힘 있고 눈까지 밝아
直入田中喫偶身	곧바로 밭에 들어가 허수아빌 먹어 버리네

○光

시는 세상사에 아랑곳 않고 전쟁도 관심 없으며 항상 춤추는 듯 그대로 서 있기만 하다가 집소에 먹잇감이 되어 버리는 허수아비를 통해 진정한 '무심無心'이 무엇인가를 말하고자 하였다. 무심한 듯 보이는 허수아비이지만 집소의 먹잇감이 되어 버렸다.

---

283 "… 콩밭에 풀로 허수아비를 만들어 세웠더니 작은 산짐승들은 들어가지 못하였는데 밤에 집에 기르는 소가 밭에 들어가 콩과 허수아비까지 전부 먹어치워서 느낀바 있어 생각대로 읊다…(…太田에以草로作偶人하야立이러니小小山獸가未入하더니夜에家牛가直入田中하야太와偶人까지全喫故로感而謾吟也…○光)" - 『日誌』, 1945년(54세) 8월 3일.

경봉은 시를 읽는 이들에게 허수아비의 진체를 살피기를 바라고 있다. 집소는 선지식의 방(棒)·할(喝)이다. 집소에게 어떻게 잡혀 먹히지 않을 것인지를 수행자는 고민해야 한다. 그래야만 경봉이 생각하는 무심에 대한 진정한 의미를 찾을 수 있는 것이다. 또한, 경봉 자신이 집소가 되어 수행자들에게 형식적인 무심을 구하지 말고 소가 잡아먹을 수 없을 정도로 무심하게 수행해야 함을 강조하고 있다. 즉, 수좌들에게 어설프게 무심한 척 하지 말라는 것이다. 한편, 경봉은 공안 점검을 통해 문자선文字禪에 빠지지 말라고도 당부한다.

> 새벽에 야중화두夜中話頭를 대중에 설하고 방에 오니 신원철申元徹 수좌首座가 들어와서 붙들고는 옳은 것이냐 그른 것이냐 하기에 옳고 그른 것에 걸리지 말라 하고 한차례 때렸다. 조주무자趙州無字를 어떻게 알고 있는가 하고 물으니 철 수좌가 일어나 춤을 추거늘 묵은 버릇은 버리기 힘드는구나 다시 일러라 하니까 머뭇거려 생각하기에 한차례 또 때려주다[284]

당시 선객들은 순간의 견처가 생기면 시간과 장소에 구애없이 선지식을 찾아가 점검을 받았다. 수좌의 방문에 경봉은 점검을 통해 정진을 더욱 독려하며 방(棒)을 서슴지 않았다. 평소 수좌 경책에 있어서 할(喝)보다는 방(棒)을 즐겨 사용하였음을 알 수 있다.

---

[284] 석명정(1997), 182쪽.

50대 접어들어서는 직접 찾아오는 이들이 많았다. 그만큼 50대 이후 경봉의 위상이 대중적으로 높아졌다는 점과 시승으로서 면모가 수좌들에게 널리 알려졌기 때문이었으리라 본다. 이때마다 경봉은 친절하게 시를 통해 상대를 점검한다.

鶴田求偈故作一首曰
仙鶴高登千萬里　선학이 높이 올라 천만리
更隨明月入雲山　다시 밝은 달 따라 구름 산에 들어가네
誰知這個無窮理　누가 이것의 무궁한 이치 알겠는가
觸處開通古路山　닿는 곳에 길을 여니 산으로 가는 옛 길이라

鶴庵堂 甲煥求偈故曰
雲林山鶴脫根塵　구름 산에 학이 세상 먼지를 벗고
隨底飛風現妙眞　바다 따라 바람에 날으니 묘하고 참되구나
徹底通天加一步　철저히 하늘에 통하여 한걸음 더하니
頭頭全露法王身　모든 것 전부 드러나 법왕의 몸이라[285]

학전鶴田과 갑환甲煥이 찾아와 게송을 요구하여 각각 지어준 것이다. 경책시는 올바른 수행을 위한 방향 제시와 현재 상태의 점검을 동시에 하게 된다. 선승들이 수좌들에게 호를 내릴 때 시와 함께 내리는 유형은 여러

---

285 "天氣晴也 碧雲堂 鶴田求偈故作一首曰…/ 鶴庵堂 甲煥求偈故曰…" -『日誌』, 1942년(51세), 7월 22일('仙鶴高登千萬里'句에서 '飛'를 '登'으로 바꾸었다.)

선승들의 문집에서 찾아볼 수 있는데 여말의 선승인 태고 보우의 경우 90수 이상이 당호와 관련된 시들이 있다.[286] 이러한 류의 시들이 많다는 것은 그만큼 문하에 대중들이 많이 운집했다는 증거이기도 하다. 경봉 문하에는 수좌들은 물론이고 일반 대중들의 발걸음이 끊이지 않았다고 한다.

위의 시를 보면 두 수좌의 공부가 많이 진행된 상태임을 알 수 있다. 또한 이들이 고민하고 있던 수행에 있어 어려웠던 점들을 짐작할 수 있다. 경봉은 이들에게 자연 속에서의 철저한 진리들을 간파한다면 발걸음 닿는 곳마다 진리의 세계요, 모든 것이 부처임을 알 것이라 하였다.

立志如山決定期　뜻 세우기를 산 같이 하면 결정할 시기가 오리니
尋師擇友拶將來　스승 찾고 벗 가려서 장래를 두려워 말라
懸崖撒手翻身轉　벼랑에 매달려 손 놓고 몸 굴리면
徹底通身正眼開　철저히 몸을 통해 바른 안목이 열리리라[287]

울산에 사는 변동조에게 오계법문을 설하면서 지어준 시이다. 수행에 대한 간절함을 당부하면서 모든 선승들이 말했던 것처럼 올바른 스승과 도반의 간택이 매우 중요하다는 점을 밝혔다.

---

[286] 이종군,「太古禪師의 名號詩 硏究」,『國語國文學』29집, 국어국문학회, 1992년, 37쪽 참고.
[287] "…蔚山邑下東祚(堂號法雲)五戒法門說하여주고偈文曰…" -『日誌』, 1942년 (51세), 5월 9일.

스승의 존재는 인간의 삶에서 큰 부분을 차지한다. 특히 간화선에서 스승은 제자가 공부를 제대로 하는지, 발심이 지속되고 있는지, 올바른 공부 길을 가고 있는지, 깨달음이 확실한지 등을 점검하여 제자를 마지막으로 인가까지 해주는 중요하고 결정적인 역할을 하는 것이다.[288] 물론 스승의 인가가 후에 갈수록 퇴색되긴 했지만 기본적으로 선지식과의 절차탁마를 통해 자신을 반조하는 일이 간화선 수행에 있어 매우 중요한 과정이다. 경봉은 말년에 일반 대중들과 수좌들의 스승으로 선가에서 말하는 '줄탁동시啐啄同時'로 대부분의 여가를 보내게 된다.

"…대체로 남의 스승이 된다는 것은 아주 쉽지 않으니, 반드시 선지식이라야 할 수 있다. 내가 요즈음 이러한 방편으로 그대들을 도와도 오히려 살펴 얻지 못하는데, 온전히 종승(宗乘)만을 들어보인다면 그대들은 어느 곳을 향해 몸을 둘 수 있겠는가. 알겠는가."[289]

현사 사비玄沙 師備(835~908)의 말처럼 스승은 제자의 근기에 맞게 모든 것을 드러내 보일 줄 알아야 한다고 하였다. 즉, 질문의 내용에서 벗어나지 않는 범위 안에서 상대가 알아차리도록 설명하여야 한다는 말이다. 간혹 어떤 선승들은 상대가 알아차리기를 바라고 알아차려 주기만을 기대하기도 한다. 경봉은 자상하게도 항상 상대를 배려하고 상대의 근기를 정확히 간파하여 법을 드러내 보였다.

288　대한불교조계종 교육원, 『간화선』, 조계종출판사, 2005년, 177쪽.
289　학담 평석, 『현사사비선사어록』, 큰수레, 2002년, 70쪽.

본산 주지 중광 상원이 묻기를, 거울은 본래 평면인데 봉우리는 어디서 나왔습니까? 답하기를, 주지 화상이 주머니 속의 거울이나 벽에 걸린 거울만을 보았기 때문에 다만 거울은 평면형으로 생긴 줄 알고 있을 뿐인 것이다. 억!

이 거울은 굽거나 평면으로 생긴 것이 아니라 너그럽기는 태허공과 같아서 능히 대천세계를 포용하고 세밀하기로는 모든 세계의 미진 속에도 들어가는데 장애가 없어서 자유자재하며 담연하고 명철하다. 그러기에 제망중중의 빛과 항상 뚜렷하게 비치는 빛도 모두 이 가운데 있으며 주머니 속이나 벽 위의 크고 작은 거울이나 가없는 허공 끝에 흐르는 바다도 모두 저 가운데며 큰 호수의 삼만육천 세월의 달빛과 푸른 허공 만리의 긴 하늘에 빛나는 태양도 모두 이 가운데 있는 것이다. 그런데 어떻게 그 물건을 스스로 아는가.
또한 이 봉우리는 위로 하늘을 기둥하여 받쳐도 그 이마를 볼 수 없고 아래로는 땅을 기둥하여 받치고 있어도 그 밑을 측량하기 어려우며 종횡으로 본래 공하고 안과 밖이 온통 끊어져서 만물과 중생이 이 봉우리를 의지하여 나서 발육되며 동쪽 집에서 취하고 서쪽 집에서 춤추며 산꽃은 웃고 들새가 노래하는 형형색색 온갖 만물이 모두 이 봉우리의 진묘한 풍경임을 일찍이 알겠는가. 만약 알지 못한다면 천 구비 경사진 것이 하나의 곧음만 못하니 발꿈치 밑이나 살피는 것이 좋으리라.[290]

중광의 질문에 대한 이 답은 경봉이 어떠한 종풍을 추구하였는지 단번에 알 수 있다. 세상을 비추는 거울은 한 치의 왜곡도 없이, 비추는 것에 따라 그 상이 변한다. 경봉은 인간의 마음을 거울에 비유하여 마음 또한 시시각각 시각과 감정을 통해 끊임없이 변하고 있음을 안타까워한다. 그리고 자연에서 드러나는 참진리를 본다면 진정한 진공묘유眞空妙有의 단상을 보게 될 것이라고 하였다.

그러나 수행이 그렇게 말처럼 쉽게 이루어지지는 않는다. 수많은 사량분별이 온 몸을 움직이고 자연과 일상에서의 진체는 분별심이 만들어 낸 형상만을 그리게 된다. 정작 자신의 본래면목은 오간데 없이 사라지고 삶 또한 그렇게 겉만 돌다가 흔적도 없이 사라지게 된다. 경봉은 이러한 문제에 대한 해결방안을 구체적으로 제시한다.

---

290 "…本山住持重光常圓師問曰 鏡本平面峰自何出云云 私儀 答曰 住持和尙 囊中之鏡壁上之鏡見而玩之故但知鏡之平面形而已也 㗎 這筒之鏡不屬於曲平之形也寬若太虛能包大千世界細入諸刹微塵無障無碍自由自在湛然明徹故帝網重重之光常照圓圓之光盡在於此中囊中壁上大小之鏡無邊空際流去之海太湖三萬六千頃之月色碧空萬里長天之晧光盡在於此中然何以其物自知耶又次這個之峰上柱於天而其頂不可見下柱於地而其底難可測縱橫本無內外通絶萬物衆生依於此峰生而發育東家醉西家舞山花笑野鳥歌形形色色物物頭頭盡皆於此峰眞妙之景也曾會得麽若也未會千斜不如一直照顧脚跟不始得" -『日誌』, 1942년(51세) 8월 7일.

대개 수행자들의 착안할 점이 세 가지 있기에 소개한다.

一. 허심탄회해서 구하려는 생각을 두지 말고 미혹한 것을 가지고 깨닫기를 기다리지 말 것.

一. 公案을 생각으로 헤아려서 이것인가 저것인가 따지지 말 것.

一. 대중생활을 함에 있어서 公私간에 시비를 도무지 간섭하지 말고 話頭를 앉으나 서나 끊어짐이 없이 또렷또렷이 일념一念으로 집중해서 마음길이 한번 끊어지면 홀연히 맷돌이 꼭 들어 맞듯이 의심덩어리가 타파되리니 삼가할 것[291]

경봉이 오도 이후 20여년의 보림을 통해 얻은, 수행자가 경계해야 할 가장 큰 핵심요지이다. 경봉은 여기서 한발 더 나아가 아예 입을 열지 말 것을 주문한다. 삶의 막바지로 갈수록 선승들은 한결같이 묵언을 강조하는데 경봉 또한 묵언은 아니더라도 말끝을 쫓아 속지 않기를 수좌들에게 주문한 것이다.

靈鷲峰頭月　영축산 봉우리의 달이
光明照古樓　밝은 빛으로 옛 누각 비추네
欲知今日事　지금 일을 알고자 하는가
莫向舌頭收　혀끝을 따르지 말라

이 시를 지으면서 문 밖의 진리를 열거하였는데 "1. 문 밖 무지개 다리

---

[291] 『日誌』, 1942년(51세) 8월 7일.

가 반달 같고, 먼 산은 의구히 푸르스름하네 / 2. 시냇물은 잔잔히 흘러 큰 바다로 가고, 얼음 타는 아이들은 추운 줄 모르네 / 3. 설중매 향기 사람들 즐겁고, 남녀의 나무꾼 나뭇짐이 다르네 / 4. 눈으로는 청산 밖의 구름 피어오르는 것 보고, 귀로는 대밭에 바람소리 듣누나"[292]라 하였다. 이는 말을 따르되 생각보다 앞서 말하고, 생각을 따르되 분별이 없는 직관적 사고를 요하는 것이다. 경봉은 일상의 잔상들이 분별없는 삶을 영위하는 것에 경의를 표하고 있다.

삶의 후반기는 이렇게 자신이 공부한 바를 많은 이들과 나누고자 하였고 수행자들을 위해 경험을 아낌없이 내보였으며 대중들의 경계에 대해 점검하면서 상대의 근기에 맞게 격려와 경책을 아끼지 않았다. 또한 자신의 의중을 기록하여 대중들의 삶에 도움을 주고자 하였다. 이러한 경봉의 선승다운 면모는 많은 수좌들과 대중들에게 존경을 받았고 특히, 경봉이 주석했던 통도사 극락암은 수좌들의 고향이라 불리며 선의 종가로 가풍을 드날리게 된다.

3) 인정人情을 통한 감성표출

『日誌일지』속에는 한 집안의 장남으로 시작하여 출가 수행자, 개오를 한 선지식이자 큰 스승으로 이름을 떨치며 많은 대중들에게 희망을 주고 사랑을 받았던 경봉의 삶이 고스란히 남아있다. 또한, 삶의 순간순간에

---

[292] 『日誌』, 1968년(77세) 1월 15일.

서 드러나는 생로병사와 희노애락의 틀 안에서 이루어지는 인간적 고뇌들이 시를 통해 표출되었는데, 특히 가까웠던 이들의 이별과 죽음, 그리움과 아쉬움, 희생과 열정 등은 경봉 삶에 있어 매우 중요한 감정 표출의 원인이 된다.

선승 혹은 수행자에게 있어 정情의 표출은 감정의 변화를 뜻하기 때문에 선禪의 핵심인 무심無心·무념無念에 반하는 행동으로 보일 수 있지만, 수행이 익을수록 인간의 순수한 감성으로 돌아가는 것이 선禪의 근본 회귀처回歸處이기도 하기에 무념무상의 테두리 안에서 이루어지는 감성 표출은 더욱 선승다운 모습일 수도 있다. 경봉의 청년기 인간적 감성표출의 첫 번째 대상은 바로 은사인 성해의 열반이다.

吾師在世有仁交　　우리 스님 생전에 어지셨으니
應必閻王解釼抛　　응당 염라대왕이 칼을 버리리라
自得累年禪法力　　해마다 선법에 힘써 스스로 깨치셨으니
可笑齋日道人嘲　　가소롭구나 제삿날 도인들이 비웃겠네
海龍叙氣飛天外　　바다 용은 기운내어 하늘 밖으로 날아가고
漁子垂竿勤艣梢　　어부는 낚시 던지고 노를 젓네
花笑鳥歌無一事　　꽃은 웃고 새는 노래하며 아무 일 없는데
好分春酒又分肴　　좋게 청주 나누고 또한 안주도 나누리[293]

은사의 백재百齋불공을 지내고 지은 시이다. 경봉은 은사의 귀적歸寂 당

---

[293] 『日誌』, 1928년(37세) 4월 28일.

일과 이어지는 칠재七齋날에도 별다른 감성 표출이 없었다. 그러나 시간이 지나면서 은사의 열반을 실감하게 되었고 위 시를 통해 은사에 대한 감사와 애도를 표하게 된다.

시에서는 선승의 열반에 제사를 지내는 것이 스스로 허물이라고 여겼는지 미리 세상의 비웃음을 차단해 버렸다. 스승의 어질었던 삶을 통해 속세의 고정적 인식을 허물고자하는 경봉의 의중이 그대로 반영된 것이다. 한발 더 나아가 청주와 안주를 즐기고자 한 것은 불교에서 말하는 깨달음이 곧 열반이라는 논리를 전제로 열반이 당사자이든 관상자이든 간에 충분히 즐기고 행복한 일임을 알 수 있다.

은사의 열반에서 경봉의 감성들은 당연한 무여열반의 일로 받아들이며 슬픔이나 고통이라는 인식들을 드러내지 않았다. 그만큼 은사가 평소 보였던 인덕仁德을 자랑스럽게 여겼기 때문일 수도 있다. 사제지간의 정은 이렇게 칭송과 절제, 현실인식의 형태로 드러났다.

경봉은 스승을 떠나보내고 난 뒤 평생 사형 구하를 스승처럼 여기고 따랐다. 스승의 역할과 사형의 역할, 그리고 앞에서 다룬 도반으로서의 역할, 시우詩友로서의 역할에 충실해주었던 구하에게 경봉은 각별한 관심을 받으면서 성장했고 경봉 또한 그런 사형에게 예를 다해 존중하며 애정을 쌓아간다.

一二層層萬碧樓	하나 둘 층층이 모두 푸른 누각이요
玲瓏景象繡雲浮	영롱한 햇살에 수놓은 구름 떠있네
煙波宇宙心難定	자욱한 세상에서 마음 정하기 어렵고
水月江山意益迷	물과 달, 강과 산엔 뜻이 더욱 희미하구나

漢鐵橋頭魚棹晩　　한강철교 주위로 어부가 늦배를 띄우니
長安道上電扇秋　　장안 길 위 전선에 가을을 부채질 하네
此中眞味誰能識　　이 가운데 참 맛을 누가 능히 알겠는가
獨坐風軒我不愁　　홀로 바람 부는 난간에 앉으니 근심이 없구나[294]
鷲山

　이 시는 구하가 1928년 7월 18일 경봉에게 쓴 편지 속의 시로, 당시 경성에서 유학하던 통도사 학생 김재표가 여름방학을 맞아 통도사로 내려오기에 그 편에 붙인 것이다. 앞서 일주일 전인 7월 11일 구하가 서울로 떠나는 경봉을 배웅한지 일주일 만에 안부편지가 도착한 것이다.
　구하는 경성의 가을 오후 풍경을 그려내었다. 건물들과 뉘엿뉘엿한 태양이 뿜어내는 햇살들, 구름 사이로 보이는 복잡하고 분주한 도시와 사람들의 일상, 그 속에서도 진정한 참 진리가 있다고 하였다. 건물과 저녁놀, 수월강산水月江山과 가을 풍경을 점진적으로 시각화하여 결국 자신의 내면에 대한 무심함을 이끌어내고 있다. 멀리 떠나있는 자신을 걱정할 사제의 마음을 알기나 한 듯 자신은 전혀 근심 없이 잘 지내고 있다고 하였다. 사제의 근심을 덜어주려고 애써 무심하고자하는 구하의 따뜻한 마음이 잘 녹아 들어있는 시이다. 경봉은 이 시에 대해 다음과 같이 답시를 보낸다.

---

[294]　"天氣雲天也京城留學生金載杓夏期休學으로因하야來着也來偏에金九河兄書信中에一韻曰…" -『日誌』, 1928년(37세) 7월 18일

答曰

漢城豪傑彼高樓	한성의 호걸 같은 저 높은 누각이여
應是南柯夢裡浮	당연히 南柯의 꿈 속에 떠있네
千里情多明月色	천리 정이 많으니 밝은 달이 빛나고
萬緣心寂白雲幽	온갖 인연에도 마음 고요하니 흰 구름 그윽하네
得名長在人間樂	이름 얻어 오래 사는 것이 인간의 즐거움이요
携杖今遊却外秋	지팡이 짚고 이리 노니니 겁 밖의 가을이라
一入金剛尋一釼	한번 금강에 들어가 칼 하나 찾으니
乾坤消裂有何愁	하늘과 땅 사라져 무슨 시름 있겠습니까[295]

○ 光

　구하는 몇 해 전 서울에서의 구타사건과 통도사 정세, 복잡하게 얽혀 있는 당시 종교계와 나라의 대사를 위한 처세 등 당시 통도사의 구심점으로서 본사의 이익을 위해 고군분투 할 때이다. 이러한 사형의 노력과 어려움을 누구보다 잘 알고 있었던 경봉은 구하 시에 나타난 서울의 물질적 풍경과 일상 모두를 '南柯一夢남가일몽'으로 절하하며 사형의 부담감을 덜어 주었다. 이면에 내재되어 있는 애틋함의 표현이다. 그리고 진리는 모두 자연의 행위에 그대로 드러나 있으며 우리가 즐겁게 만끽하고 있는 가을의 전조는 알음알이에서 비롯된 사량분별의 산물이라 하여 금강보검으로 다 잘라내야 한다고 하였다. 또한, 사형의 노고를 잘 알고 있으니 애써 태연한 척 말고 힘을 내라는 응원과 하늘 땅 사라진 그 곳에

295　『日誌』, 1928년(37세) 7월 18일.

심연의 본처가 있으니 지혜로운 칼을 잘 찾아보라는 말도 잊지 않는다. 사형에 대한 지극한 마음이 그대로 나타남을 알 수 있다.

步月思兄默自噓　달빛 거닐며 형 생각에 고요히 한숨 쉬니
丹心護法七旬餘　한 마음으로 법을 지킨 지 칠순이라.
雲藏甁鉢無鮮物　수행자에겐 새롭다 할 물건 없으니
只獻山茶又一書　다만 산차와 글 한 수 보냅니다.

九河兄主答來曰　구하형에게 답이 오기를,

稀三益壯仰天噓　73세에도 건강히 하늘을 우러러 보고
養得精神自有餘　정신을 기르니 스스로 여유가 있네
法錫東南分散在　지팡이 짚고 나서는 길은 동남으로 나누어 흩어지는데
弟賢慰我惠茶書　아우가 나를 위해 차와 글을 베푸네

경봉은 1944년(53세) 7월 25일 『日誌일지』에 작설차 한 통과 함께 시를 보내 구하의 생일을 축하하였다고 적었다.[296] 위 시는 그때 주고받은 것이다. 시들이 오갈 무렵 구하는 종단과 통도사 내에서도 활동을 거의 마무리하는 단계였다. 그래서 시는 칠순 넘은 지금까지 통도사를 위해 헌신한 사형에 대한 찬사와 위로, 그리고 사제로서 사형을 생각하는 애틋함이 그대로 드러난다. 구하 또한 당시 경봉의 선풍이 널리 진작振作됨을 찬사하고 바쁜 와중에도 자신의 생일을 챙겨 차와 글을 보내준 것에 감사

296　"天氣晴也明日九河兄主生辰日故…" - 『日誌』, 1944년(53세) 7월 25일.

하고 있다. 경봉은 항상 구하의 생일을 잊지 않았는데 경봉의 나이 57세 때인 1948년에 구하가 내원사에 머물 때에도 직접 찾아가 생일을 축하하면서 함께 아침공양을 하고 오후에 설법을 했다는 기록[297]이 보인다.

구하를 통해 경봉의 정적인 삶의 단상들을 살폈다. 경봉은 구하를 통해 삶의 기반들을 다져갔고 그만큼 어린 시절 힘이 되어주었던 인물이기에 구하와의 교유는 경봉 삶의 그 어떤 사람보다 따뜻한 사람 냄새가 날 수 밖에 없다.

이외에도 경봉은 찾아오는 수좌들에게는 한없이 정 많은 스승이었다. 만나고 또 헤어지는 과정에서 순간의 감성들을 잘 표출하였는데 전별의 상황에서는 많은 아쉬움을 드러내기도 한다. 먼저 50세 이전의 이별에 대한 상황을 살펴보면, 젊은 날 통도사를 찾은 전강田剛[298]이나 문빈文彬[299] 등과 헤어질 때의 장면은 그 내용만으로 희망찬 모습이다.

水碧山靑萬古春　물과 산 푸르니 만고의 봄이요
梅紅殘雪更生新　붉은 매화에 남겨진 눈은 다시 새롭네
心無善惡元諸聖　마음에 선악이 없어 원래 모두 성스럽고
道化親踈總故人　친하거나 멀거나 교화하니 모두가 고향사람이라
鍾落禪窓惺睡夢　종소리 선창에 울려 꿈을 깨고

297　『日誌』, 1948년(57세) 7월 13일.
298　"구름 가에 발우 놓고 이 암자에 지내는데 / 우연히 그대 만나 玄談을 털어놨네 / 밤은 깊어 삼경이라 인적이 없는데 / 가을 물은 하늘에 닿고 달은 못에 가득하네 (掛鉢雲邊臥此庵 / 偶逢仁君盡玄談 / 三更夜深無人處 / 秋水連天月滿潭)" - 『日誌』, 1929년(38세) 9월 8일.
299　『日誌』, 1932년(41세) 2월 6일.

風收雲影現天眞　바람이 구름 그림자 거두니 하늘의 진면목 나타나네
知音迎客非常事　마음 맞는 벗을 맞이하는 것 흔한 일 아닌데
一指淸光超出塵　일지거사의 맑은 빛 세속을 뛰어 넘는구나
○光

경봉은 문빈 선생을 '평양 서화지사書畫指寫'라 칭하였다. 독립 운동가였던 문빈은 말 그대로 손가락 글씨의 대가였다. 『日誌일지』에 '일지거사一指居士'로 많이 등장하는데 특히 해제나 결제를 맞아 후학의 점검과 경책을 위해 드러내는 안거시에 함께 이름을 많이 올렸다. 이러한 점으로 볼 때 문빈의 수행이나 문인으로서의 능력이 매우 뛰어났음을 짐작할 수 있다. 두 사람이 어떻게 인연을 맺었는지는 알 수 없지만 아마도 스승 성해를 통해서였을 것으로 보인다.

위 시에서 느껴지듯이 이 시기의 이별은 아쉬움은 있지만 크게 슬퍼보이지는 않는다. 다시 곧 만날 수 있으리라는 확신 속에 뒷날을 기약하는 분위기다. 이는 청년기의 이별이 죽음과 기약 없는 세월에 대한 두려움과 크게 동떨어져 있기 때문이다. 그러나 50세 이후의 전별은 무상함을 전제로 하는 진지함과 차분함이 보인다. 역시 세월의 한계를 직감하는 것인지는 모르겠지만 젊은 날의 희망적 이별보다는 자못 스스로 어두운 분위기다.

駒隙光陰勝急流　덧없이 짧은 세월 급류를 이기고
人生離合似波洲　인생의 헤어지고 만남은 파도와 같도다
歸鄕消息聞書面　고향 간다는 소식 글로 전해 들으니

恨別深懷上月樓	슬픈 이별 깊은 상심에 달 뜬 누각에 올랐네
世事元來多險路	세상 일 원래 험한 길 많지만
眞心相向破塵愁	진정한 마음으로 서로 향하면 티끌 근심 사라지리라
今朝分手眞爲恨	오늘 아침 헤어지는 것이 진정 한스러워
更託佳緣此地遊	다시 좋은 인연으로 이 땅에서 노닐길 부탁하네[300]
圓光	

밀양에서 경찰서장을 지낸 조영운曺永云이 정년을 하고 고향으로 돌아가면서 경봉에게 마지막 인사를 하러 온 듯하다. 경봉이 밀양 포교당에 머물 때 인연을 맺은 것으로 보이는데, 시에서는 인생의 무상함과 노년의 삶에서 언제 다시 볼 수 있을지 하는 아쉬움이 보인다. 이러한 전별시는 선승의 기풍과는 달리 감성과 감정에 치우쳐 자못 자신의 진체를 놓칠 수 있지만 그전에 한 인간으로서 느끼는 감성표출이기 때문에 충분히 선승으로서 감수해야 하는 부분이다. 인정人情은 사람과 사람이 만나고 헤어지는 현실의 인간관계에서 나타나는 가장 기본적인 감성이다. 도가 익을수록 더욱 평인이 되고 정이 따뜻한 사람이 되어 가는 것은 당연한 이치이기 때문에 진정한 수행자가 되기 위해서는 이러한 인간의 가장 원초적 감성들을 분별없이 자유자재할 수 있어야 한다. 경봉은 선승·시승이기 전에 한 인간이고 그렇기 때문에 전별을 통해 상대에 대한 그리움을 표출하였고 또한 대중 속에서 자주자재 할 수 있었기 때문에 더더욱 전별의 아쉬움이 극대화되어 표출되었다.

---

[300] 『日誌』, 1953년(62세) 5월 29일.

옛날에 어떤 할머니가 한 스님을 공양하기를 이십 년 동안 했다. 항상 여자를 시켜 밥을 나르고 시중을 들게 했다. 하루는 그 여자에게 스님을 한번 안아보게 하고는, 그가 어떻게 하는지 잘 보도록 했다. 여자가 스님을 껴안자 스님이 말했다.
"고목이 바위에 기댄 듯하여 따뜻함을 느낄 수가 없구려."
여자가 돌아와서 그대로 이야기하자 할머니는 다음과 같이 말하고는 마침내 스님이 거처하는 암자를 태워버렸다.
"내가 이런 俗漢을 이십 년 동안이나 먹여 살렸구나."[301]

『禪門拈頌集(선문염송집)』에 나오는 이 일화는 선禪이 추구하는 진정한 의미가 무엇인지 극적으로 보여주는 장면이다. 선의 확장과 실천에 있어 경봉 또한 이러한 모습을 실천한 선승으로 인간적 면모들을 통해 대중들에게 존경받는 진정한 선지식이 되지 않았을까 생각되어 진다.

경봉의 인간적 면모는 아주 사소한 일상에까지 관심을 가져 수좌들이 겪고 있는 문제점들을 보고, 듣고 그 해결방안이나 방법 등을 제시하기도 하였다.

---

[301] 이진오,『韓國 佛敎文學의 硏究』(民族社, 1997년), 401쪽 재인용.(이진오는『禪門拈頌集』에 나오는 이 일화를 인용하면서 "得道의 경지란 따뜻한 인간애를 떠나 목석과 같이 차고 굳은 것이 아니라는 것이다. 온갖 집착과 무명으로부터 벗어나 해탈을 얻었다고 해서 다른 사람이 웃거나 울거나 상관하지 않고 얼음과 같은 냉엄한 자세를 견지하는 것은 아닐 것이다"라고 하였다.)

至定不睡眠	선정에 이르러 자지 않으니
無睡卽三昧	잠이 없으면 곧 삼매일세
無念無知覺	생각도 없고 지각도 없으면
是名奢摩他	이것을 이름하여 일심삼매라 하네[302]

1960년(69세) 2월 25일, 극락암에 정진 중이던 최편광 수좌가 불면증으로 다년간 고생한다는 이야기를 듣고 경봉이 지어준 시이다. 수좌에 대한 애틋한 마음이 느껴지는 이 시는 목숨을 걸고 정진하는 수좌들을 외호하는, 선원의 어른인 조실로서 마땅히 해야 할 가르침의 한 방편이다. 이처럼 사소한 일상에서 수행자들의 문제점들을 시를 통해 해결방안을 제시한 것은 드문 예이며 이전 선승들의 시문집에서 찾아보기 힘든 유형의 인정시人情詩이다.

경봉이 선학원 이사장이나 불교개혁위의 활동으로 중앙무대에 이름을 알린 이후 당대 선승들과의 교류가 본격적으로 이루어진다. 종단 활동을 마무리하고 극락암으로 돌아왔을 때에도 서신을 통해 이들과 법담을 나누는 등 지속적으로 정적인 교류를 이어간다. 그리고 세월의 무상함은 한 시대를 풍미했던 선승들의 열반을 통해 몸소 체험하게 되는 바, 경봉은 교류했던 많은 도반들의 입적을 지켜보면서 애도와 슬픔을 표출하였다. 『日誌일지』에는 열반한 많은 선승들에 대한 경봉의 슬픔이 만시挽詩·찬시讚詩·애도시哀悼詩 등의 형태로 나타나는데, 이들 중에 은사 대代부터

---

302 『日誌』, 1960년(69세) 2월 25일.

인연을 맺어온[303] 효봉 선사의 입적을 기리는 시를 살펴보자.

  曉日昇空雲散峰 새벽 해 공중에 떠올라 구름이 봉우리에 흩어져도
  乾坤不變舊時容 하늘과 땅은 변함없이 옛날 모습이네
  宗師示寂今如此 종사의 입적 지금 이와 같으니
  香熟茶煎又一頌 향 피우고 차 달이며 또한 한 수 짓네[304]
  圓光

효봉은 1966년(75세) 10월 15일에 밀양 표충사에서 입적한다. 당시 조계종의 초대 종정이었기 때문에 영결식은 선학원에서 종단장으로 이루어졌는데 경봉은 직접 통일호를 타고 상경하여 일주일간 머물면서 효봉의 영결식을 지켜보고 내려온다. 그만큼 두 선승이 각별한 정을 나누었음을 알 수 있다.

열반을 애도하는 시들은 상대의 업적을 기리고 생전의 덕을 칭송하는 것이 대부분이다. 그러나 이 시에서는 간결하게 당장 현재의 순간만 읊었다. 대종사의 열반에 굳이 덕의 칭송이니 업적 평가니 하는 등의 문

---

303 효봉의 은사인 石頭禪師는 경봉의 청년기 만행 구법 때부터 인연을 맺어 석두-효봉-구산까지 계속 인연을 맺었으며 효봉이 동화사 조실로 추대되어 선풍을 떨칠 때도 서간을 통해 서로 안부를 묻고 법담을 나누었다. 이후 밀양 표충사 조실로 추대되면서 더욱 잦은 교류가 이루어졌다. 이러한 인연은 그 다음 세대까지 이어졌고 법손 구산선사가 송광사에 주석하고 난 뒤에서 계속 조계문중과 영축문중이 많은 교류를 하게 된다.『三笑窟 日誌』의 서문을 효봉의 상좌인 법정이 쓴 것도 이런 인연이 계기가 되었다.
304 『日誌』, 1966년(75세) 10월 19일.

제는 열반과 함께 모두 순식간에 사라져 버리는 일이다. 그렇기 때문에 경봉은 현재의 순간을 애도하고 입적 그대로의 무상법문을 받아들인 것이다.

이상 경봉의 인정 표출에 대한 상황들을 살펴보았다. 경봉의 인간적 면모는 작게는 집안의 부모, 출가 후 은사 및 사형사제, 그리고 종단의 어른과 당대 선지식, 더 나아가 종단 자체를 걱정하는 마음[305] 등 한 시대를 풍미했던 진정한 선지식으로서의 면모를 느낄 수 있었다. 90이 다 된 노구에도 시자들의 부축을 받고 대중들을 위해 등단하여 설법했던 것은 철저한 인간적 실천을 위한 의지였다. 또한, 사제의 공부를 챙기고 찾아오는 납자들을 반겼다. 정情적인 한 단면을 살폈지만 어쩌면 경봉은 자신의 말처럼 멋지게 한 세상 연극무대를 누비며 진정한 '사람 경봉'으로 살아간 인물인지도 모른다. 복분자 한 그릇에도 환한 미소를 띠며 입을 다셨던[306] 정감들을 통해 대중들에게 위로와 격려, 용기와 희망을 주었으며 경봉이 남긴 시나 문장, 법문 혹은 서예 작품들을 통해 여전히 법향을 뿜어내고 있다.

---

[305] "오전 11시 반에 경도 청수사에 가서 산천을 관람하다가 조선불교의 부진과 부처님의 은혜를 생각하며 비관하여 눈물이 흐르다" -『日誌』, 1941년(50세), 4월 7일.

[306] "천성산 산딸기가 / 정성 담겨 삼소굴 왔구나 / 이 가운데 第一味는 / 먹고 나서 혀 끝을 다시는 걸세(聖山覆盆子 / 誠到三笑窟 /此中第一味 / 喫了搖舌頭)" -『日誌』, 1961년(70세) 7월 23일.

제4장

경봉 시의 특성과 의의

제 4 장

경봉 시의 특성과 의의

　불교가 한반도에 전래된 이래, 승가의 시(詩)가 문학의 형태로 나타나기 시작한 것은 고려 대각국사 의천(1055~1101)때 부터이다.[307] 신라의 문학이 향가와 한시라는 이원적 흐름이었다고 볼 때 의천의 시대에 와서 한시의 일원적 융합으로 이루어지는 것이 아닌가 생각된다.[308] 뒤이어 무의자 혜심과 고려 말 나옹, 태고, 백운 등에 의해 자신의 수행 경지를 대변하거나 혹은 선의 진체를 표현하기 위한 방편으로 활용되어 전성기를 이끌게 된다.
　조선조에 들어와서는 활발하게 승가의 문집들이 만들어진다. 교단의

---

[307] 의천 이전까지의 작품들은 시의 온전한 형태를 갖추지 못했을 뿐만 아니라, 楚辭나 古詩의 풍을 지니고 있어서 한시의 원시적 형태를 취하고 있다. 따라서 羅代까지만 하더라도 한시로 표현하는 방식 자체가 아직 익숙하지 않던 시기였다. 한시보다는 향가에서 불교사상을 더욱 문학적으로 잘 형상화 하였다 - 이진오(1997), 94쪽.

[308] 이종찬, 「의천(義天)의 시문학(詩文學)」, 『천태학연구』 4권, 천태불교문화연구원, 2002년, 131쪽.

주된 표현수단이 문집의 형태이며, 문집에서도 시가 중시되었다는 점에서 조선조 불교의 사상적 표현은 시가 그 대변인 역할을 했다는 말이 된다. 즉, 한시는 조선조 불교를 이해하는 데 가장 중심적인 자료가 된다는 말이다.[309] 조선 후기에는 대흥사를 중심으로 한 시풍詩風들이 일어나기도 한다.

한편, 통도사 시승의 계보는 현재 대한불교 조계종의 법맥에서 매우 중요한 위치를 차지하고 있는 환성 지안喚惺 志安(1664~1729)[310]에서부터 시작된다. 환성은 문집 자체가 시로 이루어져 있다. 총 149수의 시가 수록되어 있는데 환성과 통도사의 인연은 통도사 소장 현판 기록인 〈通度寺白蓮精舍萬日勝會記통도사백련정사만일승회기〉[311]를 통해 짐작할 수 있다. 이 기록에는 환성 지안이 통도사 백련암에 머물면서 강설을 하였다고 한다.[312]

---

[309] 이진오 역주, 『정선 시선집』, 대한불교조계종 한국전통사상서 간행위원회, 2009년, 37쪽.

[310] 환성 지안은 춘천 사람으로 1664년(현종 5년)에 출생, 15세에 龍門寺로 출가하여 雙峰 淨源에게 구족계를 받고 17세 되던 해에 月潭에게 가르침을 받고 그의 법을 이었다. 『환성시집』 1권 1책이 전한다. -『동사열전』(범해 撰·金侖世 譯, 광제원, 1991년 7월, 197~201) 참조.

[311] 통도사성보박물관 소장.

[312] "…이 암자는 언제부터 열렸는지는 모르지만 산수의 아름다움과 도량의 엄숙하고 청정함은 동방의 으뜸이라. 이러한 이유로 喚惺조사께서 주장자를 세우시고, 虎巖노사께선 불자를 세우셨으며, 나머지 강백들이 서로 이어 종지의 가르침을 드러내었다…(…是庵未知刱自何時而山水之佳麗道場之嚴淨甲于東方 是以喚惺祖之卓錫虎巖老之竪拂 其餘講伯相繼而闡揚敎宗…) -『白蓮精舍萬日勝會記』(통도사성보박물관소장) 중에서.

환성을 통해 선풍과 시풍이 시작되었으며 면면히 이어져오던 시풍이 근대에 들어와서 용악 혜견龍岳 慧堅(1830~1908)이 주석하면서 시문집인 『龍岳堂私藁集용악당사고집』을 통해 다시 부활하기 시작하여 성해 남거聖海 南巨의 등장으로 통도사의 중흥과 함께 시풍 또한 부흥하게 된다. 그리고 해담 치익海曇 致益이 시문집인 『曾谷集』과 함께 성해의 제자들인 구하·경봉·경하 대代에 이르러 만개한다.

이 중에서도 경봉은 평생 시를 통해 유·불·도의 경계를 뛰어넘어 세상의 모든 만물과 인생사를 주제로, 동시대 사람들의 인생관과 가치관을 담아내었다. 즉, 신분에 구애받지 않았고 종교적 영역에도 국한되지 않았다. 이러한 모습은 불교시사佛教詩史에서 매우 중요한 사례이다.

경봉 시의 흐름을 간단히 살펴보면, 삶의 초기에는 깨달음에 대한 열망과 수행에 대한 열정, 그리고 화엄에 대한 관심 등이 표출되었다. 우리가 경계해야 할 화엄시와 선시의 구별이 확실히 이루어지지 않았다는 점도 눈여겨 볼만 하다.

삶의 중반기에는 수행과 기도·깨달음과 보림에 관한 시들이 주를 이룬다. 그리고 시회를 통해 자연과 일상을 본격적으로 시화詩化하여 시제의 폭이 확대하는 계기를 마련하였다. 이후 많은 차운시를 통해 詩 공부를 게을리 하지 않았고 첫 등단설법에서 읊은 시[313]를 시작으로 안거시安

---

313 "예로부터 함께 있었으나 모르는 객 / 서로 아는 데 오히려 서로 모르는 것 같네 / 머리 뒤의 한쪽 눈 열리니 / 바로 이것이 참 소식임을 아네(從來共住不知客 / 相識猶如不相識 / 腦後迸開隻眼睛 / 便知這個眞消息)" -『日誌』, 1931년(40세) 11월 24일.

居詩가 본격적으로 등장하게 된다.[314] 삶의 말년에는 수행에 대한 확신과 깨달음에 대한 희열을 경책시警策詩을 통해 후학들에게 전하게 된다. 수행을 독려하고, 한 시대를 함께 공유했던 선승들의 수연이나 열반을 축하하거나 애도하는 시들이 보이기도 한다. 이러한 흐름 속에서 드러나는 경봉 삶의 시적 특징들을 살펴보고자 한다.

1. 수행자로서의 면모

경봉은 법이란 한 생각이 나기 전에 이미 있는 것이며, 우주의 삼라만상 가운데 존재하는 것으로 인식하였다. 일상의 모든 곳에 선禪이 존재하며, 생활 그 자체가 선의 세계라고 말한다. 이는 "법문은 아무 말도 하지 않은 가운데 있고, 종사가 법좌에 오르기 전에 법문이 있고 법문을 듣는 사람이 자리에 앉기 전에 있고, 종사가 무엇을 말하려는가 하는 한 생각 일어나기 전에 있는 것이다"라고 말한 것과도 같은 의미다.[315]

경봉의 이러한 인식은 철저한 간화선자로서 조사선을 추구한 당대 선승들의 수행관과 일치한다. 그리고 '무념無念'이나 '안심安心' 외에 마음의 공

---

[314] "얼마나 비바람 겪고 맞이하는 맑은 가을인가 / 오늘밤 삼경엔 달빛이 누각에 가득하네 / 달마가 서쪽에서 온 진정 묘결은 묻지 말라 / 구름은 산으로 돌아가고 물은 시내로 흐르네(幾經風雨到淸秋 / 今夜三更月滿樓 / 莫問西來眞妙訣 / 雲歸山岳水溪流)" - 『日誌』, 1940년(49세) 8월 18일.

[315] 정도(2013), 158쪽(경봉의 수행관은 정도에 의해 상세하게 정리되어 있는바, 이를 기본적으로 수용하여 정리하였다)

적함이나 세상의 이치 속에서 드러나는 인과나 인연의 관계를 말하면서 육조 혜능의 사상과 일맥상통하는 즉, 일상의 한가로움과 평온함 속에서 선의 종지를 찾고자 하였다. 특히 후학을 제접할 때에는 혜능과 조주 그리고 운문의 모습을 찾아 볼 수 있었고 정통선을 기본으로 조사선과 여래선의 구분 또한 명확히 하였다. 이는 평소 존경하던 백용성이나 앞서 살핀 방한암의 영향을 받은 것도 있지만 무엇보다 경허에게 간접적으로 큰 영향을 받기도 한다.

정도는 경봉의 선리관禪理觀을 종밀의 선종에 대한 분류에 의거하여 직현심성종直顯心性宗이라 하였다. 말 이전의 실천적 직관을 통한 선의 전통적 행위를 실천하였기 때문이다.

> …선은 자체가 空하여서 이름과 형상이 없으나 능히 모든 것을 이루는 것이니 이룩된 모든 것이 그대로가 곧 선이다. 그러므로 萬法의 王이 되고 萬行의 으뜸이 되어 萬法·萬行·萬事·萬物 그대로가 온전히 선의 妙用이며 선의 표현인 것이다.
> 과거·현재·미래의 모든 부처가 한가지로 이것을 證明함이요 一大藏敎에 敎示함이 이것을 보임이요 모든 사람의 迷妄이 이것을 迷함이요 天下衲僧의 參訪함이 이것을 參함이다.
> 達한즉 모든 것이 옳으며 迷한즉 온갖 곳에 갈팡질팡하여 혼미하나니 이 體는 모든 사람에게 본래부터 있는 깨닫는 성품이며 티끌같이 많은 국토가 발생하는 근원이라 이 道를 가히 배우지 못하나니 마음으로 도를 배우려 하면 도리어 도를 미하게 된다. 배울 수가 없는 것이기에 깨달을 것도 없고 닦을 것도 없는 것이기에 닦을 것도 없고 닦을 것도 없

는 것이기에 證得할 것도 없는 것이다…[316]

경봉의 사상적 면모를 알 수 있는 글이다. 즉, 조계의 간화선법을 그대로 받아들이고 있음을 알 수 있다. 평생 수좌들에게 간화선 보급에 앞장 선 경봉이기에 간화선의 근간이 되는 혜능의 '본래무일물本來無一物'에 대한 핵심들을 정리하여 대중들에게 전하고 있는 것이다. 정도는 이런 기반으로 한 간화선자로서의 경봉을 대혜 간화선의 계승자라고 하였다. 그리고 경허와 밀접한 관계가 있다고도 하였다.[317] 경허의 사상적 면모를 경봉이 답습한 것은 문학적 측면에서도 많이 나타난다.

경허는 음주·식육에 걸림 없는 무애행을 보이기도 했지만, 그렇지 않을 때는 누구도 따를 수 없을 만큼 자기 수행에 철저했다. 또한 큰 도회지에 나가서 활동하면 신도들이 많이 따라 여불如佛 대접을 받으며 풍족한 생활을 할 수 있었을 터인데도 발로 경성 땅을 밟지 않기로 스스로 맹서했다고 한 데서 그가 명리를 멀리한, 진솔한 성품과 곧은 지조를 지녔음을 알 수 있다.[318] 경허의 수행에 대한 특히 조사선에 대한 입장[319]을 경

---

[316] 석명정(1979), 서문 참조.
[317] 정도(2013), 171~173쪽 참조
(이외에도 과거 공안집 속에 있는 공안에 국한하지 않고 우리가 살아가는 현장 속에서 화두를 찾고 있으며, 실제 선 수행을 하여 깨달은 선사들과 법거량을 통해 화두의 현재성을 드러내보였다고 하고 이는 경봉의 선이 조사선의 활발한 선풍을 현대에 다시 되살리고 있음을 보여주는 것으로, 경봉선의 가장 큰 특징이라고 하였다)
[318] 이상하,『경허집』, 동국대학교출판부, 2016년, 7쪽.
[319] "참선은 모름지기 조사관을 뚫어야 하고, 妙悟는 마음의 길이 끊어져야 한다…" - 이상하(2016), 183쪽.

봉이 그대로 수용했다고 볼 수 있다. 이는 오도 과정에서 충분히 드러났다. 경허의 영향에 대한 비교와 분석들은 정도의 선행연구[320]에서 충분히 정리된 바, 문학적 단상을 통해 몇 가지 살펴보기로 한다.

近水樓抬月　가까이 물 흐르는 누각에 뜬 달은
光照萬千岑　만천 봉우리에 빛을 비추네
寒梅知得否　추위 속의 매화를 알지 못하는가
雪裡帶春心　눈 속에 봄의 마음을 품었구나

虛空爲屋泰山楹　허공으로 집을 삼고 태산을 기둥 삼았으니
大醉春風萬事輕　봄바람에 흠뻑 취해 만사가 상쾌하네
欲訪先師行路處　先師의 행적을 찾고자 하는가
忽聞杜宇兩三聲　홀연히 두견새 소리 두세번 들리네[321]
○光

경봉은 아침 일찍 박금운朴錦雲을 만나러 백련암白蓮庵에 갔다가 누각 위에 환성喚惺과 경허鏡虛의 판상운板上韻을 보고 느낀 바를 기록한 것이다.

320　정도(2013), 172~173쪽.
321　『日誌』, 1930년(39세) 2월 6일.

두 화상의 시³²²⁾는 무심한 일상을 그렸는데 이를 소개한 뒤 각각 차운하여 오언 절구, 칠언 절구 두 수 씩 지어서 기록하였다. 위 시는 그 중에 경허 상판운에 대한 차운이다.

임제의 적자이자 한국 불교의 정맥을 이은 두 선승이 통도사 백운암에 들러 시를 지었고 이에 경봉이 차운한 것은 단순히 선사들의 시 감상에 그치는 것이 아니다. 경허가 환성의 시를 차운한 뒤 쓴 서명에는 '庚子 七月 下澣 湖西 歸門孫 ○牛 鏡虛 謹稿'라 적어 두었는데 여기에서 '문손 門孫'은 경허가 스스로 조계의 적통이자 환성의 적자임을 밝히는 것이다. 경허에 대한 경봉의 존경심은 앞에서도 언급하였듯이 꿈에서도 그려질 정도였기 때문에 이 차운은 시승이라면 당연하겠지만 또 다른 관점에서 생각해보면 경봉 또한 스스로 조계의 적자임을 자부하는 것으로 읽혀질 수

---

322 환성의 시는 각각 다음과 같다.
"마을 입구는 평야로 이어졌고 / 누각은 작은 봉우리에 숨어있네 / 사는 스님 게을러 쓸지 않으니 / 떨어진 꽃 마당에 가득하네(洞口連平野 / 樓臺隱小岑 / 居僧懶不掃 / 花落滿庭心), 구름 옷에 대자리 깔아 앞 기둥에 기대니 / 뜬 세상 헛된 이름 털처럼 가볍네 / 산 살구 가득한 마당에 사람 오지 않고 / 숲 너머 우는 새, 봄 소리 들려주네 - 기해년 늦은 봄에 환성 제하다.(雲衣草簟臥前楹 / 浮世虛名一髮輕 / 山杏滿庭人不到 / 隔林啼鳥送春聲 - 己亥暮春 喚惺 題)"
경허의 시는 각각 다음과 같다.
"호탕한 감정 거둘 수 없어 / 긴 옷깃으로 천 봉우리 떨치네 / 깊은 암자에서 들리는 두견새 소리 / 강과 산은 만고의 마음이요(宕情收未了 / 長袖拂千岑 / 深院聽鵑語 / 江山萬古心)
금도 버리고 몇몇은 허공의 기둥에 걸어두고 / 도의 가치는 세월이라 바다와 산보다 가볍네 / 아득히 드넓은 감흥 느낌 아는 사람 없으니 / 차가운 풍경과 허공의 피리는 겁외의 소리라 - 경자 칠월 하순 호서로 돌아가는 문손원우 경허 근고(擲金遺什揭虛楹 / 道價千秋海岳輕 / 悠悠曠感無人識 / 寒磬空笛劫外聲 - 庚子 七月 下澣 湖西 歸門孫 ○牛 鏡虛 謹稿)"

있는 대목이다.323) 경봉의 시를 보면, 의무적으로 차운하여 자신의 선적 禪的 경지는 물론이고 시적 능력과 감성을 경허와 동일시 하고자하는 느낌을 준다. 물론 경허의 시가 경봉에게 정말 다른 어떤 선승들의 시보다 크게 감동적으로 다가왔을 수도 있다.

神光豁如客　신령스런 빛으로 가득한 객이
金井做淸遊　금정산에서 맑게 노닐고 있네
破袖藏天極　찢어진 소매에는 하늘 끝 감추었고
短筇擘地頭　짧은 지팡이로는 땅을 두드리네
孤雲生遠岫　외로운 구름은 먼 산봉우리에서 피어나고
白鳥下長洲　백조는 긴 모래톱에 내려앉네
大塊誰非夢　대자연 앞에서 무엇이 꿈이 아니겠는가
憑欄謾自悠　난간에 기대어 한가로이 스스로 여유롭네

次韻

携筇到名寺　지팡이 짚고 이름난 절에 이르니
回憶古師遊　옛 선사 노닐던 모습 떠오르네
風活蒼空裡　바람은 푸른 허공 속에 흐르고
山高白日頭　산이 높은 곳에 밝은 해 떠 있네324)

323　환성 지안의 법맥은 遠嗣를 한 龍城 震鐘을 제외하고 크게 雪松 演初, 涵月 海源, 虎岩 體淨으로 이어진다. 경봉의 법맥은 雪松 演初 - 凝庵 希裕 - 慶坡 慶審 - 東溪 萬羽 - 鶴松 理性 - 雙湖 會瑾 - 普雨 敏希 - 鷲峰 泰逸 - 聖海 南巨로 이어지는 법을 이었다 - 김신곤 外(2005), 참고.

324　『三笑窟 日誌』에는 '山高白雲頭'라 되어 있다. 그러나 원본『日誌』에는 위와 같다.

道僧眠石榻　도 닦는 스님 돌상에 누워 잠을 자고
流水去春洲　흐르는 물은 봄빛 모래 사이로 흐르네
天地吾家物　하늘과 땅이 나의 집이니
使人放思悠　사람으로 하여금 유유자적하게 하는구나[325]
○ 光

30대 후반에 경허의 시를 보고 차운시를 읊었던 경봉은 35년이 지난 1956년(65세) 3월에 범어사에서 경허의 시를 발견하고 또다시 차운을 한다. 세월이 지나도 경허에 대한 존경은 그대로였음을 알 수 있다. 그만큼 경허는 수좌들에게 있어 위대한 수행자였다.

경허는 1900년대에 통도사·범어사·해인사 일대에 선방을 열고 수많은 납자들을 제접하면서 선풍을 일으켰다. 위의 첫 번째 시는 경허가 범어사에 주석할 때 남긴 벽상시壁上詩로, 선기禪機로 충만하고 어디에도 걸림이 없는 유유자적한 자신의 현재 모습을 고스란히 담아내었다. 시 속에서 드러나는 도인의 풍채에 경봉은 감동을 받았을 것으로 보인다.

시는 경허에 대한 회상과 함께 자신 또한 경허처럼 유유자적한 수행자로 살아가고 있음을 보여주고자 하였다. 과거의 경허와 현재의 경봉을 같은 선상에 올려놓고 경허에 대한 존경과 경허처럼 되고자 하는 바람, 경허처럼 살고 있는 경봉의 현재를 모두 담아낸 것이다. 경허를 통해 자신을 드러내어 자신 또한 수행자로서의 표상이 되고자 하는 바람과 위대한 스승이 되고자 하는 꿈을 꾼 것이다.

325　"天氣晴也梵魚寺에서 出發하야 釜山에 來着 宗務院 金大越 面會也 梵魚寺 鏡虛禪師 壁上詩…" - 1956년(65세) 3월 17일.

경허의 예에서 살핀 경봉의 수행자적 면모는 수좌 제접과 대중 포교를 통해 실천하는 수행자상으로 확대된다. 물론『日誌일지』에는 많은 선지식들과의 격외 도리의 주옥같은 선문답들을 남겼지만 그것은 수행자로서, 수좌로서 당연한 절차이자 과정이다.

> 護國修道院趣旨書
> 우리人生은宇宙萬物의主人公이요우리自性은人生百事의支配者이다 그러므로自性이바르지못하면人生의路線을알수가없고人生의路線을 모르고는宇宙의造化에參與할길없나니이런까닭에自性을알고自性을 닦는것처럼第一緊急한일은없도다돌아보건대天地間에萬物이그微物 에이르기까지 各各살고저하여배움이있거늘하물며宇宙의主人公된사 람에있어서랴實로 사람이배우지않고는非但그한사람의생활이混亂할 뿐아니라社會와國家를混亂케하고世界人類와宇宙의秩序까지도混亂 케하나니어찌두려운일이아니리오옛말에聖人이나면天地에서氣運이돌 고山中修道하는道人없는나라에天下를經輪하는治家도또한없다한말 도한가지뜻이로다어찌修養치않으리오깊히現今의世相을살피건대蒼生 의塗炭이이에더甚함이없나니무릇蒼生을濟度하고國家를守護하는良 策이무엇이리오오즉高尙圓滿한人格者를待望하는수밖에없나니大體 그누를가르쳐高尙圓滿한人格者라하리오오즉修養으로인하여人生觀 과世界觀을確立하며오즉衆生을濟度코저하는慈悲의一片丹心으로勇 往邁進하여진흙속에서피여올으는白蓮같이紅塵中에汨沒하되自性의 眞面目을毅然히들어내여如何한煩惱와逆境속에있을지라도泰然不動 하고安心立命하는그사람일것이니自利와利他의이聖道를수행케함이

엇찌民族精神을振興하는甘露門이아니며國家隆昌의原動力이아니며 世界平和와人類幸福의羅針盤이아니랴여기에뜻하는바있어미삼가護 國修道院을創立하고저하는도다이趣旨에參同하는有志諸位들이여이 聖業에對하여物心兩面으로積極的援助를切望하는도다

要綱

一. 本院의宗旨는參禪으로修心하되救世佛院의聖道를生活化하도록 함
二. 本院의修行人은僧俗을分別치아니함
三. 修行期限은作定치아니함
四. 從來禪院修道에不合理한모든制度는刷新함
五. 本院은財團法人으로하여爲先本部를通度寺에두고順次로 各地 方의村落까지普及하기로 함[326]

    경봉이 극락암 조실로 추대되고 본격적으로 수행도량을 연 것은 下化 衆生하화중생을 위한 실천행의 시작이었다. 취지서에는 수행에 대한 의지가 그대로 드러난다. 특히 요강에서 제시한 다섯 가지의 결의는 경봉의 수행관이 드러나는 중요한 단서들이다. 수행자는 근본적으로 상구보리 하화중생의 실천이 목표이기 때문에 위 취지서에서 밝힌 중생 구제와 국가 수호를 위한 도인의 양성은 경봉 삶의 마지막 원이었던 것이다. 경봉은

---

326 이 취지서는 통도사 극락암에 소장되어 있는 자료로 경봉이 극락선원 조실로 추대된 직후 만들어진 것으로 보인다(기록 그대로 옮김).

수행자로서의 면모를 철저히 하기 위해 방에 좌우명을 붙이고 평생을 실천하였다. 명정의 글을 통해 그 내용을 살펴보자.

경봉 스님께서 반평생을 넘게 기거하시던 삼소굴 벽에 오래오래 걸려 있어서 빈대 똥까지 드문드문 묻어 있는 좌우명이 있다. 다음은 큰스님의 좌우명이다.

五六四三不得類	5·6·4·3 등의 산만한 숫자가
豈同一二實難窮	어찌 1·2의 실로 다하기 어려움과 같겠는가
幾般雲色出峰頂	여러 가지 구름 빛이 산봉우리로 번져나오고
一樣溪聲落檻前	한결같은 시냇물 소리는 난간 앞에서 들려오네
愛嗔不愛喜	사랑에 성내고 사랑지 않는 것엔 기뻐하지만
大用不揚眉	뛰어난 역량은 눈썹조차 꿈쩍 않는 것
夜半三更見燭舞	야반 삼경에 촛불 춤을 볼지어다
(談話人十以內言之)	(할 말이 있는 이는 10분 이내로 하고 나가도록)

나는 스님을 시봉하면서 하루에도 몇 차례씩 이 좌우명과 마주치게 되었는데, 그때마다 해이해지는 마음의 고삐를 다잡게 만드는 것은, 맨 아래 괄호하고 덧붙여 놓은 "할 말이 있는 이는 십 분 이내로 하고 나가라"는 말이었다.
큰스님께서는 언제나 느긋하신 것 같아도 이렇게 시간을 아끼셨다.[327]

---

327 석명정(2014), 165~166쪽.

명정이 밝힌 경봉 삶의 한 단면이다. 경봉은 열반하기 직전까지 삼소굴에서 좌우명을 되새기며 후학들을 맞았다. 고정된 감정에 치우치지 말 것과 말과 언어에 끌려가지 않고자 하는 수행자의 다짐은 자못 결의에 차 보이기까지 한다. 무애한 삶을 살면서도 가장 근본적인 수행 철칙을 이처럼 소박하게 하루하루를 지켜가며 스스로 철저하고자 했던 모습은 오늘날 많은 수좌들과 대중들에게 귀감이 되고 있다.

　경봉은 간화선을 중심으로 염불과 '선교합일禪敎合一' 혹은 '시선합일詩禪合一'을 추구하며 대중교화를 위해 삶의 후반기 대부분을 헌신하였다. 혜능의 사상과 오가칠종五家七宗의 가풍을 이었으며 경허처럼 되고자 한, 수행자 경봉의 면모는 전통 선의 계승과 진작을 통해 수행자다운 면모를 잃지 않으려는 노력들의 흔적들이다.

2. 시회詩會를 통한 한학지식인의 면모

고려후기에 와서는 사대부와 승려의 교유가 늘어나고, 불가에서는 유가의 존재를 점점 비중있게 대하기 시작했다. 유불의 관계를 심각하게 고민하는 일도 이 시기에 비로소 나타났다.[328] 승려와 유자간의 교류는 대부분 서로간의 영역에 대한 관심에서 시작되었거나 혹은 대립의 해소를 위한 방편으로 전개되기도 하였다.

구한말에 와서는 당장 국가의 운명과 현실의 이질성 때문에 한학에 대한 필요성을 느끼지 못한 기존 한학지식인들이 대거 불가에 유입된다.[329] 그러나 이러한 현상은 이전에 보여졌던 명확한 신분 대립과 유·불의 경계점에서 보여지는 애매한 대립들은 거의 찾아 볼 수 없게 되었다. 오히려 상호 교류 속에서 풍류라는 도가적 관점을 교집합으로 하여 자연스레 어울리게 된다.

---

[328] 이진오(1997), 198쪽.
[329] 소현은 한문지식인들의 불가 유입을 다음과 같이 밝혔다.
"…더이상 세상에 나가 자신의 도를 실현할 수 있는 기회를 잃어버린 그들에게 일제하의 관료생활은 치욕적인 일이었다…결국 그들 중의 한 부류는 立身出世의 處世觀을 접고 학문수행을 통한 自我實現의 먼 길이 亂世에 선비가 행할 바른 길로 여겼다. 결과적으로 그들은 그러한 사정에 꼭 맞아떨어진다고 할 수는 없지만, 승려들의 苦行의 길인 禪 修行이 어느 정도 性理學을 통한 自我를 찾는 길과 닮았다고 여겼다. 그리고 그들이 선제적으로 漢文學의 기본을 익혔다는 일반적인 조건은 오히려 佛經을 이해하고 그 속에 담긴 내용을 깨우치는데 유리한 조건으로 받아들여졌고, 禪 修行 역시 깨달음을 통한 亂世 속에서 자신을 정립하기에 적당하다고 여겼다…" - 소현(2016), 5~6쪽 참고.

경봉 또한 이러한 시대적 흐름 속에 있었다. 생애에서 살폈듯이 출가 전 한학을 공부하였고 출가 후에도 공부에 대한 열망이 계속되어 일본유학을 꿈꾸기까지 하였다. 출가 후 시선집의 발간과 고전시문에 대한 답습·차운·화답류의 시를 즐겨 사용한 것은 모두 한학 지식인의 소양을 발휘한 좋은 예이다.

東邦千古孝婦生	동방에 예부터 효부가 나서
行德如山盡頌聲	덕행이 산과 같아 노래소리 끝이 없네
子爲後人陳善事	자식은 뒷 사람을 위해 착한 일 베풀고
客聽仁母賀難情	객은 어진 어머니 말 듣고 힘들었던 마음 축하하네
淸心愛用宗門和	맑은 마음 애용하여 종문이 화목하고
高義功成野田耕	높은 의로움 공을 이루어 밭을 경작했네
忍苦侍親誠極大	괴로움을 참고 시부모에 대한 정성 매우 커
世間垂範是分明	세간의 모범됨이 분명하리라[330]
圓光	

김해에 사는 이정화 李正化의 친모인 나씨부인 羅氏夫人이 시어머니께 효행 孝行을 베푸는 것에 대해 듣고 느낀 바를 읊은 것이다. 이 시를 지을 때가 67세 때였다.

시를 통해 경봉의 잠재적 의식인 유교적 이념을 살필 수가 있다. 물론 승속을 막론하고 효에 대한 생각들은 기본적으로 갖추고 있겠지만 출가

---

[330] 『日誌』, 1958년(67세) 3월 20일.

이후 승려로서 50년, 선사로서 근 30년을 넘게 산 경봉의 입장에서 출가 전 한학 교육, 출가 후 유자들과의 시회, 많은 문인들과의 교류를 통해 유학적 이념들은 근간이 되고 축적되었다. 경봉은 효를 강조하고, 의부義婦가 되기를 바라며 사람들의 야유 속에서도 스승의 제사를 지낸 일 등은 유가적 단편들을 살피기에 충분한 정황들이 있지만 그것보다 시작詩作 특히, 차운이나 화답을 통한 활용은 많은 지식이 동반되어야 가능하기 때문에 한학적 지식을 살피는데 중요한 단서들이다.

차운시를 짓는 것은 단순한 수용이 아니라 근본적인 창작 정신을 기초로 한 체득과정이며, 차운이라는 단련을 통하여 전대前代 시의 성과를 흡수하고 새로운 시적 경계를 여는 것이라고 할 수 있다. 또 차운이라 함은 단지 운자만 빌려 쓰는 것이 아니라 차운시의 작자가 원운시原韻詩를 이해하고 그의 관점에서 사물을 바라보려는 노력의 일환이다.331) 그러나 원운의 틀 안에서 이루어지기 때문에 작가의 시적 능력이 극과 극의 평가를 받을 수 있는 위험도 있다. 즉, 원운의 틀을 넘어서는 수작이 나올 수도 있지만 아류로 치부 될 수 있다는 말이다. 이러한 결론은 전적으로 작가의 역량으로 가늠된다.

경봉은 시 공부를 위해 많은 고전들을 답습한다. 『日誌일지』의 기록들만 본다면 국태부인國太夫人332), 허난설헌許蘭雪軒333), 퇴계退溪334), 성삼문成三問

---

331 장람, 「梅泉 黃玹의 中國文人 次韻詩 연구」, 전남대학교대학원 국어국문학과 석사학위논문, 2015년, 1쪽.
332 『日誌』, 1928년(37세) 2월 21일.
333 『日誌』, 1946년(55세) 7월 30일.
334 『日誌』, 1951년(60세) 9월 6일.

335) 등의 시를 공부하였고 특히, 30대 후반에 『大東詩選대동시선』을 읽었다는 기록336)은 젊은 시절 시에 대한 관심을 엿볼 수 있다. 그리고 경봉이 남긴 많은 유품 중에도 시들을 정독하며 운율을 꼼꼼히 표시한 흔적들이 보이기도 한다.

이렇게 시승으로 이름이 알려지면서 주위 사람들에게 시를 지어 달라는 요청을 받는 일이 많아지게 된다. 일예로 1928년(37세) 6월 1일 표충사表忠寺 학인學人 백윤수白潤守가 자신의 부친 수연시壽宴詩를 한 수 지어 달라 하고 했던 일337)이 대표적이다. 당시 경봉의 나이를 볼 때 젊은 나이에도 불구하고 작시에 대한 평이 좋았음을 알 수 있다.

경봉의 삶이 시로 대변된다고 해도 과하지 않은 이유는 끊임없이 작법을 하면서 고전을 탐독하는 일에 게을리 하지 않았기 때문이다.338) 그러한 노력이 있었기 때문에 통도사강원 원장 소임을 맡았을 때에 후학들에게 시 비평을 가르칠 수 있었고339), 학인들이 놀이를 나갈 때에 운자를 적

---

335) 『日誌』, 1955년(64세) 6월 9일.
336) 『日誌』, 1930년(39세) 4월 23일.
337) 『日誌』, 1928년(37세) 4월 23일.
338) 『日誌』에는 여러 편의 고전시가 기록되어 있는데 申緯의 〈題錦城女史芸香畵蘭〉(1941년 2월 17일), 許蘭雪軒의 〈采蓮曲〉과 한말 여류시인 李護卿의 시(1946년 7월 30일), 퇴계의 시(1951년 9월 6일 - 이는 사실 成聃壽의 시를 퇴계의 시로 잘못 안듯 하다), 唐대의 시성 李白의 시(1973년 9월 13일) 등이 기록되어 있다. 그리고 경봉의 유품 중에서 시의 운을 공부한 흔적들이 많이 보인다.
339) "날씨 맑음 저녁차를 마신 후에 강원 학인에게 시가염법을 설명하여 주고 별다른 일이 없었다.(天氣淸朗也夕茶後에講院學人의계詩訶簾法을說明하고別無事也)" - 『日誌』, 1932년(41세) 3월 30일.

어 줄 수 있었다.[340] 이때 나이가 40대 초반이었다.

北辰南極共爲東	북두와 남극성 모두 동쪽을 향하니
金井煌雲物外翁	금정산 빛나는 구름 물외의 늙은이라
宅置田園留世業	집은 경작지를 남겨 대대로 물려주고
庭培花竹積家功	뜰엔 꽃과 대나무를 가꾸어 집안의 공덕으로 쌓아가네
雲藏瓶鉢閑餘足	구름이 곧 물병과 밥그릇이라 한가함이 넘쳐나고
月鎖禪關境不窮	선문에 달빛 어리니 경계가 무궁하네
去甲才經來甲又	갑자가 가고 다시 갑자가 오니
重重壽慶此中通	겹치는 장수의 경사 여기서 통하는 구나[341]

1933년(42세) 10월 24일 이재훈(李載訓)이 그의 스승인 경산(擎山) 화상(和尙)의 회갑을 맞아 경봉에게 초청장과 압운(押韻)으로 동운(東韻)을 보내와서 답한 시이다.

경산 화상은 일제 강점기에 부산 지역을 중심으로 활동한 승려이자 독립 운동가였다. 특히, 구하 등과 함께 교육 등 후학양성에 힘을 쏟았으며 임시정부를 지원하기도 하였다.[342] 구하와의 인연 탓에 통도사 및 경봉과는 자연스레 연을 맺은 것으로 보인다. 이러한 관계 속에서 경산

---

340 "오전에 학인 일동이 자장동천에 놀러가므로 운자를 山·間·閒 세자를 적어주다(天氣淸朗也是 日午前에學人一同이慈藏洞天에遊戱으로往去故로韻字를山間閒三字記術하니라)" - 『日誌』, 1932년(41세) 4월 2일.

341 "天氣淸朗也陰九月十一日은金擎山和尙回甲日이라至徒弟李載訓으로부터請邀及押東韻來故로一首詩送致也…" - 『日誌』, 1933년(42세) 10월 24일.

342 『한국향토문화전자대전』 참고

의 문인들이 스승의 회갑을 축하하기 위해 40대의 젊은 경봉에게 축시를 청했다는 것은 경봉의 시작詩作 능력을 짐작할 수 있다.

당시 문중의 어른들은 이렇게 회갑을 맞으면 자신의 원운原韻을 시작으로 당대의 인사들에게 시를 받아 축하문집을 엮어내었다. 앞서 다룬 성해 남거의 예에서 보듯 하나의 유행처럼 자신의 사회적 위상을 높이는 기준으로서 시가 활용된 것이다. 이는 비단 이 시대에만 국한된 것이 아니라는 점은 유가든 불가든 많은 선조들의 문집들을 통해 알 수 있다. 근대에 들어와서도 여전히 시에 대한 승가의 인식은 자신의 인생에서 매우 가치 있고 소중한 하나의 삶을 응축하는 도구처럼 여긴 것은 분명한 사실이다.

위 축시는 당연히 극찬으로 가득할 수밖에 없다. 보여질 수 있는 최상의 언어들로 상대를 빛내야만 시가 제 몫을 할 수 있기 때문이다. 경봉은 하늘의 별들을 모두 경산에게 집중하여 공자가 덕으로 정치하는 이들을 극찬했던 것처럼[343] 상대의 덕을 칭송함으로써 회갑운의 성격에 맞는 충실한 화답을 한 것이다.

이처럼 차운·답시를 통해 경봉은 시적 능력을 보여줌과 동시에 그 내용적인 면에서는 현실에서 드러난 어떠한 일에 대한 응답과 함께 상대에 대한 궁극적 목적 즉, 인격 완성 혹은 진리 탐구에 대한 결과를 동시에 평가하기도 하였다. 또한 안부를 묻고 답하는 형식의 차운[344]에서부터 시

---

[343] "子曰 爲政以德,譬如北辰 居其所而衆星共之"-『논어』
[344] 경봉 차운시의 대부분은 서로의 안부를 묻고 답하는 형식이다. 이는『日誌』대부분에서 보이는데, 이혜운·김운담·유종묵·이춘강·정욱주·하성오·류엽·임시규·김성민 등과의 시문답이 그 예이다.

판에 드러난 사상적 면모를 동조 혹은 동조하지 않기 위한 방편의 차운[345], 그리고 우연히 타인이 남긴 시를 감회[346]하며 지은 시까지 다양한 방법으로 전개된다. 그러나 가장 중요한 점은 차운·화답의 시를 통해 시승의 면모를 부각하면서 한편으로 선승의 자세를 잃지 않으려는 노력들이었다. 시선일치詩禪一致를 드러내어 현실과 이상을 함께 시화詩化하고자 했던 한학적 기반과 불가적 현실을 접목하여 매우 적절하게 시 활동을 전개한 것이다.

이러한 활동은 시회詩會 참여를 통해 확장하게 되는데, 이는 당시 승려들이나 혹은 그 이전의 승려들의 삶에서 찾아보기 드문 장면들이다. 물론 문인들과 어울려 같이 시를 짓고, 주고받는 일들은 있지만 지속적으로 특정 시회 참여를 통해 시를 즐겼던 이는 경봉이 유일할 것이다. 그리고 시회의 모습들은 역사적으로 유자들의 전유물이었기 때문에 경봉의 시회 참여는 승가의 시 연구에 있어 매우 특징적이라 할 수 있다.[347]

계회契會는 승려들과의 모임이 주를 이루지만 시회詩會의 경우는 유자儒者들과 직접적인 문학적 교류를 할 수 있기 때문에 시 습작에 있어 매우 유용한 수단이 될 수 있었다.

---

345 앞서 다룬 경허 시판이나 1937년(46세) 12월 23일에 관룡사 청룡암의 시판을 보고 차운한 시도 있다.

346 1938년(47세) 11월 18일 『日誌』에 "어제 밤에 온 손님이 詩를 짓기에 次韻하다…"라고 하여 인생의 무상함을 이름 없는 손님의 시를 통해 드러내기도 하였다.

347 유자들은 詩會나 詩社 모임을 통해 특정 인물을 연구한다던가 구체적인 주제를 통해 활발한 활동이 이루어졌지만 승려들의 시회 참여나 활동은 거의 찾아 볼 수 없다. 시회 활동에 관한 구체적 내용들은 尹浩鎭의 「詩社 硏究의 回顧와 展望」(『한문학보』 25권, 우리한문학회, 2011년 12월)을 참조하기 바란다.

시회詩會의 모습은 유가지식인들과의 교유에서 가장 두드러진 방법으로, 한 사람이 시를 지으면 다른 사람이 그 시의 운에 따라 차운시를 돌아가며 짓는다. 시회는 대개 주연을 벌이거나 경물을 감상하며 열리므로, 시작의 주목적이 되기보다는 분위기를 돋우는 수단으로서의 의미가 크다.[348] 경봉의 『日誌일지』에는 여러 명이 참여하는 시 모임이 많이 등장하는데 계회는 특정 동기同期들을 통해 모임이 결성되었으므로 승려들끼리 모일 수밖에 없었다. 반면에 시회는 지역의 문인들이 문학적 공통점을 중심으로 모였기 때문에 자연스레 유자들이 중심을 이루었다.[349]

『日誌』에 기록되어 있는 모임들을 보면 수계계守戒契나 서청계書聽契 등의 계회契會를 통해 시를 교류하였고, 학성시회鶴城詩會·춘일시회春日詩會·원유회園遊會나 통도사 인근 지역인 신평이나 하북면의 선비들이 모여 시를 지었다는 기록들도 보인다.[350] 계회활동은 차후 진중한 논의를 하기로 하고 여기서는 시회활동만을 살펴보도록 하겠다.

경봉이 참가한 시회들은 경봉이 오도를 이룬지 얼마되지 않은 1930년 초반에 집중되어 있다. 시회의 모임에 대한 의도는 단순 참가였는지, 요

---

348 이진오(1997), 309쪽.
349 "시회는 일찍이 성공한 문인들의 전유물로 여겨졌던 지식인들의 놀이라 해도 과언이 아니다. 문사들은 詩會를 열고 시를 주고받으며 풍류를 즐겼다. 특히 영조시대에 李天輔와 南有容, 吳瑗, 黃景源이 주동이 되어 활약한 시회가 유명했다. 이들은 모두 명문가 출신으로 문장과 시로 명성이 높았다. 나중에는 고관을 역임하여 정치적으로도 크게 성공하였다. 그렇기에 얼핏 보면 아픈 정계를 벗어나 자연에 묻혀 사는 문사들과 삶의 태도도 예술의 지향도 다를 듯하다. 그러나 실제 작품은 예상과는 반대다." - 안대회, 『궁극의 시작』, ㈜문학동네, 2013년, 197~198쪽.
350 이외 멀리 상북·하북면 시인들이 모두 모여 시회를 연 흔적들도 1930년(39세) 4월 20일 『日誌』에 보인다.

청에 의해 한시적으로 참가를 하게 되었는지, 아니면 어떠한 목적을 가지고 정기적으로 참가하였는지 그 연속성은 적어도 『日誌』만으로는 확인하기가 어렵다.

경봉이 직접 참여한 시회의 기록은 1928년(37세) 5월 9일 『日誌』에 보인다. 이 날은 하북면의 승려와 속인이 모여서 함께 시회를 열었고 장소는 통도사 무풍교無風橋였다.351) 이 모임에서 경봉은 칠언율시352), 오언절구353), 칠언절구354) 세편의 시를 짓게 되는데 각각 모임을 통해 흥이 절로 나고, 이 모임에 있는 이들이 모두 신선이며, 봄이 가는 것에 대한 아쉬움을 달래는 내용이다. 『日誌』에는 이처럼 시회의 명칭이 명확하지 않은 시 모임이 보이기도 하지만 반대로 명확하게 시회 명칭을 확인할 수 있는 모임도 보인다. 대표적인 모임이 '춘일시회春日詩會', '학성시회鶴城詩會', '원유회

---

351 "天氣淸朗也是日下北面道俗이會集하야詩會를開於無風橋故로往參하다." - 『日誌』, 1928년(37세) 5월 9일.

352 "강산 만리에 몇 번 돌아 봄인가 / 성대한 모임에서의 풍류에 道巾을 썼네 / 꽃 만발한 蘭亭에 흥이 일고 / 구름 개인 소나무 숲엔 햇살이 새롭네 / 공명을 설해도 아침 이슬과 같고 / 부귀를 이어가도 저녁 연기같다네(江山萬里幾回春 / 盛會風流着道巾 / 花發蘭亭是趣足 / 雲收松岳日光新 / 功名設有如朝露 / 富貴雖承似多煙)" - 『日誌』, 1928년(37세) 5월 9일.

353 "꽃 핀 대지의 봄 / 향기가 옷깃에 가득하네 / 시흥에 온갖 인연 조용해지고 / 종소리에 한 꿈 새롭네 / 푸른 하늘에 밝은 해와 달 / 송림엔 안개 구름 펼쳐지네 / 어떤 곳이 신선들 모임인가 / 잔을 든 늙고 젊은 이들일세(花開大地春 / 香氣滿衣巾 / 詩興萬緣寂 / 鐘聲一夢新 / 碧天明月日 / 松榻繞霞煙 / 何處神仙會 / 樽前老少人) - 『日誌』, 1928년(37세) 5월 9일.

354 "떨어지는 꽃의 붉은 색 푸른 하늘에 가득한데 / 소나무 숲에서도 한 잔 냇가에서도 한 잔 / 봄과 이별한다고 아쉬워 말라 / 겨울 매화 가을 국화가 구름가에서 기다리네(殘花紅色滿靑天 / 更酌松林更酌川 / 莫惜今時春色別 / 冬梅秋菊待雲邊)" - 『日誌』, 1928년(37세) 5월 9일.

圓遊會' 등이다. 이들은 고유명사이거나 회의 성격에 맞게 이름을 지은 일회성 모임일 수도 있다. 그러나 모두 승속을 망론하고 시 유희를 즐기기 위한 모임임은 틀림없다.

溪聲冷踏古庵來　시냇물 소리 차갑게 디디며 옛 암자에 오니
雲散靑天日上坮　구름 흩어진 푸른 하늘, 언덕 위엔 해가 솟네
無限家風今復續　경계 없는 가풍 지금 다시 이으니
祖宗六葉萬花開　조사의 종풍 혜능에게서 온갖 꽃 피네[355]
○光

1930년(39세) 5월 30일이 진행된 춘일시회에서는 조계의 선풍을 이은 적자임을 스스로 밝혔다. 문인들 속에서 자신의 젊은 날 수행결과였던 오도에 대한 자부심을 드러내어 시승 경봉의 모습 이전에 선승으로서의 면모를 먼저 각인시키고자 한 의도가 보이기도 한다. 그러나 다음해인 1931년(40세) 5월 9일에 이루어진 원유회圓遊會에서 읊었던 시에서는 시승 경봉의 모습을 확고히 하고자 하는 뜻도 보인다.

扶桑春日到靈山　동해의 봄 해 영축산에 이르니
好是淸襟物外閑　좋구나! 맑은 옷깃 물건 밖의 한가로움이라
花臉如知迎客笑　꽃들도 아는 듯 손님 맞아 웃으니

---

[355] "…午後에慈藏洞天에서宴會를開催하는故로往叅하고一首詩吟日…" -『日誌』, 1930년(39세) 5월 30일(『日誌』에는 시회 이름이 특정되어 있지 않지만『圓光閒話』에는 '春日詩會'로 되어 있다)

騷人同醉一壺間　시인들 함께 새로운 세상에서 취하네[356]

　이 모임은 연속적으로 이루어진 정식 시회 모임이 아닌, 말 그대로 일회성 원유 행사로 보인다. 장소는 통도사 입구에 위치한 작은 봉우리인 여의봉如意峰이었고 참석한 이들은 당시 주지였던 구하와 경봉 외에 학교에서 교장을 지냈거나 현직에 있는 교원 등 통도사 인근 지식인들 위주로 모임이 구성되어 있었다. 이날 시회의 운자는 '山산', '閑한', '間간'이었다.

　경봉은 여의봉에서 봄의 정경, 술과 시를 시상으로 삼아 한가롭게 즐기는 자신과 지식인들의 모습을 그려내었다. 특히, 재가자들이 함께 모인 자리의 특성상 선적 기틀을 최대한 자제하려는 경봉의 노력이 엿보인다.

　경봉은 1931년(40세) 4월 9일에 통도사를 출발해서 22일까지 울산에서 머무른다. 이 기간 동안 백양사에 머물면서 울산의 여러 신도 집을 방문하여 차담을 즐기기도 하였고 통도사 울산 포교당도 둘러보았다. 또한 개인적으로 치과를 들러 의치를 만들기도 한다. 이때 백양사에 있었던 학성시회鶴城詩會에 참여하게 된다.

　　靑天萬里白雲歸　푸른 하늘 만리에 흰구름 돌아가고
　　朝日紅來曙色微　아침 해 붉어 서광이 희미하게 비치네

356　"天氣은 淸朗也本面長安永尙, 辛鍾查主催로서通度寺前住持金九河, 教員河胶吳, 金進浩, 舊校長辛太皓, 下北公立普通學校新校長(勳八等)宋錫武, 訓導金台基, 金正業諸氏를爲하야如意峰에園遊會를開催故로往參하다一首詩作日…"
　 - 『日誌』, 1931년(40세) 5월 9일.

大海遙看無別事　큰 바다 아득히 보니 별다른 일 없고

白波之上白鷗飛　하얀 파도 위에 백구만 날아드네[357]

학성시회鶴城詩會는 울산 백양사 스님들과 인근 문인들을 중심으로 이루어진 듯하다. 이날 시회의 운자는 '歸[귀]', '微[미]', '飛[비]'였다고 기록해두었다.

시는 바다에서 일어나는 한가로운 일상들을 그렸지만 '별다른 일이 없다[無別事]'고 한 것은 정신적 고요의 무심상태가 아니면 불가능한 일이다. 현실에서의 무별사든 정신적 무별사든 일상의 모든 변화들은 경봉의 입장에서는 선의 작용이 드러날 수밖에 없다. 일 없는 일상 속에 백구의 움직임만이 유일하게 분별을 일으키는 요소로 작용한다. 경봉은 여러 시에서 백구를 통해 자신을 한가로운 선의 세계에서 현실 세계로, 혹은 현실 세계에서 선의 세계로 이동시키는 역할을 하게 하였다.[358]

---

[357] "天氣淸朗也午前에齒製를終了하고朴參奉文璧氏家에住하야午飯하고白楊寺에住去하니라鶴城詩會韻字가歸微飛라하는故로次題如左…" - 『日誌』, 1931년 (40세) 4월 17일.

[358] 1929년(38세) 9월 29일 『日誌』에 가을 달을 題하면서 "가을바람 맑은 이슬 모두 청량하고 / 만리 천심은 한 빛 이르게 하네 / 그림자 서리 내린 강에 비치니 강은 물방울 같고 / 계수나무 한켠 울 밑에 핀 국화에 국화 향기 더해지네 / 우주에 오르내려 정한 곳 없지만 / 왔다갔다 허공에서 자유롭게 다니네 / 동반자인 백구를 볼 수 없었는데 / 홀연히 지척에서 날아 찾을 근심 잊었네(金風玉露共淸涼 / 萬里天心到一光 / 影入霜江江似滴 / 桂斜籬菊菊添香 / 昇沉宇宙元無定 / 往復虛空自在鄕 / 同伴白鷗看不見 / 忽飛咫尺覓愁忘 ○光)"라 하여 백구를 동반자로서 혹은 마치 자신이 드는 화두처럼 미혹을 없애주는 도구로 여겼다.

이처럼 경봉은 젊은 시절 계회나 시회 등의 모임을 통해 많은 문인들과 교류를 하면서 시상詩想과 시어詩語에 대한 안목을 넓혀나가는 계기를 마련하였다. 시의 전개는 오도 초기 선 지향에서 선이 익어 갈수록 더욱 일상적이고 자연적인 무사도인의 모습을 보이며 선의 언어들을 최소화하고자 하였다. 즉, 한학지식인으로서의 모습에서 선승의 변모해가는 과정을 보게 되는 것이다. 비록 말년으로 갈수록 시에 대한 인식과 시를 공부하는 문인들이 줄어들면서 '서청계書聽契'를 제외하고는 시회나 모임에서의 시작詩作에 대한 기록들을 찾아볼 수가 없는 것이 아쉽지만, 한편으로는 진정한 선승으로 거듭나는 삶의 후반기에 당시 경봉과 선 혹은 시를 논하면서 선열禪悅이든 시열詩悅이든 언어유희를 즐길 만한 이가 얼마나 됐을까 하는 생각도 든다. 경봉의 시회활동은 그 어떤 승려의 문집에서도 찾아 볼 수 없는 독특한 영역이자 마지막 한학지식인 세대의 흔적이라 할 수 있다.

시회의 참가나 개인과의 교유를 통하여 유가와의 문학적 접촉이 잦아지자, 이제 불가문인 가운데는 도道보다 문학을 중시하는 부류가 나타났다. 이 가운데는 도와 문학을 함께 추구하면서도 도에 비해 문학에 더 치중하는 부류와 도는 소홀히 하고 문학만을 추구하는 부류가 있었다.[359] 그러나 경봉은 수행자로서 혹은 한학지식인으로서의 본분에 흔들림이 없었고 유·불을 아우르는 통섭의 무애행을 실천한 인물이다. 그렇기 때문에 시에 대한 특별한 관심으로 승려들의 모임에서 벗어나 지식인들과 어울리면서 시학에 대한 공부와 자신의 시작능력을 유감없이 발휘

---

359 이진오(1997), 311쪽.

한 것이다. 이러한 경봉의 흔적은 유·불에 능통했던 조선조 지식인과 승려들의 면모들을 잘 계승한 것이라 볼 수 있다.

3. 현실인식과 시대적 통찰

경봉이 살다간 시대는 일제 치하와 독립, 정부수립과 한국전쟁, 5·16 군사 정변, 그리고 고속성장을 이루었던 80년대 초까지 격동의 세월이었다. 한 시대를 풍미했던 경봉의 현실인식과 시대적 통찰은 『日誌일지』에 그대로 녹아들어 있다. 선승의 시각에서 바라본 통도사와 종단 그리고 국가의 현실은 어떠했는지 간단하게 살피고자 한다.

먼저, 통도사는 일제치하와 독립 이후에도 대처승과 큰 마찰 없이 원만히 운영되었으며 한국 전쟁 때에도 크게 훼손되는 일은 없었다. 성해의 입적 이후에도 구하나 경봉 등 문도들이 잘 화합하였기 때문이다.

경봉은 1935년(44세) 9월 19일에 통도사 주지로 취임하게 된다. 그 당시 주지직은 모두가 꺼리는 감투였다. 하기싫어 서로 미루고, 도망가고 또 어른들에 의해 강제로 맡게 되면 마지못해 하는 일이었다. 대중을 외호하고 사찰의 일들을 해결해야 했으며 불사도 진행해야 하는 수행자의 입장에서는 피곤한 일이었다. 지금처럼 경제적 논리로 움직이는 사판이 아니었다. 그러나 경봉은 주지직을 매우 성실히 수행하였고 사찰 제정은 빈틈없었으며 불사도 열심히 하였다.

사중의 벼를 입찰경매하다. 언양에서 일등품 3가마, 이등품 390가마,

삼등품 605가마, 등외 109가마, 계 1107가마 내에서 매 가마당 7원 85전씩 박현진이 사가고 사중창고 500석 매 석당 17원 39전에 황현암이 사가다.[360]

오후 2시에 本山 벼 900가마 가량을 매 가마당 15원 80전에 황현암 외 1인에게 팔다…[361]

통도사에서 직접 수확한 벼를 언양에 내다 팔면서 중요한 일에 직접 나섰고 입찰경매에 관한 내용들을 위와 같이 꼼꼼하게 기록해 두었다. 대중들을 위한 한해 살림살이의 시작을 경봉이 직접 챙긴 것이다. 평소 경봉의 성격을 알 수 있는 대목인데, 사소한 일들까지 『日誌』에 빠짐없이 기록하는 일들은 경봉의 일상이었다. 사찰의 자금 흐름은 스스로 『日誌』에 기록하여 나중에 시비가 없도록 하였다. 사찰의 불사와 관련된 일에서도 마찬가지이다.

1937년(46세) 2월 16일
오전 11시에 부산부 중촌 석공과 삼성반월교와 석등 2개를 대금 5300원에 계약하다. 2월 17일에 착수하여 5월 9일(음 3월 그믐)에 준공하도록 서로 약속하다.

---

360 『日誌』, 1937년(46세) 1월 23일.
361 『日誌』, 1937년(46세) 4월 14일.

1937년(46세) 6월 5일

오후 2시에 삼성반월교 낙성식을 하다.

    사중의 삼성반월교 준공과 석등을 조성한 기록이다. 경봉의 주지 재임시 특별히 사찰불사를 크게 하였다는 기록은 없다. 야학夜學에 지원금을 보낸 일[362]이나 특히 대외활동을 많이 한 것으로 보이는데 조계사 상량식에 참가한다든지,[363] 그 외 경남일대 설법을 다니는 일들이 주로 기록되어 있다. 당연한 본산 주지로서의 임무를 성실히 수행하였다. 그리고 무엇보다 수행풍토를 조성하기 위해 산내 백련암 선원에 운봉雲峰을 조실로 추대하고 매년 쌀 200가마를 공급하기도 하였다.[364] 주지직은 1938년에 10세 주지 박운제朴雲堤씨에게 주지 인印을 전하고 임기를 마치게 된다.

    그 후, 1948년(57세) 9월 26일에 해방 후 제 2세 주지후보자 선거를 통해 경봉이 추대되어 두 번째 주지직을 수행하게 된다. 두 번씩 주지를 맡게 된 것은 그만큼 대중들에게 신뢰와 믿음을 보였다는 뜻이다. 그러나 개혁 반대파들에 의한 모략으로 2년 정도 수행하고 그만두게 된다.

    경봉은 말년에 극락암에 머물면서 시대 상황이나 느낀 바를 많이 기

---

[362] "午後三時金斗權夜學校新建에寺中에셔金五十円記載而送也" -『日誌』, 1937년(46세) 1월 25일.

[363] "…午後三時에總本山建築上梁式을設行함으로參席하다" -『日誌』, 1937년(46세) 10월 12일.

[364] "1935년 9월 19일 大本山 통도사 주지에 취임하신 뒤 山內 白蓮庵 禪院에 雲峰 스님을 祖室로 추대하고 매년 쌀 200가마를 공급하셨다 한다. (운봉 스님의 上足이신 좀谷 스님과 ○光 老師님께 직접 필자가 들은 말)" -『三笑窟 日誌』, 152쪽.

록하게 된다. 이는 밀양 포교당에서 나와 극락암에 입성하는 순간부터 모든 것이 이전 보다는 정신적으로나 경제적 혹은 물질적으로 많은 발전이 있었기 때문이다. 경봉의 위상 또한 높아져서 많은 대중들이 경봉의 행로에 격려와 지원을 아끼지 않은 이유도 있다.

> 新嘉波는 15일에 완전 함락되었는데 昭南島라 改稱 하였다한다. 禪定 외에 별일이 없었다.[365]

> 面職員과 駐在所 최 순사 등 5인이 와서 米穀을 조사하고 갔다한다…[366]

일본의 침략전쟁이 최고조에 달했던 1940년 초반 경봉의 시대 인식은 아쉬움과 개탄으로 대변된다. 전쟁의 고통 속에서 참선하는 일 밖에 하지 못하는 무기력함과 전쟁의 여파가 통도사에 까지 미치는 것에 대해서 안타까워 했다. 명정은 통도사의 미곡까지 조사 한 일을 두고 "대동아전쟁 중의 상황이 눈에 선하다. 절에까지 와서 식량을 조사해 가야 한다니…"[367]라고 부연을 해두었다.

---

[365] "天氣風起晴朗也 新嘉波는 十五日에完全陷落인저改稱昭南島라고한다是日修禪定而別無他事也" - 『日誌』, 1942년(51세) 2월 20일.
[366] "天氣晴也午前十時에面職員, 駐在所崔巡査五人來하야米穀調査하고往去也…" - 『日誌』, 1942년(51세) 5월 15일.
[367] 『三笑窟 日誌』, 187쪽.

그해 12월 21일 『日誌^{일지}』에는 절의 놋그릇까지 회수해가는 문제로 사중 회의까지 개최한 것으로 봐서 전쟁이 얼마나 모든 이들을 힘들게 만들었는지 짐작된다.³⁶⁸⁾ 명정은 이러한 현실을 "대동아전쟁 막바지의 한 단면이다"라고 하였다.

> …8월 15일에 전쟁은 휴전이 되었다 한다. 오후 2시에 대웅전에서 주지 신경해로부터 휴전사정을 설명 듣다.³⁶⁹⁾

> 경부선 기차는 며칠간 교통을 정지하였다가 이날부터 조선독립 만세를 정거장마다 제창하였다 한다.³⁷⁰⁾

광복 전후의 상황들이다. 그리고 1년 후, "大衆^{대중}이 잣나무와 낙엽송 3천 본을 조선독립 해방 기념으로 심다"³⁷¹⁾, "경성 시민이 해방 2주년 기념행사를 거행하다"³⁷²⁾라고 기록하면서 광복에 대한 기쁨과 해방감을 관찰자의 시점에서 찾고자 하였다. 그러나 광복을 위해 헌신하였던 만

---

368 "天氣晴也鍮器回收에對하야寺會議에住하야獻納하기로決定하고還來也" - 『日誌』, 1942년(51세) 12월 21일.

369 "…八月十五日에戰爭을休戰되였다한다午後二時에大雄殿에서住持辛鏡海으로부터休戰事情을說明也" - 『日誌』, 1945년(54세) 8월 16일.

370 "天氣晴也京釜線汽車는數日間交通을停止하였다가是日부터朝鮮獨立萬歲를 停車場마다提唱하였다한다." - 『日誌』, 1945년(54세) 8월 18일.

371 "天氣晴也 大衆이柏子木及落葉松三千本朝鮮獨立解放紀念植樹하다…" - 『日誌』, 1946년(55세) 3월 25일.

372 "天氣晴也京城市民이解放二週年記念行事擧行也" - 『日誌』, 1947년(56세) 8월 15일.

해 용운이나 용성 진종에게서 보이는 희열과 열광을 경봉에게서는 찾아볼 수 없다. 이는 구하의 경우처럼 독립자금을 지원하고도 드러내지 않은 것처럼 어떠한 일을 드러내 보이는 성격이 아니었기 때문일지도 모른다. 그리고 일제 치하에서도 일본의 특히 불교계의 동향이나 상황 등을 살피면서 장점은 장점대로 배우고자 하였던 성격이었기 때문에 더욱 그러할 수도 있다. 그러나 조국의 광복은 그 어떤 무심한 이라도 당시는 꿈같은 일이었기 때문에 경봉은 시를 통해 자신의 마음을 대신하였다.

和 建國(解放韻)
扶桑半島到新秋　해 뜨는 한반도에 새 날이 도래하니
萬國干戈此日收　만국의 창과 방패가 이날 거둬졌어라
殉節功名長歲活　나라 위해 죽은 공업과 이름은 길이 살아 있을 테니
臥薪忠烈幾時愁　섶에 누워 나라 위해 충성했던 마음일랑
　　　　　　　　어느 때 시름겨우랴
梅蘭暗笑衆香壓　매화와 난초의 은은한 향기는
　　　　　　　　다른 꽃들을 압도하고
江海相和一味流　강과 바다가 서로 어우러져
　　　　　　　　하나의 맛으로 흐르는구나
歷盡風塵民快樂　풍진을 다 겪고 난 백성들 즐거워하며
也應今後太平遊　정녕 오늘 이후로 태평세상을 노니리라[373]
圓光

---

[373] 『日誌』, 1946년(55세) 9월 6일.

해방을 맞아 지금껏 국가를 위해 헌신한 이들을 애도하고 태평세월이 영원하길 기원하고 있다. 그동안 불교계는 조국의 광복을 위해 그 어떤 종교단체보다 열정적으로 싸워왔다.[374] 경봉은 비록 직접적으로 드러내진 않았지만 많은 독립 운동가들과 교유하면서 그 정신을 공유하고 지원을 아끼지 않았다. 광복 이후 구하와 함께 만해를 찾아가고 김구를 만나며 양산 출신으로 독립활동을 하였던 우산右山 윤현진尹顯振[375]을 기리는 시를 남긴 것도 이러한 정신 계승의 연장선이라 할 수 있다.

爲民報國世眞難	민족 위해 나라에 충성하는 일 세상에서 진정 어려운 일
霜月丹心出外關	서릿 달 같은 일편단심 해외에서 헌신했네
碑建宜春傳志壯	양산에 비석 세워 장한 뜻 전하니
江垂碧柳待君還	강가에 드리운 푸른 버들 그대 돌아오길 기다리구나
可人似玉連城寶	인품은 옥 같이 이어진 성의 보배이고
忠語如珠一串班	충성된 말은 구슬을 한 줄에 꿰인 듯
烈士壇前功表賞	열사들의 제단 앞에 공훈을 표상하니
右山若在着花冠	右山이 살아 있다면 마땅히 화관을 썼으리[376]
圓光	

---

[374] 김순식,「朝鮮總督府의 佛敎政策과 佛敎界의 對應」, 고려대학교 사학과 박사학위 논문, 2001년 참고.

[375] 尹顯振(1892~1921), 경남 양산 구포 출신, 독립 유공자, 일본 명치대학법대 수학. 부산의 백산 상회 설립에 참여. 상해 임시정부 재무차장으로 재정실무를 담당하다. 29세로 별세. 상해 임시 정부 국사日誌를 남김. 광복 50주년 때 상해에서 유해 봉송 대전국립묘지에 안장. 건국훈장 독립장 추서 -『한국민족문화대백과사전』[尹顯振] 참조.

[376]『日誌』, 1959년(68세) 4월 7일.

이후에도 경봉은 국내 정치 상황을 주시하면서 특정한 일들은 빠지지 않고 『日誌일지』에 기록해 둔다. 1953년(62세) 7월 27일 '남북전쟁 휴전 조인을 상오 10시에 하였다 한다. 6개월간 정치회담을 한다고 한다'라고 하여 한국전쟁의 일을 기록하였고 그 후 5·16 정변,[377] 국가 화폐 개혁을 단행한 일,[378] 제 3공화국 대통령 선거에 관한 일[379] 등을 세세하게 기록하였다.

이 중에서 특이한 것은 기존의 정치상황 등에는 개인적인 의견을 언급을 하지 않은 채 기록만 하였는데, '1월 1일'을 신년으로 하는 세계의 추세 속에 우리만 구식으로 하는 것에 대해서 아쉬움을 토로한 것이다.

> 이 날은 世界 新年 1月 1日 元旦으로 新年을 마지하는대 韓國은 舊式에 依하야 陰曆으로 過歲하는것이 舊式을 免치 못하니 참 習慣을 難放이다 遺憾 되는바이다.[380]

경봉의 세계관이 항상 타인들보다 시대를 앞섰다는 느낌을 받는 것은 이러한 기록들 때문이다. 시대적 유감을 이처럼 스스로 밝힌 것은 『日誌

---

[377] "天氣晴也午前四時를前後하야張都暎中將指揮革命軍事에서(쿠테타)가發生하야要衝地를点領하고中央廳 放送局警察을完全掌握하고六個條聲明을發表하였다…"-『日誌』, 1961년(70세) 5월 16일.

[378] "天氣淸國家貨幣交換에十一日로十七日까지交換하독法會發表되다十對一이다…"-『日誌』, 1962년(71세) 6월 11일.

[379] "天氣淸也第三共和國大統領을選擧하는대朴正熙, 尹潽善, 張履奭, 吳在泳, 卞榮泰出馬하야全國一千二百九十八萬五千十五名有權者이오七千三百九十二介投票所에서朴正熙氏當選也…"-『日誌』, 1963년(72세) 10월 15일.

[380] 『日誌』- 1966년(75세) 1월 1일.

일지』에서 유일한 기록으로 보인다.

이상, 경봉의 현실에 대한 기록과 인식을 살펴보았다. 경봉은 자신의 맡은 임무에는 한 치의 오차 없이 일처리를 하고자 하였으며 개혁의 일로에서 장애가 생기면 과감히 그 자리는 포기하더라도 또다른 공간에서 자신의 꿈을 반드시 실현하고자 하였다. 또한, 세계화에 발맞추지 못하는 현 세대에 대해 아쉬움을 토로하기도 하였다. 이는 경봉이 일찍이 일본유학을 꿈꿀 때부터 드러났던 개혁성향으로, 이러한 성향은 수행에 있어 승속을 망라한다거나, 승려의 전유물이 아니라는 사고의 근거였으며 양로만일염불회의 탄생도 이러한 성향과 조건에서 탄생한 수행의 한 방편이 아닐까 생각한다.

경봉의 삶에서 드러나는 이러한 단상들은 시대성을 반영하는 중요한 자료들로 특히 정치와 국가의 문제에 있어서는 이전 시대에서 많은 선승들이 애국시나 애민시 등의 형태로 나타내었던 유형이다. 그러나 근래에 들어 불교계에서의 이러한 유형은 전혀 보이지 않으며 그 애민이라는 것은 종교적 애민에 갇혀 더 확장되지 않는 분위기이다. 그래서 경봉의 기록들은 매우 의미있는 자료들이라 할 수 있다.

4. 일상성을 통한 주체인식

대부분의 시인들은 일상에 매몰되지 않으려고 많은 시도를 한다. 현재의 한정적 공간에서 벗어나 새로운 공간을 형성하여 기존의 틀에서 보이는 지루함을 벗고자 함이며, 새로운 주제들을 발굴하여 자신의 문학적 영역을 넓히고자 하는 것이다. 이러한 노력들은 반복되는 일상에서 오는 지루함 때문이다. 그러나 선승들은 당연하게 받아들여지는 일상 조차도 외면하지 않는다. 공간과 시간의 이동이 아닌, 원래 있던 그 자리에서 새로운 시각을 보려하기 때문이다. 그리고 승려라는 신분으로 인해 제약받는 행동들은 우리가 현대를 살아가면서 사회적 제도나 약속 등에 구속 받는 것과 별반 다르지도 않다. 하지만 선승들이 자유자재 할 수 있는 것은 선禪이 주는 대상의 무한한 상상력이 원동력이 된다.

선승들의 일상은 사찰이라는 한정적 공간에서 쳇바퀴처럼 돌아간다. 예불을 올리고 밥을 먹고 차를 마시며 설법을 하고 포행하고 때론 대중들과 만나 대화를 나누고 수행을 하며 또 밥을 먹고 잠을 잔다. 너무나 한가로운 삶의 반복이지만 정신적 내면에서는 항상 다른 자아를 통해 수많은 번뇌와 갈등을 빚게 된다. 불가의 논리대로라면 일상은 반복된 삶이라 볼 수 없다. 한번 지나가버린 순간은 반복되지 않기 때문이다. 이것은 반야심경의 '원리전도몽상遠離顚倒夢想'을 통해 살필 수 있다. 우리가 매일 보는 강물이지만 그 강물은 어제의 강물과 다르듯이 삶도 그러하다. 시간의 반복이라 하지만 사실 새로운 시간을 맞으면서 의식은 그 틀 속에서 벗어나지 못하는 것과 같다. 그래서 우리는 그 의식을 통해 삶이 반복된다고 여기며 일상의 지루함을 토로하는 것이다.

한 작가의 삶에서 일상을 살피고자 하는 것은 그 시대가 추구했던 목표와 배경을 함께 살피기 위함이며 경봉의 삶을 통해 내면적 이상과 시대의 투영을 보고자 하는 것이다. 삶은 크게 시대적 관점과 종교적인 관점 그리고 인간적인 관점으로 나눌 수 있다. 또한 사회적 문제를 궁리하는 것이 아니라 일상에 널려있는 모든 대상들을 상대하기 때문에 인격체를 통한 삶의 결정이 아니라 자연만물을 대상으로 하는 경우가 대부분이다. 일반적으로 보고 듣고 말하는 행동 속에 드러나는 희노애락을 자연만물에서 표출하는 경우가 대부분이라는 말이다.

春風吹入洞中天	봄바람 마을 입구에 불어와
喚友携登古塔前	벗과 함께 옛 탑 앞에 올랐네
世事功成千苦裡	세상일은 많은 고난 속에 이루었는데
鳥歌聲出百花邊	산새소리는 꽃들 가에서 들려오네
太虛空寂浮明月	텅 비어 공적한데 밝은 달 뜨고
山岳高靈繞紫煙	산은 우뚝 솟아 자색 연기 감싸네
白酒一杯何處飮	술 한잔 어디서 마실까
乾坤猶是小爲筵	하늘과 땅도 오히려 자리가 좁구나[381]

사람들은 현실적인 삶을 살아가는 과정에서 보고 듣고 말하는 모든 것을 자신의 처지나 상황에 맞게 해석하게 된다. 사람이 주체이고 대상은 객체가 되는 셈이다. 경봉의 일상 또한 그러하다. 대상이 안고 있는 문제점들을 자신이 아쉬워하고 통탄하기도 한다.

시에서 보이는 일상들은 모두 시간과 공간에 구애받지 않는 진리의 대상들인데, 이러한 것들을 담아내는 경봉의 시각과 그 시각의 주체인 마음은 이들을 속박하려 하고 있다. 탑에서 내려다보는 모든 대상들이 불변의 세월 속에서 건재했음에도 경봉은 마음으로 이들을 모두 담아내지

---

[381] 『日誌』, 1928년(37세) 4월 25일.

못함을 아쉬워하면서도 거대한 세상을 담아내는 마음 한구석을 오히려 자랑스레 드러내고 있는 것이다. 이는 수행자만이 드러낼 수 있는 활달자재豁達自在의 한 장면을 볼 수 있으며 선의 단순함에서 오는 특징적 관점이라 할 수 있다.

경봉은 일상에서 대면하는 자연만물을 통해 진정한 자신의 됨됨이를 살펴볼 필요가 있음을 말한다. 이를 위해서는 수행을 통해 단순하지만 명철한 눈을 가져야만 하는 것이다. 이러한 의지는 '그네'를 통해서도 드러난다.

瑤樹淸陰古洞天	울창한 숲 시원한 그늘 오래 된 골짜기
錦繩高掛碧溪邊	밧줄을 높이 걸어두니 푸른 시냇가라
紅塵夢裏靑春客	꿈결 같은 풍진 세상에 청춘들이
細柳林中半日仙	버들 숲속에서 반나절 신선놀음 일세
踏破雲霄收遠景	구름 하늘로 밀고 차 멀리 바라보니
共隨花鳥帶香烟	향기로운 안개 속에 꽃과 새들 함께 따르네
登空望見歸家路	허공에 올라 집에 돌아가는 길 바라보니
月滿長安萬戶延	달은 장안 집집마다 가득하네[382]

경봉은 그네를 통해 우리가 처한 세상 즉, 환경이 타의적으로 이루어진 풍진 세상을 보이고자 하였다. 그러나 적어도 그네를 즐기는 이 공간은 근심이 없는 희망적인 공간으로 받아들였다.

---

[382] "天氣晴朗也 金淸河 鞦韆詩를同作云…"-『日誌』, 1929년(38세) 7월 14일.

우리는 일상의 지루함을 기존의 틀 밖에서 전개되는 활동으로 의미부여를 한다. 그네를 타고 평소 일상에서 맛보지 못하는 또다른 위치에서의 일탈은 매우 희망적이고 자유롭다. 그러나 결국 시는 우리가 일상에서 느끼지 못하는 즐거움을 찾아주는 역할을 하게 된다. 좁은 시각에서 바라보던 일상의 한계를 그네라는 새로운 장치를 통해 더 큰 시각을 부여하고 일상을 전개함으로써 일상의 지루함을 즐거움으로 바꿔버린 것이다. 이는 시각과 발상의 전환으로 선승의 삶에서 매우 중요한 부분이다.

경봉은 이러한 시각을 통해 삶의 일상성이 시대에 속박되는 우울한 일상이 아니라 시대를 통찰하는 거시적 즐거움으로 바꾼 것이다. 개인의 일상에서 자연을 통해 드러나는 변화의 표출은 자신이 활동하고 있는 한정적 공간 뿐 아니라 종교적·사회적 공간으로 확대되어 나간다.

> 극락암에서 화엄산림과 예수재를 지낸 것에 대한 금전과 쌀을 회계하다.
> 記
> 남은 쌀 90말 5되(소두) 內 미수 60말. 실제로 남은 쌀 30말 5되.
> 또 조 일석. 山林條.
> 남은 돈 122원 89전 內 미수 40원. 실제로 남은 돈 82원 89전.
> 화엄산림 條.
> 잔금 178원 71전. 예수재 條.
> 두 가지 합계금 301원 60전.[383]

---

[383] 『日誌』, 1931년(40세) 1월 3일.

삶의 일상성에서 가장 두드러진 특징은 바로 속박이나 구속, 행동의 제한이다. 이것은 자신의 공간적 한계보다는 정신적 행동반경이 주는 간섭이라 할 수 있다. 이 간섭은 강제하는 타의성이 아니라 순수하게 자처하는 것이라 할 수 있다.

경봉은 스스로 화엄산림과 예수재를 개최하여 대중들을 위해 수행의 장을 마련해 주었다. 그러한 이유로 자신의 일상성은 더더욱 제약받게 된다. 즉 자기 자신의 존재를 대중이라는 타인에 의해 제약받게 되고 본의 아니게 타인의 일상과 공유를 하게 된다. 이 공유는 일반적으로 '너'와 '나'의 조합인 '우리'가 아니라 오직 '주체의 나'와 '객체의 나'로 분리되는 것이다.

1937년(46세) 1월 29일 『日誌일지』에는 "축음기를 34원에 사다"[384]라고 기록하였다. 이는 자신의 일상성에 대한 다양한 모색이라 할 수 있다. 경봉은 단순한 일상을 즐기기도 하였지만 새로운 객체를 통해 일상의 현실을 잠시 벗어놓고 주체의식을 가지고 희망적인 삶을 살고자 하였다. 이러한 인식이 축음기라는 매개체를 통해 드러난 것이다.

경봉의 희망적 일상의 추구는 시간적·공간적 영역확대로 이어져 우울하고 비관적이며 지루한 일상의 탈피를 목표로 한다.

携酒登船到海天　술을 들고 배에 올라 바다에 이르니
白波靑眼濶無邊　하얀 물결 반갑고야 가없이 드넓어라
胸襟快活難收興　가슴속 상쾌하고 흥을 주체할 수 없어

---

[384] "…蓄音機三十四円買受也"-『日誌』, 1937년(46세) 1월 29일.

萬事寄雲午睡眠　만사를 구름에 부친 채 낮잠에 든다오[385]

일상에서의 근심 걱정은 행복 추구에 도움이 되지 않는 장애물이다. 그것은 반복되는 친숙함에서 오는 일종의 지루함이라 할 수 있다. 경봉은 유람을 통해 이러한 병폐를 탈피하고자 하였다.

위의 시는 통도사를 떠나 한산도를 유람하면서 읊은 시이다. 친숙한 공간을 떠나 새로운 환경이지만 불안이나 고민들은 찾아 볼 수 없다. 오히려 시를 통해 새로운 가치를 반기고 새로운 가능성에도 의존할 수 있는 듯 낮잠까지 즐기고자 한다.

일상의 탈피는 현대사회에서 불안감을 주는 요소가 될 수도 있지만 경봉은 유람을 통해 또다른 일상을 받아들이고 지난 일상들을 되돌아보는 기회로 삼는다. 또한, 단순한 관광 개념의 공간 확장에서 기도나 예배의 대상으로 활용되기도 한다.

空坮滿月訪尋遲　텅 빈 누각에 가득 찬 달, 찾는 이 드문데
到着如今豈不詩　이렇게 왔으니 어찌 시를 읊지 않으리오
祖道風光知也否　조사의 풍광을 아시는가?
白鷗沉水日紅時　흰 갈매기 물에 뛰어들고 해는 붉은 때로다[386]

---

[385] "午前十時에統營邑에서葛島(海金剛)을求景하기爲하야乘船하엿드니風浪으로 가지못하고閑山島로往하야 一首詩를作也…" -『日誌』, 1937년(46세) 6월 13일.

[386] "天氣雪來也下午三時에洛山寺圓通寶殿과聖殿에參拜하고住持咸定黙師와談話하고歸路에義湘坮에登臨하야頌曰…" -『日誌』, 1930년(39세) 2월 27일(入滄으로 했다가 沉水로 바꾸었다).

경봉은 1930년(39세) 2월 20일부터 3월 23일까지 약 1달간 강원도 낙산사 일대를 유람하게 된다. 이 기간 동안 5수의 시를 짓는데, 그 첫 번째 시이다.

의상대에 오른 경봉은 그 옛날 의상의 흔적을 되밟으며 자신의 현재 모습에서 당시의 상황을 그려내고자 하였다. 당시 의상대는 많은 문인들 특히, 시인들의 필수 방문지였다. 이곳에서 '豈不詩기봉시'라 한 것은 경봉 스스로가 시인묵객詩人墨客임을 밝히는 것이다.

일상의 탈피를 통해 존재에 대한 희망과 새로움을 품게 되는데 경봉은 그 중에서도 불교적 공간을 통해 자신의 모습을 바로잡는 계기를 마련한다. 그런 이유로 경봉의 삶에서 유람은 기본적으로 불교 관련 시찰을 목적으로 하였다.

시에서는 의상이 이곳에서 좌선을 마치고 떠나던 과거의 모습과 현재 자신의 눈에 비치는 풍광들이 별반 다를 바가 없었을 것이라 하는데, 이는 같은 공간에서 각기 다른 시간을 대비함으로써 시간의 격차를 최소화하여 당시當時와 현시現時의 현장감을 생생하게 그려내고자 한 것이다. 동일한 공간에서 과거와 현재의 시간적 격차를 동일하게 하여 오랜 시간 반복되어지는 시간적·공간적 무미함에 생기를 불어 넣기 위함이다. 또한 통도사라는 일상적이고 한정적인 행동이자 수행공간이 이러한 유람을 통해 더욱 넓은 공간으로 확대되는 계기가 되었다.

경봉은 망중한 속에서 일상성을 통해 주체를 잃지 않으려 하였고 항상 더 나은 시간적·공간적 인식의 확대를 통해 끊임없이 변화를 추구하고자 하였다. 이는 무의미한 일상이 아니라 변화하는 일상을 통해 자신의 수행이 제자리하지 않도록 경계하기 위함이다. 아주 일상적인 대상을 통해 삶의 주체를 부각시키고 단순함에서 오는 진리를 마음으로 담아내려 하였으며 일상의 공간적 확대를 통해 본래자리의 중요성을 더욱 성찰하였다.

경봉의 일상에 대한 시각은 기존 범부들이 받아들이는 쳇바퀴 속의 무의미함이 아닌 그 속에 끊임없이 전개되는 가치의 변화를 중요하게 여겼으며 이를 통해 더욱 수행정진하고 일상에 감사하는 마음을 가졌다는 것을 알 수 있었다.

5. 대중과의 소통과 포교

경봉에게 있어 대중 포교의 시작은 화엄산림이었다. 첫 대중 화엄산림법회 이후 곳곳을 다니며 화엄의 중요성을 강조한 점은 앞서 살펴본 바이다. 그리고 그 후속으로 '양로만일염불회'를 통해 노인들의 염불에 대한 인식을 고취하고자하였고[387] 자신이 기거하는 곳마다 포교와 염불, 화엄과 선수행의 중요성을 설하였다.

진정한 수행자는 자신의 경지를 어떻게 대중들에게 쉽게 드러내 보이느냐하는 고민을 해야 한다. 이는 '상구보리 하화중생 上求菩提 下化衆生'을 천명하는 불교의 궁극적 목표에서도 알 수 있다. 경봉은 다방면에 걸쳐 활동을 하며 대중들과 소통하였다. 넓은 행동반경 때문에 사상적 관점에

---

[387] 염불을 통한 수익금을 노인들을 돌보는데 쓰기 위한 현대적 관점의 노인복지사업이라 할 수 있다.

서 논쟁들이 있지만 대부분 경봉의 회통적인 삶을 반영하는 긍정적 논란들이라 생각한다. 당시의 선승들 중에 경봉처럼 회통적이고 대중적이며 세상과 자유롭게 소통한 선승은 드물었다. 또한 자기 자신만의 수행과 깨달음을 추구하지 않았다. 항상 대중 속에서 가르침을 배우고 전하면서 많은 이들에게 큰 감동을 주기도 하였다.

경봉은 일반 대중들에게 불자로서의 덕목을 명확하게 제시해 주었다. 먼저 가정생활을 잘 할 수 있는 방법이다.

(…상략…)

무릇 사람의 성격상 마음 쓰는 것이 봄 기운과 여름 기운만 쓰는 사람이 있고 또는 가을 기운과 겨울 기운만 쓰는 사람도 있다. 그러므로 모든 일에 지장이 있고 실패가 있는 법이다. 이 춘·하·추·동 사시 기운을 마음에 간직하여 두고 그 일의 사정과 형편에 따라 봄과 여름 기운도 쓰고, 어떤 때는 가을 기운과 겨울 기운을 때에 따라 사용하여야 일에 실패가 없고 성공하는 법이다. 이 춘하추동 사시 기운은 가정이나 사회나 국가나 다 때를 맞추어 사용하여야 한다. 그렇게 일에 따라 잘 사용하려고 하여도 용이하게 잘 안 될 것이니 잘 안 되는 것은 자기의 수양이 부족한 소치이다. 그러므로 사람마다 자기의 희망을 달성하려면 道家에 문을 두드려 수도를 하여 정신과 지혜를 함양하는 것이 지름길이다.[388]

---

[388] 석명정(1975), 197쪽.

가정생활에 있어 가족 구성원들의 조화를 강조하였다. 부모와 자녀·형제와 부부·친족들과 모든 이웃들에게 서로 공경하고 사랑하며 말과 표정을 부드럽게 하여 화합하기를 힘써야 한다[389]고 하였다.

경봉이 가정생활을 사계절에 비유한 것은 사계절이 주는 저마다의 개성과 특성이 있듯이 가족 구성원 하나하나의 중요성과 특색을 말하고자 한 것이다. 또한 사계의 흐름이 우주의 근본이 되듯이 모든 삶에 있어 가정이 근본이 돼야 세상이 바로 설 수 있음을 설하고자 한 것이다. 경봉은 가정의 중요성과 함께 가정주부의 역할도 함께 주문하기도 하였다.

이처럼 가장 낮은 곳에서부터 대중교화에 힘을 쏟았다. 이는 항상 낮추고 경청하는 경봉의 일상에서 살필 수 있다. 그리고 대중의 중요성을 누구보다 절실하게 여겼다.

　　昔日因緣猶得在　옛날 인연 마치 지금 얻은 듯 하니
　　一如居士叩山扉　모두 거사처럼 산문을 두드리네
　　相逢歡喜無言說　서로 만나 즐거워 할 말이 없으니
　　笑指黃鸎上樹飛　웃으며 나무 위를 나는 누른 꾀꼬리 가리키네[390]
　　圓光

1959년(68세) 극락암에서 설한 하안거 해제설법이다. 시를 통해 대중들에게 함께 참선공부를 권하며 그 공부의 인연은 변하지 않는 것이니 즐겁게 동참해 줄 것을 당부한다. 경봉이 대중 수행을 즐겁게 할 수 있을 거

389　석명정(1975), 194쪽.
390　『日誌』, 1959년(68세) 8월 18일.

라 확신하는 것은 스스로에 대한 신념과 믿음이 확고했기 때문이다.

대중들에게 있어 선수행이라는 것은 염불이나 기도만큼 대중적이며 그렇다고 크게 인기가 있는 것도 아니며 결과가 뚜렷하게 나타나는 것도 아니다. 그러나 삶을 자유자재하며 평생을 연극무대처럼 마음껏 살아보라고 한 경봉 자신의 경험을 대중들과 공유하고 싶었던 것이다. 쉽게 다가서기 위한 방편은 상대가 단번에 의심을 품을 수 있게 선기禪機를 발휘해야 하고 그러기 위해서는 수행이나 도력이 매우 높아야만 가능한 일이다. 번뜩이는 선기의 칼날을 대중들이 어떻게 받아들이느냐가 선의 대중화에 가장 큰 관건이라 할 수 있다.

眉細初凝柳葉靑　가느다란 눈썹 애당초 버들잎처럼 푸른데
又驚新月暮天生　또한 새로운 달 놀랍게도 저문 하늘에 떠오르네
假饒憑考吳王筆　설사 오왕의 필법을 가져와서
畵也元來畵不成　그리기는 그래도 이룰 수 없네[391]

경봉은 대중 포교를 위하는 일이라면 때와 장소를 가리지 않았다. 위의 시도 현재의 유치원 격인 환치원에서 열린 연극을 보고 돌아와서 시로 읊은 것이다. 선승들의 아이 사랑은 시대를 막론하고 똑같은 듯하다. 이는 선승들이 추구하는 궁극적 목적이 먼지 하나 없는 빈 상태의 어린아이 마음으로 돌아가는 것이기 때문이다. 추측컨대 환치원에 갔다가 어린아이가 그린 부처의 독특한 얼굴을 보고 시를 지은 듯 하다. 말 그대로

391　『日誌』, 1940년(49세) 2월 25일.

그리긴 그래도 부처의 법을 그려내기는 힘들다는 말이다. 초기 대중포교와 선의 대중화가 힘들었음을 나타내는 비유화법으로 보인다.

> 조용필씨가 큰스님을 찾아와서 인사를 하는데 스님께서 "니가 어디서 왔느냐?"이렇게 묻고 "뭐하는 사람이냐?" 그러니까 "노래 부르는 사람입니다", "그러면 네가 꾀꼬리구나" 이때 경봉은 노래하는 그 주인공이 누구인지 참된 주인공을 찾아보라고 하셨다.[392]

위의 일화에서 보듯이 경봉은 능수능란하게 상대의 생각을 단번에 꺾어버린다. 경봉이 대중들에게 당당할 수 있는 이유이다. '못찾겠다 꾀꼬리'의 탄생은 이렇게 시작되었다. 자신의 본체를 보지 못하면 언제나 술래일 수밖에 없는 현실을 먼저 직시시키고 수행을 하게 만드는 경봉만의 힘이다.

대중 속에서의 선 실천은 1953년(65세) '해우소解憂所'나 '휴급소休急所'의 탄생도 마찬가지이다. 前 통도사 방장 원명스님은 "세상이 아무리 급하고 급하다 해도 화장실 가는 그것밖에 급한 게 뭐 있느냐? 그래서 노장님(경봉스님)이 급한 마음을 쉬어라!…"[393]라고 했다면서 이 탄생의 비화를 설명하기도 하였다.

1961년(70세) 3월 20일『日誌일지』에는 경봉이 극락암에서 수행대법회修行大法會를 개최하고 사부대중 72명이 21일간 참회기도와 용맹 참선정진을 진행하였다고 기록해 두었다. 제자 명정은 이『日誌』에 부연하여 "이

---

392 BTN, 앞의 방송(백련암 감원 원산 스님 증언 중).
393 BTN, 앞의 방송.

法會^{법회}는 註者^{주자}가 老師^{노사}의 執侍^{집시}를 처음 시작할 때 同叅^{동참}한 법회라서 근 25년이 지난 지금 생각하니 감회가 새롭다. 낮 10시부터『圓覺經^{원각경}』疏抄^{소초}에 典據^{전거}하여 참회기도를 枕向^{침향}을 사루며 1시간 하고 오후에는 老師^{노사}의 설법이 있었다. 그 외 시간은 장군 죽비로 경책을 하며 용맹정진을 하였다. 벚꽃이 막 피기 시작하던 佳節^{가절}, 老師^{노사}께서 평생을 벼루어서 차린 법회. 老師^{노사}의 獅子吼^{사자후}. 이 법회를 끝내고 돌아가는 大衆^{대중}들이 너무 아쉬웠던지 엉엉 울며 가던 禪客^{선객}들의 모습이 눈에 선하다"[394]고 회상하였다. 당시 경봉은 82세 때 부터 매월 첫째 주 일요일에 정기법회를 열었는데 매번 천명 이상의 대중들이 몰려 대성황을 이루었다고 한다. 당시 귀했던 자동차들이 극락암 인근까지 꽉 차있는 사진들은 경봉의 덕화를 짐작할 수 있게 한다.

> 사바세계를 무대로 잡고 연극 한바탕 잘하려 하면 물질에 대한 애착, 사람에 대한 애착, 그 애착을 비워야 돼. 물질 아니면 사람, 사람 아니면 물질 두가지 때문에 가슴이 아프고 머리가 아프단 말이야 우리가 이 사바세계 나올 적에 머리 아프고 가슴 아프고 그러려고 나온게 아니야.
> - 경봉 육성 법문 중에서

경봉은 대중들에게 가슴에 파고드는 현실적인 문제를 제시하였고 대중들은 감동하였다. 법문이 끝나면 돌아가는 신도들에게 "돌도 많고 물웅덩이도 많은데 돌 뿌리에 걸려 넘어지지도 말고 물에 빠지지도 말고 똑

---

394 『三笑窟 日誌』, 346쪽.

바로 잘 가거래이"라고 하면서 배웅했다고 한다. 경봉은 90의 노구에도 시자의 부축으로 법상에 올라 법문을 하였는데 "내가 이렇게 설법하는 것은 나의 원이 그러하기 때문이다"라고 자주 말씀하셨다고 한다.

경봉은 비단 극락암에 머물면서 한정적인 설법에 집착하지 않았다. 젊은 시절 경남 포교에 열정을 쏟을 때만큼의 현실은 아니었지만 특히 부산일대의 포교에 많은 관심을 보여 부산대학교에서의 강연 기록,[395] 부산불교대학생 주최 법회에서 등단 설법한 이야기[396] 등이 보인다. 이처럼 대중 포교를 위해 직접 세상으로 나아가 상대를 만나 교화를 하고자 한 것이다. 선승들의 동구불출과는 거리가 먼 이야기다. 반대로 직접 멀리서 경봉을 친견하고자 찾아오는 이들도 많았다. 대부분 대학 교수나 불교 관련 전공자, 종교 철학을 연구하는 이들이었다.

> 오전 12시에 남아프리카 사람이 찾아와서 法을 묻기에 내가 부채를 그 사람 손에 잡혀 주고 부쳐보라고 하였다. 이 부채를 부쳐보면 모든 법이 여기에 있다 하였다. 그 사람이 모르므로 내가 그 부채를 다시 받아 무릎 밑에 넣었다. 그리고 내가 그 사람에게 묻기를, 자기 몸을 운동하여 이곳에 온 것이 무엇이냐고 물으니 답하기를, 마음도 아니고 五官을 통하여 무엇이 왔다 한다.

---

[395] "午後三時에釜山大學校에서佛教講演을李哲雄과같이說法講話하였다. 要旨는 山水畵扇子로서먼저擧揚하고參禪으로精神을修鍊하야日常生活에使用하라하고…" - 『日誌』, 1966년(75세) 6월 22일.

[396] "釜山佛教大學生主催로서佐川洞비비애스會館에서 私儀, 金大越, 金靈峰, 林華山 三人이講演士가되여 私儀가먼저登壇하였다…" - 『日誌』, 1966년(75세) 6월 25일.

내가 말하기를, 그렇게 하는 것은 모르고 말하는 것이다라고 말하였다. 우리 객실에서 점심밥을 잘 먹으면 道를 잘 알 것이다 하였다.[397]

법을 물으러 오는 이들이 있으면 경봉은 이렇게 자상하게 선의 진수를 가르쳐 주었다. 상대가 알아듣든 못 알아듣든 그것이 중요한 게 아니라 법을 알고자 하는 그 마음이 벌써 경봉을 즐겁게 하는 것이다.

경봉의 대중 교화는 수행을 목적으로 한 실천행을 주로 하였기 때문에 특히 거사림居士林에 대한 관심과 지원을 아끼지 않았다. 이는 극락암에 호국선원을 열었을때 천명했던 바이다. 대구 거사림[398]이나 부산 거사림[399]에 축시를 보내 열심히 수행 정진할 것을 당부하기도 하였다.

당시 통도사는 근대 잡지 발행을 통한 포교활동에도 앞장섰는데, 사형인 구하와 함께 밖으로는 교육 포교를 통한 대대적인 인재불사를 행하고 안으로는 사격의 재정비와 수행 정진의 풍토를 갖추기 위해 노력하였다. 사찰이 단독으로 발행한 최초의 잡지인 『鷲山寶林축산보림』과 이 잡지를 이어 조선불교청년회 통도사지회에서 창간한 조선불교청년회 운동지 『潮音조음』을 발간[400]하여 대중포교의 새로운 장을 열게 된다.

---

397 『三笑窟 日誌』, 411쪽.
398 "거사림 가운데 유일한 보배가 / 광명이 치우쳐 비추어 다함이 없네 / 이것이 무엇인가 / 동대구 남부산이로다 억!(居士林中唯一寶 / 光明遍照亦無窮 / 是個什麽 / 東大邱 南釜山 咦)" - 『日誌』, 1973년(82세), 8월 1일.
399 "팔금산 위에 달이 / 거사림에 비추네 / 어제 밤에 비바람이 이는데 / 소리소리 옛 거문고 소릴세(八金山上月 / 照入居士林 / 昨夜風雨起 / 聲聲作古琴)" - 『日誌』, 1973년(82세), 8월 1일.
400 『韓國雜誌百年』(현암사), 2004년 5월에 소개된 잡지들의 내용들을 참조하였다.

경봉은 『鷲山寶林(축산보림)』이 1920년 8월까지 6호를 마지막으로 폐간되고 같은 해 12월 15일에 『潮音(조음)』을 창간하면서 잡지를 통한 대중포교에 본격적으로 참가한다. '조음'이라는 말은 파도소리를 뜻하지만 사찰에서는 스님들의 경 읽는 소리가 한꺼번에 밀려오는 것을 의미하기도 한다. 즉, 이 시대 불교청년회의 목소리를 제대로 내어 보자는 취지이자 새로운 문명의 소리에 귀 기울여보자는 것이었다. 판권장에는 발행소가 '조선불교청년회 통도사지회'로 기록되어 있다.[401] 창간사〈머리의 한 말〉을 살펴보자.

> 時와 代는 바쁘게 舊를 쫓고 新을 마지하는도다. 그러므로 人生의 存在도 따라서 낡은 것은 싫어하고 새로운 것을 맛보고자 하며 제법 高遠한 理想鄉에 나아가려 애를 쓰는도다. 이것을 時代의 變遷이라 할까, 世界의 思潮라 할까? 〈중략〉 前에 못 듣던 異常한 別소리가 東에서도 西에서도 쉬지 않고 일어나도다. 아! 이것이 우리의 生에 도움을 줄 '潮音'이 아닐까 하노라. 民族의 사랑과 社會의 幸福이 모두 이 '潮音' 속에서…[402]

---

[401] 3·1운동 이후 1920년 6월 20일 불교계 청년들은 혁신적인 불교운동을 위해 朝鮮佛敎靑年會를 조직하였으며, 이 단체는 지방에 각 지회를 두고 조직적으로 불교의 신개혁을 주도하였다. - 박두육, 「근대 한국불교의 自强運動에 대한 연구」, 동방대학원대학교, 불교문예학과 박사학위논문, 2014년, 155쪽.

[402] 『韓國雜誌百年』, 395쪽.

『潮音』은 『鷲山寶林』에 비해 다양한 문예활동을 보여주고 있다. 그 목차를 보면 〈창간사〉, 〈논문〉, 〈수필〉, 〈장편소설〉, 〈시〉, 〈한시〉 등이 있는데 특히, 〈논문〉에는 경봉의 「大夢^{대몽}을 速覺^{속각}하여 奮起^{분기}하라」, 숭양산인^{崧陽山人}의 「勸告佛敎靑年諸君^{권고불교청년제군}」 등이 눈에 띈다. 그러나 이렇게 점점 발전된 모습의 잡지가 선보였지만 사찰 경제의 사정상 단번에 그칠 수밖에 없었다. 잡지 발행 사업의 성패는 충분한 재정의 지원 여하에 달렸다고 해도 과언이 아니다. 1910년대의 잡지들이 장기간 발행되지 못했던 가장 큰 이유도 재정문제 때문이었다.[403]

이 당시의 잡지들은 대부분 시대의 근대화를 표방하고 그것을 실천하고자 하였다. 특히 불교 잡지들은 구한말 일제강점기까지 매체를 통한 즉, 신문이나 잡지들을 통해 작게는 사찰의 시대요구에 대한 부응과 홍보·포교를 목적으로 하였고 크게는 문화 활동과 자강운동 및 청년 운동으로서의 역할까지 아우르게 되었다. 개항 이후 서구 문명과 종교에 개방된 한국은 새로 유입된 종교개념으로 자신의 종교적 정체성에 대해 새삼 숙고해 볼 기회를 갖게 되었다.[404] 이러한 고뇌의 결과물로 통도사는 위 두 개의 잡지를 짧게나마 개간하여 급변하는 정세에 대응하려 했던 것이다. 그만큼 경봉은 포교에 대한 시대적 사명과 반영에 충실했으며 기존 포교방식에서 한발 앞서 대중교화를 위해 힘쓴다. 이는 일본 시

---

403 김성연, 「일제강점기 잡지 『불교』의 간행과 불교대중화」, 『한민족문화연구』 26집, 한민족문화학회, 2008년, 68쪽.

404 송현주, 「근대 한국불교의 종교정체성 인식 : 1910-1930년대 불교잡지를 중심으로」, 『불교학연구』, 7집, 불교학연구회, 2003년, 356쪽.

찰을 통해 얻은 결과물이라 하겠다.[405]

결국 경봉의 대중교화는 극락암이라는 공간을 통해 실현된다. 이는 평생을 수행으로 일관한 경봉의 편중 없는 대중 사랑과 상대의 근기에 맞는 수행을 권하여 무리 없이 실천할 수 있도록 조력해준 탓이다. 무엇보다 중요한 것은 자신 또한 변함없이 수행에 철저하며 대중 속에서 실천을 했다는 점이다.

이상 『日誌일지』 속에 드러나는 경봉 시의 특징적 면면들을 수행자, 한학지식인, 현실성, 일상성, 대중성의 관점에서 살펴보았다.

선승의 시는 깨달았느냐 못 깨달았느냐의 문제와 직결되어 있다. 그래서 선시에 대한 구분과 개념정리가 항상 논란이 되는 것이다.[406] 그러나 경봉은 명확하게 깨달음의 순간들을 시를 통해 드러내 보였기에 이러한 논란은 무의미하며 오히려, 일상적인 감상에도 오도와 관련된 특수한 감성들이 내재되어 있지 않을까 하는 우려까지 생길 정도이다.

경봉은 한국 시승의 계보를 이으며 경허 이후 불가한시의 영역에 대미를 장식하였다. 시를 쓴다고 모두 시승이라면 선승들의 황금기였던 구한말 이후 80여 년간 많은 시승들이 존재했을 것이다. 그러나 『日誌』 속 시를 통해 삶의 전반적 잔상들을 전하는 이는 찾아보기 힘들다. 시적 가치가 이러한 자료적 가치나 의미적 형태에서 더욱 뚜렷하게 나타나는

---

405 최두헌, 「양산 통도사의 출판활동과 그 의미」, 『동양한문학연구』 43집, 동양한문학회, 2016년, 86~93쪽 참고.
406 이진오는 불가한시는 진리와 삶이라는 두 가지 제재를 축으로 이루어진다고 정리하였고, 선이라는 특수성 때문에 시를 설명해 버리면 진리와 이미 멀어지기 때문에 '知解'로써 접근하는 분석 자체가 무의미하다고 하였다 - 이진오(1997), 73~80쪽 참조.

이유이다.

　선승의 시문학을 조명함에 있어 가장 중요한 것은 성장배경, 출가동기, 주변인물, 오도 시점, 그리고 시대적 배경, 문학작품의 성격 등이다. 게다가 선에 대한 사상적 근거를 필히 이해해야만 한다. 현대에 들어와서는 선과 한시를 함께 접하기가 힘든 것이 사실이다. 더욱이 선의 세계는 철저한 자기 체험적 결과물이다. 이것이 바탕 되지 않으면 선승의 입장에서 보는 시의 관점을 명확히 이해하기는 어려운 것이 사실이다. 불교 한시 연구나 한국 선시 연구에서 보이는 유형들은 대부분 문학과 사상으로 나뉘게 되는데 명확한 구분이 제시되지 못하더라도, 적어도 시승과 선승의 교집합을 전제하고 논리적으로 다양한 선과 시, 시와 선의 시각에서 연구방향을 논의해야 한다.

　경봉 이후 시를 자유자재하며 선의 기용을 내뿜고 일상을 표출할 수 있는 선승의 존재가 드물다는 점은 시승으로서의 경봉의 가치를 다시 각인시키는 계기가 된다. 앞으로 진행되어야 할 통도사의 시승·영남일대의 시승, 나아가 근대 선승들의 시에 대한 연구에 있어 매우 유익한 근거가 될 것이다. 또한, 경봉의 시가 대중적으로 많은 관심을 받을 수 있고 문학적으로 논의 될 수 있는 기회가 된 것에 대해 큰 의의가 있다.

　불가에서 전해지는 많은 문집들이 스승 사후, 제자들에 의해 편찬되는 과정에 미화되면서 본래의 의도와 달리 왜곡되는 경우가 많았다. 그러나 경봉은 삶의 흔적을 직접 기록하여 전하였기 때문에 본질의 그대로를 살필 수가 있었다. 불교 문학사·한시사에서 찾아보기 힘든 이러한 유형의 작품들을 소개하고 감상한다는 것은 앞으로의 관련 연구에 있어 매우 주목해야 할 부분이다.

제 5 장

결 론

제 5 장

결 론

지금까지 경봉의 시를 통해 삶을 재구하면서 삶의 시간대별 시 전개 상황과 삶에서의 특징적 면모들을 살펴보았다. 전체적 내용개괄을 통해 결론을 정리하고자 한다.

경봉의 생애는 기존 자료들을 기초로 하고 새로 발굴된 「金靖錫 歷史^{김정석 역사}」와 『聖海禪師 壽宴詩^{성해선사수연시}』, 『小金剛內院寺詩選^{소금강내원사시선}』을 통해 1928년(37세) 12월 이전 행적들을 일정부분 확인할 수 있었다. <Ⅲ>장에서는 1928년(37세) 이후로 전개되는 본격적인 시 활동을 살폈다.

경봉의 초창기 시에 대한 관심은 한문학 지식으로서의 당위성과 은사인 성해 남거의 영향이 매우 컸다. 성해는 당대 많은 지식인들과 교유하였던 탓에 자연스레 이들과 교류할 수 있는 장이 만들어 졌고, 1914년(23세) 6월 7일 성해의 수연을 맞아 정리된 시집 『聖海禪師 壽宴詩』를 통해 첫 발을 내디디게 되었다. 이 시집에서의 경봉 시를 통해 청년기 시작^{詩作}에 유형을 살필 수 있었다. 이어서 경봉의 주도로 이루어진 1920년

(29세) 제작된『小金剛內院寺詩選소금강내원사시선』을 통해 본격적인 시승으로서의 면모를 보이기 시작하였다. 시선집에는 당시 경봉과 인연이 있거나 친분을 맺고 있던 스님 및 문인 170여명의 시詩가 운韻을 같이 하여 실려 있다.

두 시선집을 통해『日誌일지』에 드러나지 않는 경봉의 20대 시절의 시학詩學적 환경과 양상을 살필 수 있었다. 특징적인 것은 일상적 관상이나 상황에 충실하며 유자儒者의 시각에서 감성을 펼쳐졌다는 점이었다.

그리고 기존에 드러나지 않은『日誌』의 행적들을 살펴서『三笑窟 日誌삼소굴 일지』에서 다루지 않았던 20대 후반부터 30대 후반까지의 시 3편을 더 감상하였는데, 이 시들을 통해 인연의 장면들과 수행에 대한 의지, 수행에 대한 고뇌와 방향 등을 살폈고 이 시기의 시들 또한, 지극히 일반적인 유자의 시임을 알 수 있었다.

경봉의『화엄경』에 대한 관심은 만해에 의해 시작되었고 본격적인 관심은 경남 일대의 포교를 통해서다. 가는 곳마다 화엄경을 설하였고 이러한 관심은 1927(36세)년 12월 8일부터 다음해인 1928(37세)년 1월 3일까지 열린 화엄산림법회를 통해 화엄 대중화가 본격적으로 이루어지게 된다. 주목할 것은 이 기간 동안 하루도 빠짐없이 시를 지어 화엄과 일상, 화엄과 선의 종지를 확실하게 드러낸 것이다.

여섯째날인 1927년(36세) 12월 13일 새벽에 활연개오를 하여 이전까지 화엄의 테두리 안에서 경계 지어진 화엄華嚴의 틀을 깨고 조사선의 진정한 위용과 함께 선승으로서 이사理事에 무애無碍한 삶을 살아가기 시작한다. 그 이후 읊은 시들은 화엄에 기초하는 것이 아닌 선을 기초로 하여 선에서 드러나는 특징들을 담아내기 시작한다. 즉, '평상심시도平常心是道'

를 통한 도道의 실천과 자아를 일상과 자연에 '합일合一'시키는 일들이 그러한 것들이다.

이후, 경봉은 끊임없는 반조를 통해 자신의 오도에 대한 환희와 주인공에 대한 확실한 믿음을 드러내었다. 주인공의 존재를 알게 된 그 순간부터 경봉의 수행은 본격적으로 시작되었고 처절한 반조를 통해 그 존재를 더욱 확실히 만들어갔다. 종문의 종사들이 거쳤던 처절한 자아통찰과 반조, 자경自警과 자책自責은 경봉이 당대 선지식으로서 자리하는데 큰 힘이 되어 주었다.

백운암 방공은 경봉의 젊은 시절을 함께 하며 경봉의 성장을 함께 한, 적어도 경봉의 삶에 등장하는 수많은 사람들 중에서 벗이라고 할 수 있는 유일한 도반이었다. 화엄산림을 함께 하며 경봉의 오도를 곁에서 지켜보았다. 그러나 방공에 대한 기록은 『日誌』이외에는 찾아 볼 수 없는 점이 아쉬울 뿐이다. 서로의 경계를 살피고 경책하며 시를 통해 혜안이 열렸음을 알아차렸을 때는 누구보다 아낌없는 기쁨과 격려를 보내주었다. 이들의 교유시에서는 경봉의 청년기 수행에 대한 고민과 간화에 대한 확실한 믿음이 드러난다.

구하는 경봉의 사형이었지만 삶에서 스승이자 도반이었으며 수행에 있어서는 오히려 경봉에게 법을 구하는 모습을 보이는 등 매우 모범적인 형제애를 보여주었다. 삶의 사소한 것까지 시를 통해 공유하였고 아낌없는 지원과 힘을 보태주었다. 특히 수행에 있어 시를 통한 고민과 이를 함께 해결하기 위한 서로의 점검은 두 수행자가 선의 종지를 드날리는 데 매우 큰 거름이 되었음은 분명한 사실이다.

경봉의 청년기 보림 과정에서 보여지는 오도에 대한 믿음들은 경봉 스스로의 처절한 수행과 반조를 통한 노력도 있었지만, 든든한 벗 방공과 물심양면 경봉의 삶에 버팀목이 되어 주었던 구하와의 시를 통한 논의들이 매우 중요한 역할을 하였음은 분명한 사실이다.

경봉은 간화선의 대중화를 위해 헌신한 선승이다. 참선을 최우선으로 여겼고 선·교·염불·기도에도 능통하여 경봉만의 회통불교를 선보였다. 경봉 당시 돈오돈수나 돈오점수에 대한 논란, 종조에 대한 논란에도 비켜있었던 것은 이런 이유에서다. 화엄을 통해 선을 수용하였고 혜능의 영향을 받아 '무일물無一物'의 진리를 설하였다. 하지만 그 중에서도 보림 과정에서의 한암의 영향은 경봉의 사상에 절대적 영향을 끼쳤다. 이들은 많은 서신교류를 통해 서로의 법을 점검하면서 선승으로 성장하는 계기를 마련하였다.

오도를 통한 보림과 당대 선승들의 조언, 그리고 끊임없는 수행의 결과로 경봉의 가풍이 갖추어지기 시작한다. 선교겸수禪敎兼修를 표방하며 조계의 종지인 무념무심無念無心과 간화선看話禪으로 대표되는 경봉의 가풍은 많은 후학들에 의해 진작되었다. 방(棒)·할(喝)과 주장자는 물론이고 일상의 일구一句로 기봉을 드러내었다. 특히 시詩를 통한 점검과 경책은 근대 한국 불교에서 찾아보기 힘든 경봉만의 가풍이라 할 수 있다.

가풍의 진작은 후학 석정을 통해 살펴보았다. 석정은 평생 경봉을 흠모하며 더불어 법담을 즐기고 시詩를 논하였다. 석정은 경봉에게 선 수행에 대한 많은 영향을 받았으며 시작詩作에 있어서도 마찬가지였다. 석정을 통해 본 경봉의 후학 제접 방식은 덕산·임제에게 찾아보기 힘든 조주나 운문의 가풍을 많이 드러내었고 선의 전개는 홍인의 방식과 닮았음을 알 수 있었다.

가풍 확립 이후, 경봉은 일상에서 도를 구현하고자 하였다. 이는 대부분의 선승에게서 찾아볼 수 있는 점이다. 그러나 일반적 관상이 아닌 일상을 통해 오도를 재확인하거나 일반적 대상에서 오도 이후에 달라진 변화들을 찾아내기도 하였으며 중도의 도리를 자연에서 찾아내어 시를 통해 대중들에게 일깨워 주기도 하였다. 또한, 자연에서 얻은 진정한 자유를 바탕으로 무상함을 깨닫기도 하였고, 있는 그대로의 삶을 받아들이는 자세를 습득하기도 하였다.

선승으로서 무르익기 시작한 50대 이후부터는 그 이전보다 더욱 정신적으로 여유로운 삶을 영위하여 나가는데, '평상심시도平常心是道'를 기본으로 절대적 무심을 노래하였고 궁극적으로는 '물아일체物我一體'의 삶을 보여주고자 하였다.

삶의 후반기에 이렇게 정리된 가풍은 많은 이들과의 교류를 통해 그대로 발현되었다. 수행자들을 즐겁게 맞아주었고 자신의 경험을 아낌없이 나누었으며 이러한 모습으로 인해 많은 이들에게 존경받는 선지식이 될 수 있었다. 이 과정에서 드러나는 시들은 경봉의 사상적 경향들을 그대로 함축하였다.

경봉의 인정 표출은 가족에서부터 시작하여 종단, 국가에 이르기까지 광범위하게 나타났다. 현실을 항상 걱정하며 시대적 사명으로 받아들였고 주변인이나 대중들에게 선의 실천적 수행을 장려하기도 하였다. 실천 방법으로는 대중들을 위한 정기 설법과 직접적 대면, 후학의 제접과 양성 등이며 90이 넘은 노구에도 상당하여 설법하는 장면에서 그 의지를 엿볼 수 있었다.

본 연구를 계기로 앞으로 경봉의 시에 대한 연구 혹은 통도사 시승에 대한 연구가 좀 더 세분화되고 구체적으로 진행되어서 근대 통도사 승려들이 시문학에 얼마나 적극적이었는지 살필 수 있는 계기가 되었으면 한다. 또 이를 토대로 경봉과 함께 교류하였던 많은 근대 시승들의 시에 대한 관심과 연구가 더불어 이루어지기를 기대한다.

특히, 선승의 시문학 연구는 매우 조심스럽게 다가서되 시적 견해와 선적 이해를 명확히 하고 난 뒤에 연구가 확장되어야 할 필요가 있다. 시승의 가치를 선의 관점으로 먼저 다가서게 된다면 앞으로 시승에 대한 연구는 여전히 미약하게 발전할 수밖에 없을 것이다.

참고문헌

1. 자료

1) 사찰소장자료

鏡峰, 『日誌』, 통도사 극락암 소장

――, 「金靖錫歷史」, 통도사 극락암 소장

――, 「修行履歷書」, 통도사 극락암 소장

「傳佛心印扶宗樹教鏡峰禪師塔碑銘」, 통도사 소장

『白蓮精舍萬日勝會記』, 통도사성보박물관소장

『聖海禪師壽宴詩』, 통도사 극락암 소장

『小金剛內院寺詩選』, 통도사성보박물관 소장

「한암이 경봉에게 보내는 편지」 4편, 통도사 극락암 소장

「華嚴山林與袈裟佛事法會記懸板」, 통도사성보박물관 소장

2) 출판자료

김윤세, 『동사열전』, 광제원, 1991년

김태완, 『황벽어록』, 침묵의 향기, 2013년

대주 혜해, 『돈오입도요문론』, 큰수레, 1993년

無比, 『화엄경』, 민족사, 1994년

백련선서간행회, 『碧巖錄』, 藏經閣, 1993년

――――――, 『楊岐錄・黃龍錄』, 藏經閣, 1987년

──────, 『趙州錄』, 藏經閣, 1987년

──────, 『參禪敬語』, 藏經閣, 1988년

불교성전편찬회, 『불교성전』, 문예마당, 2008년

석명정, 『鏡峰禪師法語集 : 사바世界를 무대로 멋지게 살아라』,
　　女苑出版局, 1982년

──, 『경봉스님 말씀』, 극락호국선원, 1975년

──, 『鏡虛集』, 극락호국선원, 1990년

──, 『삼소굴 소식』, 극락호국선원, 1997년

──, 『三笑窟 日誌』, 극락호국선원, 1985년

──, 『圓光閒話』, 극락호국선원, 1979년

──, 『漢岩集』, 극락호국선원, 1990년

석정집간행회, 『石鼎集』, 성보문화재연구원, 2001년

『선문염송·염송설화』, 동국역경원, 2005년

이상하, 『경허집』, 동국대학교출판부, 2016년

이운허, 『대방광불화엄경』, 동국역경원, 2006년

이진오, 『정선시선집』, 대한불교조계종, 2009년

淨覺, 『능가사자기』, 운주사, 2001년

淸華譯註, 『六祖壇經』, 광륜출판사, 2006년

『鷲山文集』, 영축총림 통도사, 1998년

통도사성보박물관, 경봉선사 열반 30주기 특별전 『三笑窟』,
　　불교문화재연구원, 2012년

학담, 『현사사비선사어록』, 큰수레, 2002년

『한암·탄허선사 서간문』, 월정사, 2014년

華山 守玉, 『華山遺稿』, 雲門寺, 1983년

2. 단행본

김신곤 外, 『佛脈-한국의 선사들』, 우리출판사, 2005년
김현준, 『바보가 되거라』, 효림출판사, 1993년
다마카 고시로, 『화엄경』, 현암사, 2011년
대한불교조계종, 『간화선』, 조계종출판사, 2005년
東國大學校出版部, 『韓國佛敎文學硏究』, 1988년
석명정, 『茶이야기 禪이야기』, 극락호국선원, 2014년
안대회, 『궁극의 시학』, (주)문학동네, 2013년 4월
이은윤, 『육조 혜능평전』, 동아시아, 2004년
李鐘燦, 『한국의 선시』, 이우출판사, 1985년
이진오, 『韓國佛敎文學의 硏究』, 民族社, 1997년
임혜봉, 『천고에 자취를 감춘 학처럼-종정열전 2』, 가람기획, 1999년
정 도, 『경봉 선사 연구』, 운주사, 2013년
정성본, 『중국선종의 성립사 연구』, 민족사, 1993년
陳允吉, 『중국문학과 禪』, 민족사, 1992년
홍수평·손역평 공저, 『如來禪』, 운주사, 2002년

3. 논문

1) 학위논문

김순식, 「朝鮮總督府의 佛敎政策과 佛敎界의 對應」, 고려대학교 사학과 박사학위논문, 2001년

김태완, 「中國 祖師禪의 연구 - 馬祖系를 중심으로」, 부산대학교 철학과 박사학위논문, 2000년

박두육, 「근대 한국불교의 自强運動에 대한 연구」, 동방대학원대학교 불교문예학과 박사학위논문, 2014년 7월

소 현, 「鏡峰 禪師의 禪 修行에 관한 연구 - 禪詩 作品을 漢文學的 觀點으로 分析 -」, 동국대학교 한문학과 석사학위논문, 2016년

임동석, 「韋菴 張志淵의 언론활동과 시세계에 관한 일고찰 : 한 유교 지식인의 근대 전환기 대응 양상」, 성균관대학교 한문학과 석사학위논문, 2002년

정 도, 「鏡峰禪師 硏究」, 동국대학교 선학과 박사학위논문, 2010년

장 람, 「梅泉 黃玹의 中國文人 次韻詩 연구」, 전남대학교 국어국문학과 석사학위논문, 2016년 8월

河春生, 「韓國 近·現代 比丘尼의 門中形成과 그 意義」, 동국대학교 불교학과 박사학위논문. 2012년

2) 단편논문

강기선, 「『화엄경』 「여래출현품」에 담긴 문학성 연구」, 『동아시아불교문화』 22집, 동아시아불교문화학회, 2015년

강석근, 「경봉(鏡峰) 정석(靖錫) 선사의 오도송과 승려 교유시」, 『韓國詩歌硏究』, 42집, 한국시가학회, 2017년

강혜선, 「고려말 사대부의 교유시(交遊詩) 연구」, 『한국한시연구』22권, 한국한시학회, 2014년

김광식, 「경봉의 수행·교화·불법수호의 원융상」, 『大覺思想』15집, 대각사상연구원, 2011년

김성연, 「일제강점기 잡지『불교』의 간행과 불교대중화」, 『한민족문화연구』26집, 한민족문화학회, 2008년

김영태, 「전기와 설화를 통한 원효연구」, 『불교학보』17집, 불교문화연구원, 1980년

김진균, 「한학(漢學)과 한국한문학의 사이, 근대한문학」, 『국제어문』51집, 국제어문학회, 2011년

송현주, 「근대 한국불교의 종교정체성 인식 : 1910-1930년대 불교잡지를 중심으로」, 『불교학연구』, 7집, 불교학연구회, 2003년

오용석, 「명상과 사회의 관계성에 대한 禪的 고찰」, 『동아시아불교문화』23집, 동아시아불교문화학회 2015년

尹浩鎭, 「詩社 硏究의 回顧와 展望」, 『한문학보』25권, 우리한문학회, 2011년

이종군, 「太古禪師의 名號詩 硏究」, 『國語國文學』29집, 국어국문학회, 1992년

이종찬, 「의천(義天)의 시문학(詩文學)」, 『천태학연구』4권, 천태불교문화연구원, 2002년

정 도, 「경봉선사의 사상적 교류 고찰 - 보조국사, 한암선사와 용성선

사를 중심으로」, 『보조사상』 32집, 보조사상연구원, 2009년

정 도, 「鏡峰禪師의 禪思想」, 『한국선학』 33집, 한국선학회, 2012년

정 도, 「경봉스님의 선사상 일고」, 『보조사상』 30집, 보조사상연구원, 2008년

정 도, 「지눌과 경봉의 '간화(看話)'에 대한 이해」, 『韓國思想과 文化』 83집, 한국사상문화학회, 2016년

정 도, 「한암과 경봉의 오후보림(悟後保任)에 대한 연구」, 『한국선학』 39집, 한국선학회, 2014

정순일, 「조주화상 '끽다거'의 의미」, 『한국차학회지』 20권 제3호, 한국차학회, 2014년

최두헌, 「경봉(鏡峰) 정석(靖錫)의 화엄산림(華嚴山林)과 오도시(悟道詩)」, 『동아시아불교문화』 25집, 동아시아불교문화학회, 2016년

최두헌, 「詩를 통한 鏡峰의 오후보림(悟後保任)과 점검」, 『동아시아불교문화』 31집, 동아시아불교문화학회, 2017년

최두헌, 「양산 통도사의 출판활동과 그 의미」, 『동양한문학연구』 43집, 동양한문학회, 2013년

학 담, 「龍城震鍾禪師의 圓頓律사상과 禪律兼行의 선풍」, 『대각사상』 10집, 대각사상연구원, 2007년

4. 인터넷 자료

불교신문(http://www.ibulgyo.com/),
    2008년 4월 9일자, 「[근현대 선지식의 천진면목] 12. 성해남거」
    2016년 2월 5일자, 「성해스님 열반 88주기 추모 다례제」
BTN불교방송(http://www.btn.co.kr/)
    「〈특집〉 경봉대선사 열반 30주년 "제1부 극락에 길이 없는데 우왜 왔노?"」
CBETA 漢文大藏經(http://tripitaka.cbeta.org)
    『無門關』
    『宗鏡錄』
한글대장경(http://www.tripitaka.or.kr/)
    『대방광불화엄경』제8권
한국민족문화대백과(http://encykorea.aks.ac.kr/)
한국불교전서(http://buddha.dongguk.edu/)
    『淸虛集』
    『曾谷集』

鏡峰 靖錫의 漢詩연구
- 생애를 중심으로 -

초판 1쇄 인쇄 2018년 8월 10일
초판 1쇄 발행 2018년 8월 31일

지은이 최두헌
펴낸이 원광불학연구소

펴낸곳 맑은소리맑은나라
디자인 방혜영

출판등록 2000년 7월 10일 제 02-01-295 호
주소 부산광역시 중구 중앙대로 22 동방빌딩 301호
전화 051-255-0263 팩스 051-255-0953
이메일 puremind-ms@hanmail.net

ISBN 978-89-94782-64-5 03220
값 15,000원